U0112512

新加坡

[美] 约翰·佩里 | 著
JOHN CURTIS PERRY

[新加坡] 黄丽玲　吕家铭 | 译

SINGAPORE
UNLIKELY POWER

不可思议的崛起

九州出版社
JIUZHOUPRESS

目　录

引　言　　1

第一章　起　源　　　　　　　　　　　　15

　　海　人　　　　　　　　　　　　18

　　最早的"新加坡"　　　　　　　22

　　欧亚大陆的枢纽　　　　　　　26

　　华人、海洋和东南亚　　　　　30

　　中国航海文化的英雄　　　　　35

第二章　以帆为翼　　　　　　　　　　39

　　北欧追随大西洋诸国　　　　　39

　　英国在亚洲海域的胜利　　　　45

　　新加坡最初的创痛　　　　　　49

第三章　"远东女王"　　　　　　　　　67

　　新加坡的魅力　　　　　　　　　67

　　"牛车水"　　　　　　　　　　71

　　华人与英国人　　　　　　　　　78

　　鸦片与帝国　　　　　　　　　　82

　　"退潮"时期的中国　　　　　　86

　　脉动的港口　　　　　　　　　　91

第四章　巅峰时期的大英帝国　　　　97

　　"肮脏的沟渠"　　　　　　　　97

　　修建克拉运河？　　　　　　　104

　　连线世界　　　　　　　　　　112

　　新加坡的优势　　　　　　　　116

　　港口的回应　　　　　　　　　118

　　锡矿和锡罐　　　　　　　　　122

　　橡胶震撼世界　　　　　　　　123

　　沿岸航行　　　　　　　　　　125

　　海洋高速路　　　　　　　　　126

　　环球旅行者　　　　　　　　　133

苦　力　138

都市文化　140

"巨大的可能性"　144

第五章　乌云、雷电、暴风雨（1918—1942）　149

石油崛起　149

高高在上的殖民者　154

日本人登场　157

越来越不安　159

"无底的战舰"　165

"战争中最糟糕的一天"　174

盟友间暗流涌动　179

"在家是绵羊，在外是恶狼"　180

"内塔吉"的远行　188

朝阳暮落　191

第六章　"走在剃刀边缘"（1945—1965）　195

痛苦的复苏与自由的追求　195

新加坡的"白衣人"取代殖民统治者 207

为新秩序奋斗 212

创造经济 214

"动手划船" 217

第七章 "被赶出来" 229

吴庆瑞建设裕廊 232

"战略实用主义" 237

新式学堂 241

狮城之狮 245

拥抱海洋革命 257

与大不列颠告别 269

一座新城市的诞生 276

第八章 来到当下 279

环境保护 282

造水中心 284

隐患？ 286

"头脑服务"　　　　　　　　　　292

美化社会　　　　　　　　　　　296

"亚洲"价值观　　　　　　　　　301

新加坡控制　　　　　　　　　　307

言论界限　　　　　　　　　　　317

互联网的声音　　　　　　　　　321

第九章　全球枢纽?　　　　　　　325

鸣　谢　　　　　　　　　　　　339

注　释　　　　　　　　　　　　343

引　言

　　身为一名长期钻研亚太文明的学生，我儿时便对新加坡产生兴趣。回望记忆深处的孩提时代，当时的我特别喜欢家里一只小型木质模型船。这艘小船缺了船帆，但还残存了一截桅杆。它带给我极大的快乐，手指滑过小船木制表面的触感令人愉悦。我喜欢将它随身携带，甚至常常幻想甲板下方有水手在辛勤作业。父母告诉我，这艘快速帆船（prau，又称"proa"或"prahu"）来自远东，是马来人的船。"远东"无论在地理上还是在其他方面都离我的家乡——美国新泽西州的梅普尔伍德（Maplewood）——十分遥远。我未曾想到有朝一日能与之打上交道。

　　20世纪30年代，我所在的小镇仿佛纽约的一个"卧室"。这里是传统的美国中产阶级郊区，居民在人生经历和处事态度上皆与世隔绝，一如艰难岁月里美国大部分地区的模样。"大萧条"时期，大人们试图向孩童隐瞒自己的焦虑。破产的公司大肆解雇劳工，流离失所、无家可归的人，也就是所谓的流浪汉，经常到各家敲门，请求户主施舍餐饭。经济危机下，所有人（包括我们家）

都拼命苟活于世，哪里还有精力关注其他地方？美国之外的陌生世界，仿佛与我们毫不相干。

我家的房子着实普通，但十分宜居。外观上，它和遍布于普通小镇那些绿叶葱茏的街道两旁的大多数房屋没什么差别。然而，它的内里却与众不同，我拥有一些朋友们没有的东西，这让我多少有点自命不凡。一整张虎皮连着毛发竖立、牙齿皓白的虎头，慵懒地摊开在阳台的地板上；用象脚制成的废纸篓，尽管早已与大象本身分离，但气味依然让小狗着迷。房内还装饰着黄铜托盘、鸦片烟管、用于典礼仪式的匕首，以及蜡染印花布材质的、鼻子细长的木偶——这些木偶对孩子而言既可怕又迷人。

除了远东的小船，其他珍贵物品都只能看、不能碰。它们是我父母于20世纪20年代初在东南亚生活的凭证，也为整个社区增添了几分异国情调。在成长过程中，我被这些形象和以"在东方……"开头的餐桌故事所环绕。故事总围绕着一些戴头巾的侍从、人力车展开。我也听父母提起他们在橡胶园的平房内一个最意想不到的角落里遇到过眼镜蛇。父母曾数次造访新加坡，住在声名显赫的、为外国人专设的莱佛士酒店。1922年底，莱佛士酒店才拥有管道系统，但做工粗糙，与美国标准相比堪称"原始"。当时的马桶被称作"雷箱"，冲凉用的是盛满冷水的巨大瓷缸。正确的洗澡方式是从缸中舀水往身上冲，但有的房客并不知情。当时曾有一人直接爬入瓷缸沐浴，隔天早上还善意地向前台服务员指出："这个瓷缸挺舒服，就是空间小了些。"如此令服务员感到诧异的事件，我们作为故事听众则往往忍俊不禁。

孩提时期，我们最享受的一次家庭旅行是去纽瓦克机场。那时候，在头顶上方穿行的飞机算是罕见的奇景，每当听见飞机引擎的轰鸣声，我们都会赶忙跑到屋外，向天空行注目礼。纽瓦克机场离我家不远，车程约 45 分钟。我们兴奋异常，攀在机场的围栏上，目瞪口呆地看着飞机起飞、降落。我们的小脑袋瓜里，唯一想知道的就是：这些飞机来自何方？要去哪里？

　　直至 20 世纪 30 年代末，泛美航空公司才开辟加州到中国的航线。这条航线横跨太平洋，旅程为期一周，中途会为了加油在一些岛屿短暂停留。当时有机会乘坐飞机的人很少[1]，绝大多数人仍要像 15 年前我的父母那样搭船远渡重洋。旅行者要先坐火车到加州，然后乘船先后抵达夏威夷、横滨、香港以及新加坡。这趟远东之行被视为一生仅此一次的大冒险。谁又能想到几十年后，每天都有往返纽瓦克和新加坡、仅需 19 个小时的直飞航班呢？一天之内到达地球的另一边，在过去的人们看来恐怕只可能是儒勒·凡尔纳（Jules Verne）那些冒险小说的情节。

　　如今，旅行者搭乘飞机抵达新加坡上空，率先映入眼帘的是大量聚集在港口的船舶，淋漓尽致地反映了新加坡在世界港口中的领先地位。在这座热带岛屿的清晨时分，沿着绿树成荫的大马路驱车驶向市中心，崭新的高楼大厦熠熠生辉，提醒着人们，太平洋取代大西洋的主导地位、成为全球经济新的爆炸性发展中心是多么晚近的事情。尽管新加坡的生存、成长和繁荣令人难以置信，但它的故事恰是这伟大转变的例证，显示出海洋世界在推动这一转变的过程中所发挥的威力。

　　新加坡以自身经历向世人讲述了一个关于克服周期性危机、不断死里逃生的生存故事。新加坡的高层决策者能力极强，雄心勃勃，在紧张和焦虑的推动下，致力于追求成功，为今日的新加坡提供了计划和动力：一个经济发电机，以及一套以惊人的速度建立起来的、精心设计的国家制度。

然而，新加坡的成功并非命中注定。

我们为什么要关注新加坡？

英国人常说，对于新加坡独立后取得的成就，英国功不可没，并以此缓和第二次世界大战中自己在这里遭遇灾难性溃败的痛苦记忆。尽管大多数美国人不知道新加坡位于世界何处，但无论在经济还是军事领域，美国的利益皆与新加坡紧密相关。美国对这个小国的投资竟是对中国的两倍。[2]在这层商业联系下，新加坡对美国而言兼有经济意义和战略意义。美国很早便取代英国成为全球海域的守卫者，维持马六甲海峡畅通的重要性不言而喻。

美国人应当感激新加坡提供的战略性资产。现在美国海军不再拥有菲律宾苏比克湾的基地，而新加坡则成为一个极佳的替代。新加坡港得天独厚，足以容纳美国最大的航空母舰，几艘新的濒海战斗舰即部署于此。新加坡为美国在东南亚的军事存在提供了唯一的支持。在美国声称要"重返亚洲"的形势下，其中的意义尤为重大。

随着民族国家执政效率的下降，新加坡证明城市可能是人类的救星。一些人以新加坡的繁荣为例，指出"小规模"可能是未来发展的新潮流，而在某些国际事务中（譬如环境保护），城市扮演的角色将比国家更重要。城市历来就是诞生思想和生产产品的中心。在美国，大城市即在国民经济领域占有很大权重。[3]

1995年5月，时任新加坡新闻及艺术部部长和卫生部部长的杨荣文在东京发表了一次极有先见之明的演讲。谈到城市的未来，他说："下个世纪，城市将成为衡量经济生产、社会组织和知识生成的最有效的单位……这个发展方向类似于'民族国家'概念兴起之前的欧洲。"[4]他应该再补充一句,那时也正是威尼斯、热那亚、阿姆斯特丹等海运城市显著繁荣的时代。新加坡现在正积极将自己打造成一个国际化都市,不只作为区域商务中心,更要作为世界海运之都,一个"新时代的伦敦"。

世上没有乌托邦,但新加坡在当代的成就却如乌托邦一般鼓舞人心。我们钦佩它逆流而上、克服逆境的勇气。许多人一边批评新加坡在政治上实行威权主义,一边钦佩其领导人的实质性成就,包括促进人民福祉,向社会开放新思想、创造新机遇,消除威胁社会和谐的因素等等。正如古老的雅典城邦,新加坡政府认为社会福祉必须凌驾于个人利益之上。现在,许多局外人也赞同这一立场。

新加坡的阶段性危机

早在 700 年前,新加坡便频频面临来自敌对邻国的骚扰,生存受到严重威胁,并失去了其作为枢纽港口的重要身份。1819 年,英国人首次抵达新加坡,迎接他们的是环境方面的严峻挑战。热带环境的生存条件极差;如何在一个顽固守旧又充满敌意的丛林中定居,成为亟待破解的难题。新加坡的开发眼看就要胎死腹中。

出于欧洲地缘政治的考量,伦敦扬言要与新加坡的创始人们断绝关系,当新加坡形成一定规模,方才迟迟接受这一发展迅速的帝国新前哨。一代人过后,英国于 1839—1842 年的鸦片战争中击败中国,战利品之一是贫瘠的香港岛。这里迅速成为英国的一个主要港口。此前被誉为"通向中国之门户"的新加坡已是名不副实,其在对华贸易中的地位也岌岌可危。毕竟,开发新加坡的主要原因和这里未来繁荣发展的首要希望，都被寄托在对华贸易身上。

19世纪初，全球商品贸易的波动，尤其是橡胶（新加坡主要转运商品之一）的市场需求震荡，显示出新加坡经济严重依赖自己无法控制的国际市场。第二次世界大战中的毁灭性创伤及日本的野蛮占领再次惨痛地表明，面对外部世界的打击，新加坡一直以来都脆弱不堪。

1965年，独立的命运出乎意料地降临在新加坡身上。之前两年，新加坡曾与马来西亚短暂联盟，但期间充满混乱，最终宣告瓦解。许多人认为这个新国家无法生存下来。在国内，失业率飙升，社会陷入混乱，罢工中断生产，暴徒涌上街道，很多人开始对共产主义产生兴趣；在国外，新加坡还面对一个咄咄逼人的邻居——印度尼西亚。

需要养活的人口很多，但可供利用的资源有限。对这个脆弱的新兴政治体而言，首当其冲的挑战是如何为一个种族、宗教和语言多元的城市，创造出一种国家意识和一套稳定的经济体系。时任总理的李光耀也曾将"现代海洋城市国家"视为笑话，而构建国家认同成为始终困扰着新加坡的难题。

李光耀对自己和自己的国家期许甚高。建国初期，他巧妙地将"自由"作为一种心理激励，为民众注入活力，同时逐渐建立起政治控制，部分延续了英国殖民政府的威权统治机制。经济增长创造出更多就业机会，缓解了社会紧张局势。然而，1971年英国撤军，对新加坡的国家安全和经济造成巨大冲击。当时，英国的军事基地带来近五分之一的国民生产总值，每10名新加坡工人中就有一名受雇于英军。

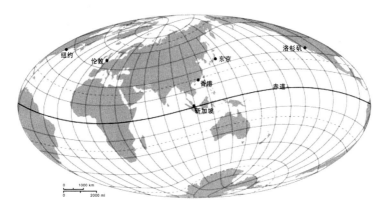

图 1　全球背景下的新加坡。本地图由塔夫茨大学地理空间科技研究所（Tufts Geospatial Technology Services）的约翰森·盖尔（Jonathan Gale）和帕特里克·弗洛兰斯（Patrick Florance）提供。（本书所有地图系原书地图）

　　如今，新加坡是世界上贸易依存度最高的国家，极易受制于全球经济的发展态势。由政府精心打造的生存至上的心态，促使新加坡继续追求教育成就、提高军事实力、树立勤俭的生活理念、寻找富有竞争优势的经济领域，并期望在世界舞台上扮演更大的角色。

　　以"雄心"和"焦虑"这两个词概括新加坡的努力，真是再恰当不过了。新加坡领导人一直利用焦虑引导国民接受政府寻求的变革及采用的策略。正如前总理吴作栋所言："新加坡的成功不是一种必然。若要维持发展现状，人民必须团结如一，丰富自身的竞争力与相关价值，在面对大海汹涌浪涛时方可砥砺前行。"[5]

这一切是怎么开始的？

　　2015年，新加坡在一项关于"城市经济实力"的调查中排名世界第六[6]，仅次于纽约、伦敦、东京、香港、巴黎。就营商的整体便利程度而言，世界银行将新加坡列为全球第一[7]，《经济学人》杂志的调查结果也是如此。短短 30 年间，新加坡人均国内生产总值从 500 美元增加到 15 000 美元。[8]2014 年，这一数字增加至 55 150 美元[9]，比英国高出近三分之一[10]。政府对聘请低薪工人的公司实行税收抵免，因此就业率很高，待业工人低于总人口的 2%[11]。

新加坡人甚至拥有全世界最高的平均智商。[12]最近的一项研究认为健康与智力相关，该研究指出，没有传染病肆虐的国家相对于患病率较高的国家，人民智力普遍更高。全球范围内新加坡的相关性最高，其传染病的发病率较低，而根据比较智商得分，新加坡人的智力在全球名列前茅。

一些美国小学教师意识到本国学生尚未达到国际顶尖水准，于是向"新加坡数学"取经。这套处理数字和定量分析的方法有效地让新加坡学生的数学位列全球领先水平。[13]科学方面，在世界发达经济体中，只有芬兰学生比新加坡学生成绩更好。[14]

绩效教育是实现和维持经济高速发展的关键因素。新加坡非常注重基础的识字和算术教育。孩子学习的热情通常来自家庭的鼓励，这一点在华人家庭中尤为显著。虽然新加坡以英语为主要工作语言，但大多数国民都会说第二甚至第三种语言。美国人将会发现，在日益全球化的世界中，双语或三语能力的确是一笔极大的财富。

新加坡政府部门的工作吸引了最聪明的头脑，公务员的薪资基本能与私人企业持平。慷慨的待遇和严厉的法律强有力地抑制了腐败现象。巨额金钱和特殊利益在新加坡政治中的作用微乎其微。政府擅长管理财政事务，为人民树立勤俭的榜样。中央公积金系统规定，雇主和员工每月必须将部分薪水储蓄起来，这笔钱只能用于买房和提供养老金。公积金同时也为政府筹集大量可用于投资基础设施的资金。

新加坡领导人欣然接受全球科学界关于气候变化的共识。"神创论"不在学校教学内容中。尽管不少政治议题较为敏感，而且舆论受政府控制，但新加坡人能在基因研究这样的领域取得突出成就——他们不像美国同事那样，面临意识形态的束缚。

在巩固广泛的经济利益之余，新加坡奉行不干涉主义的外交政策。为战争耗尽国家资源并不是新加坡的作风，它始终维持一支规模较小但训练有素的军队，以"威慑力"为主要理念，军费占政府开支的四分之一。新加坡拥有东南亚最现代化、作战能力最强的空军。通过利用国外空军基地培训，新加坡空军克服了自身空域狭小的限制。每位新加坡男性必须服两年的义务兵役。政府认为，这有助于建构社会凝聚力和国家意识，也将为国防提供所需的人力资源。

新加坡让自己在当代世界中脱颖而出，日益受到他国重视。早在一代人之前，《金融时报》已将新加坡称为"东方苏黎世"[15]，认为其影响力远超其国家规模。许多国家钦佩新加坡的成就，有些更试图效仿，视之为发展典范。迪拜遵从新加坡的商业模式，格鲁吉亚总统米哈伊尔·萨卡什维利（Mikhail Saakashvili）曾标榜本国是"融入新加坡元素的瑞士"[16]，和新加坡一样是海洋战略枢纽的巴拿马盼望在未来成为"中美洲的新加坡"[17]。中国的某个市长也向新加坡学习，植树造林、治理污染，并"对投诉出租车司机不文明行为的市民予以奖励"[18]。

焦虑的西班牙人认为新加坡是一个可以将自己的积蓄投入其中，甚至在这里开展新生活的好地方。卢旺达总统表示想把本国变成"中非的新加坡"[19]，尽管两国的差距判若云泥——卢旺达是内陆国家，缺乏与世界的联系，且人民受教育程度普遍较低。中国也向新加坡学习，不仅是学习它闪闪发光的基础设施、国家财富或教育成就，更多的是学习新加坡的治理经验。

　　甚至在美国，一位房地产开发商也声称，希望纽约法拉盛的海岸线"看起来像新加坡"[20]。

　　抓准时机，是新加坡成功的因素之一。过去50年间，世界财富大幅增长，全球经济日趋一体化，旧海洋帝国体制分崩离析，新解放的民族迸发出巨大的原始能量，技术（特别是在海洋世界中）获得长足进步。新加坡便有幸在这一大环境下乘势崛起。

　　除了天时，地利是另一个成功的因素。一切都源于新加坡绝佳的地理位置。新加坡的总面积只有241平方英里[21]，不及罗得岛（Rhode Island）。若交通顺畅，用不了一小时的时间便可从一端驱车抵达另一端。目前新加坡总人口已逾500万。对于一座城市来说，这是一个庞大的数字；但对一个国家来说，却显得微不足道。

　　新加坡狭小的领土面积限制了国内市场的发展和人力资本的供应，给人一种脆弱感。"小"是新加坡的软肋，但也可以成为一种优势。譬如，在现代化进程中，因为没有大片落后农村地区这一后顾之忧，高度城市化的新加坡得以迅速发展。

　　此外，国土面积小，使得通信路径短而紧密，通过顺畅的机构组织和促进共识的努力，有助于加强社群凝聚力，国家也能更方便有效地组织国民、管理国民的行为。邓小平曾向李光耀感慨道，假如只有上海一个城市，也许也能够像新加坡一样快速改变，但是整个中国就很难了。[22]

新加坡缺乏天然资源，唯一的优势便是在连接太平洋和印度洋的马六甲海峡[23]上拥有港口，以此掌控其东端入口。马六甲海峡是世界上最具战略意义的海上通道之一，是连接欧洲和东亚、美洲西海岸和南亚东海岸的全球航线，也是东南亚的半岛和群岛之间的区域航线的重要组成部分。新加坡处于东亚和南亚的世界两大古老和富有影响力的文明古国（中国和印度）之间，是其海上通道的必经之地。现在，这两个国家是世界上增长最快的大型经济体。

马六甲海峡承载着全球每年近半的海运贸易，现已超过英吉利海峡，成为世界最具战略意义的商业航道。[24]如果该通道有一天因故关闭，整个世界经济将会遭遇重创，受影响最严重的会是中国、韩国和日本等石油进口国，而美国也难以幸免。

新加坡位于这条重要的全球海洋贸易航线上，优越的天然深水海港使它成为世界最重要的港口之一。这是新加坡的重要资产。1965 年新加坡独立，正好赶上了世界对海洋空间开发的革命性转变。

虽然不再是唯一的媒介，但海洋在信息交流中仍扮演主要角色。现在，全球超过 90% 的互联网流量通过海底光缆传输[25]，90% 的洲际货物也是如此。标准尺寸的钢质集装箱、集装箱散货船和超级油轮投入使用，令运输成本直线下降。这些变化推动了世界海上贸易的蓬勃发展。新加坡则巧妙利用上述新工具崛起为海运大国。从贸易到制造业，再到服务业，新加坡敏捷地沿着经济价值链向上攀爬，这个小国创造了一种独特的全球商业的存在形态，成为当代唯一让人津津乐道的海上城邦。

表 1　世界上最重要的沿海城市（2014 年）

城市	国内生产总值 （购买力平价）	人均国内生产总值	总人口
东京	1617	43 664	37 027 800
纽约	1403	69 915	20 073 930
伦敦	836	57 157	14 620 400
上海	594	24 065	24 683 400
香港	416	57 244	7 267 900
新加坡	366	66 864	5 472 700

* 单位为十亿美元，取整。参见 Jpsiph Parilla et al., "Global Metro Monitor," Brookings(2014)。

新加坡是亚洲第一批接收集装箱的国家[26]，其港口每年处理 50 亿吨货物。同时，新加坡也是世界最大的船舶柴油供应商，以"石油港口"闻名国际社会。新加坡港为船舶提供加油服务，也兼顾石油运输，与休斯敦和鹿特丹[27]并列为世界三大石油精炼地。

抵达新加坡的巨型商船可停靠在仓库和工厂附近的码头。港口的深水埠常年受潮汐和洋流冲刷，因此无须动用挖泥机进行疏浚。唯一需要清淤的只有紧靠岸边码头的地方。马六甲海峡两侧山脉构成两道自然屏障，使航道免受恶劣天气的侵扰。新加坡没有台风，而它在中国沿岸的两个主要商业竞争对手，香港和上海，就没这么幸运了。要知道，即便对最有经验的水手而言，台风也是可怕的祸患。

地理位置本身不是主角，它只是一个舞台。富有想象力的领导者组织和管理人民使经济飞速发展，同时又使人民生活得很幸福，这为新加坡提供了动力。海洋生活给了新加坡一切可能性，让梦想成为现实。正如李光耀所言："若没有港口，新加坡就连现在的一半都比不上了。"[28]新加坡利用海洋取得的发展，向我们展示了作为全球经济引擎的海洋世界的持续重要性。

　　精明的华商企业家精神与稳定的英国殖民地统治之间的联姻孕育了新加坡的活力。这个联盟使新加坡首先作为殖民地立足国际，并在今天继续为新加坡的发展提供养分。尽管英国统治已成为过去，但那套巩固政治稳定和强化威权统治的传统依然存在。

　　新加坡致力于人力资源的培养，特别注重领导能力，由此产生的"审慎管理"常被认为是国家取得巨大经济成就的主要原因。一批受过高等教育、才华横溢又十分务实的精英群体，专注于解决社会的具体需求——工作、住房、大规模运输、健康和教育，推动新加坡走向现代化。说到底，人才是关键。对新加坡而言，国民——无论是领导者或普通人——才是最大的资源和财富。

　　在新加坡的历史中，强势人物扮演了重要角色。1819年，强硬的斯坦福德·莱佛士爵士（Sir Stamford Raffles）将新加坡开辟、建设为英国的海外殖民地，称之为"我的殖民地"，如今莱佛士的名字在新加坡仍然家喻户晓。另一位是长期执政的前总理李光耀。敏锐的头脑、犀利的言辞为他带来了辉煌的政治生涯。众所周知，李光耀睿智、乐于为其他领袖提建议，被尊奉为世界级的政治家，他的国家也得到了世界的尊重。

　　对于今天的新加坡而言，李光耀的贡献比任何人都大，但他身边的几个忠心耿耿、不同凡响的副手也厥功至伟。在1991年的一次演讲中，他提出了人民的活力才是振兴国家的根本，而他表达该看法的方式凸显了他的威权主义理念。他说："人民的素质决定国家的命运。如何选择、培训、组织人民，归根结底，如何管理人民，这才是至关重要之事。"此处的关键词是"管理"。[29]

　　批评者经常指出，威权统治磨灭人民自由。当然，新加坡政府的"独裁"要比第二次世界大战时期日本对新加坡的占领弱得多，但却比英国殖民政府强得多。新加坡政府更多地介入、引导国民的生活。新加坡政府的高效率为其近来逐渐软化的威权主义套上一层光环，目前为止，大多数民众为生活水平的提高感到满意，他们默许了政府的铁腕作风，并将选票投给执政党。这种现象是否会持续下去仍有待观察，特别是在老一辈新加坡人无可避免地淡出历史舞台、没有经历过独立初期的艰难困苦的新一代人出现之后，一切皆是未知数。

2015 年 3 月，李光耀去世，成为全球关注的重大事件。他为国家做出的奉献及其取得的成就广受赞扬。同时，一些实际的或潜在的"独裁者"对李光耀格外赞赏，含蓄地表达着对其铁腕治理的认可，他们渴望借助新加坡的繁荣来证实威权主义的合理性。李光耀的离世，意味着新加坡进入新纪元，而我们的故事也会到此告一段落。

第一章

起　源

　　乍看之下，一块赤道边上的丛林沼泽似乎不具备打造世界级城市的绝佳条件。在新加坡之前，热带地区还没有全球性大都市。之后也没再出现。新加坡岛只是广阔的"马来世界"中小小的一点。"马来世界"既指种族类别，又指地理区域，它幅员广阔，从欧亚大陆最南端一直延伸到印度尼西亚群岛。1000 年前，新加坡岛上和马六甲海峡其他地方的少数早期居民发现这片温暖的热带水域孕育了丰富的生物多样性，那里的珊瑚礁、沙滩和潮池，以及小溪和河流的河口湾滋养的半咸水潟湖，中间夹杂着红树林沼泽和泥滩，都提供了各种各样的食物。在这里，脉动的海潮、有节奏的海流与充满活力的风相互作用，使得丰富的海洋生命不断生长。

　　导航设备出现之前，在黑漆漆的夜晚，沿海地区的船夫要依靠岸边红树林的斑斑亮光航行，那是无数萤火虫在发光。引导船只小心翼翼地穿过散布着沙洲和小岛的浅滩需要复杂的操作技术，一旦失误，礁石便会无情地击碎船体。红树林在保护海岸方面发挥着积极作用，这是我们从 2004 年的印度洋大海啸中收获的教训。在那场灾难里，高度开发的滨海地区遭受了更大的打击，而未经开发、仍有红树林保卫海岸的地方则安然无事。

更早之前，受到风向、风速等因素的限制，航行 600 英里[1]的马六甲海峡大约需要一个月的时间。季节性风暴威胁着水手的生命。众所周知的"苏门答腊"气候发生于 3 月和 11 月之间，带来突然、短暂而猛烈的狂风和雷雨，风级和降雨量均会达到很高水平，对小型船舶而言尤其危险。早期居民虽然会因热带的狂风暴雨而感到不适，但至少他们也不知严寒为何物。

这里以北、以东的南海常以风暴、浅滩、暗礁和沙洲挑战船员的能力，但马六甲海峡不同，它既是季风的起点，也是季风的终点，在经过这里时，船员很少会感受到季风的威力。很早以前，就连设计简陋的帆船都能相对安全地在战略地位优越的新加坡岛和临近的廖内群岛之间航行。今天，来往频繁的快船促进了两个截然不同的国家（印尼和新加坡）之间人员的相互交流。

在马六甲海峡，亚太地区的季风与印度洋的季风相遇，使这里成为一个大自然的"驿站"，双方在此停歇、互动，等对方把自己吹跑。夏季风会往北吹至中国海域，冬季风则会往南吹。这使导航员的工作变得简单，既无须费心操作，也无须抢风航行。和印度洋的情况一样，在 19 世纪帆船时代终结之前，这些可预测的季风扮演着非常重要的角色。它们向贸易商人发送信号，劝他们在海峡里耐心等候，直到风向改变、顾客到达。

赤道的气候使海岸被郁郁葱葱、生长快速的植被覆盖，给想要在陆上往来的人带来麻烦。茂密的植被使这样的旅程困难重重，鼓励人们以河流、大海为通道。四周被水环绕的岛屿的水上交通更加便利，因此拥有特殊的区位优势。

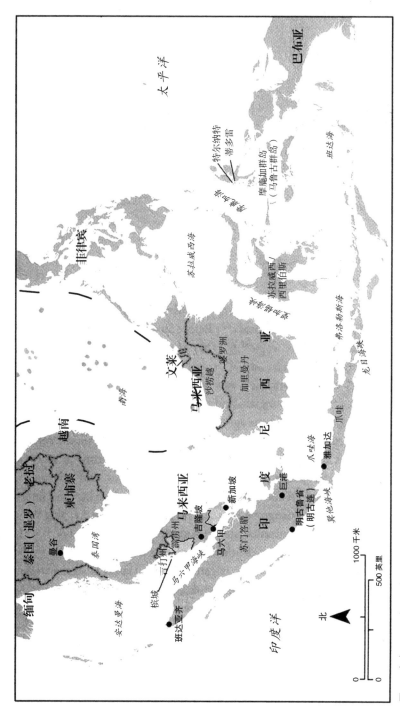

图 2　东南亚地图中的新加坡。地图由塔夫茨大学地理空间科技研究所的约翰森·盖尔和帕特里克·弗洛兰斯提供

河口既是避风塘，也是躲避海盗的安全地带。树林里的小溪能够通向大海，而优越的水路交通使得人和物资都能被轻易地运至内陆。到达内陆的河船可以装载野生蜂蜜、棕榈藤、樟木、树脂，将它们从热带雨林带到海边集市。海边则有海带、珊瑚和龟壳。这些货物的往来促进了小型港口的崛起。港口是一个交流的场所，一个多元的、流动的世界。新加坡便是其中的一个代表。

在此区域，没有在印度或中国的那种肥沃土地，热带强降雨使土壤中的矿物质流失，土地只能够养活很少的人口。不同于大平原地区，马六甲海峡的两岸和印度尼西亚的岛屿没有形成任何能够支撑大规模人口的、历史久远的农业社会。单靠土地无法获取所需资源，于是乎，人（而不是土地）成为该地区最大的资源，水上的环境则提高了人的活动能力。

在海洋世界，没有任何一个大国能够屹立不倒。典型的陆上农业国爪哇和海峡附近的商业社会的此消彼长，构成了历史发展的基本韵律，但海洋占据着主导地位。

如南亚的泰米尔王朝或中亚的游牧蒙古人这样的外来者，不以航海能力著称。因此，他们虽然偶有攻击本地区，但未能造成大变革。与之相比，中国和阿拉伯商人长期、持续的存在，为本地区带来深远的文化影响，特别是对当地港口居民区而言。政治上，四分五裂、朝不保夕成为常态。因此，当欧洲列强通过海路闯入时，这个"马来世界"未能做出有效的反击，使欧洲列强轻而易举地获得热带特产香料 [2]，并继续前往中国沿海地区购买丝绸和瓷器。

海 人

我们现在将众多居住在马六甲海峡的族群称为"马来人"，他

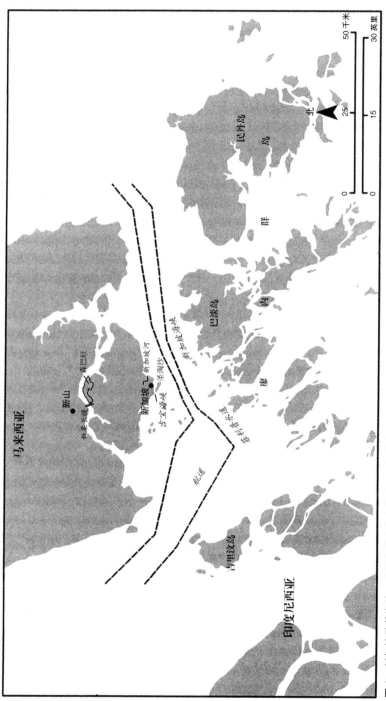

图 3　新加坡及其海峡。地图由塔夫茨大学地理空间科技研究所的约翰森·盖尔和帕特里克·弗洛兰斯提供

们当中很多是居住在靠河地带的森林民族，可以利用内陆森林资源。而那些沿岸居民被称为 Orang Laut，字面意思是"海人"，泛指所有在陆地和海洋之间谋生的"游海者"。他们生活得游刃有余，而海边居所方便他们建立贸易网络。

1000 年或更早以前，海人定居在新加坡岛、附近的廖内-林加群岛（Riau-Lingga）边缘，以及海峡和南海沿岸的主要河口湾。他们在布满石头的海岸边搜集海龟蛋、牡蛎、虾和其他珍馐。他们是水手，也是渔民。在海上，他们既捕捞食物链上端的鲱鱼或鲭鱼，也搜寻食物链底层的鲂鱼和鲻鱼。他们熟练地操纵着船桨和船帆，熟知洋流、风向、海岸线等海况信息，心灵手巧地打造出小而坚固的船只。麻雀虽小，五脏俱全，船只是海人的家，是他们用以"游牧"的交通工具。

海人和其他东南亚人使用的船只的最原始形态是用挖空的树干制成的，而在这里以北的中国沿海地区，木筏是航海工具的始祖。从这两种原始的船只衍生出了木板制造的船：马来帆船"prau"和中国帆船。这两者都在经历长时间发展后，出现一系列不同的样式。

例如，"prau"字面意思是"船"，泛指从简单的舢板到装备齐全的大船在内的各式各样的马来船舶。马来帆船以速度和机动性闻名，欧洲人在和印度洋海盗交锋时首次接触马来帆船。有些马来帆船是舷外支架的双船体，船首和船尾一模一样，有多个三角帆。1853 年 3 月，马休·佩里（Matthew Perry）准将在前往日本的途中于新加坡停留，看到一艘外形优雅的马来帆船。他随后购买了一个木制模型，将其赠给纽约游艇俱乐部。[3]

诚如一位心怀钦佩之情的欧洲人所言，海人都是"游泳能手"，他们能"潜入水中，如鱼一般，在水下待上半小时以上，并在 100 或 500 英寻[4] 开外的地方重新浮上水面，男女老幼皆如此"。[5] 这些早期的新加坡人虽然没有垦殖土地，但却发现贩卖海中生物（如海参和龟壳）能让他们购买想要却无法自给的大米、布料和铁器。

他们专注于从大海里收获海产品。在沿海地区，早期人类食用的动物蛋白质大都来自海洋世界。浅海和礁石遍布的海滩滋养了大量带壳生物，如螃蟹、虾、牡蛎，同时也有可食用的海藻等。尽管海人的捕鱼技巧很简单，但他们十分敏捷高效。他们发现，只要趴在或跪在一块由双脚推动的平板上，就能用双手捞起用鱼叉无法刺穿的生物，而这个姿势也方便他们留意周围是否有鳄鱼逼近。可怕的鳄鱼在夜间猎食，白天则漂浮在沼泽潟湖或潮坪中慵懒地晒太阳，从远处看，颇像漂浮的圆木或棕榈枝。它们虽然嗜睡，但时刻准备抓住机会饱餐一顿。它们经常把人撞下船，使之溺毙，然后把尸体埋在泥里，直到尸体被"腌制"成它们喜爱的口味。

除了一些因为常接触海水而引发的皮肤疾病外，海人的身体健康、强壮。他们经常待在水中，无论是海水还是淡水。他们的个人卫生水平远高于当时初到东南亚的欧洲人。他们也不像当时的欧洲人，居住在拥挤、肮脏和疾病肆虐的城市。他们蔬菜吃得很少，但经常食用水果；几乎不吃肉，但从海鲜中摄入大量的蛋白质。丰富的香料可用来调味；他们嚼在口里的槟榔会染黄牙齿，却能够有效抵抗蛀牙。

海人并不像现代渔民那样过度捕捞。他们没有副渔获物。现代生活横扫了这些古老的传统，包括海人这个群体。但在 20 世纪

30 年代，人们还可以在新加坡岛最偏僻的红树林沼泽里找到他们。今天，海人已销声匿迹。他们人数少而分散，缺乏中央领导者。这使得他们在和其他有组织、有纪律的文化群体交锋时，往往处于下风。

在近代，海人往往被贬低为不文明的人。欧洲人经常不公平地给他们强加上海盗的污名。但实际上，海人并不总是主动发起海盗行为，只不过是因具有航海技术而被聘用，从事那些欧洲人视之为犯罪的行为。海盗经常出没于该区域，为海盗做事在当地人看来不是什么丢脸的事。

海盗往往来自相对更倾向于定居的马来村庄，这些村民有资本、有组织能力，能够制造和操作大型船舶。通过这样的方式，他们便能造就一台"海盗机器"[6]，而这也成了充满活力的马来海事传统中的一个重要组成部分，甚至带来某种声誉和威望。就像英国的弗朗西斯·德雷克爵士（Sir Francis Drake），成功的马来海盗在盗取战利品的同时，也获得了荣誉。[7]

但也有一些自由职业者，他们是渔民，也是海盗和走私者，他们利用自己的航海技能，把"渔网"撒向更大、更利润丰厚的猎物——其他商船。人们可根据经济环境，在渔民和海盗这两个身份间随时转换。兼职海盗的数量比全职海盗多得多；这个数量在发生大规模贫困或地区陷入混乱的时候上升，在情况好转的时候下降。今天亦是如此。

最早的"新加坡"

马六甲海峡汇集了一批文化背景各不相同的人，他们分别代表着太平洋东亚、南亚和东南亚的海洋生活。历史上，这些水域是重要的渠道，促进了人、物和思想的流通。如今，漏斗状的海峡在国际舞台上地位重要，将东南亚分隔成大陆和群岛两个部分，承载着全世界近半远洋海运的运输量。海峡沿途多处较宽，以至于无法同时看到左右两岸，但在海峡东端，新加坡海峡连接南海的地方，航道宽度不足 1 英里。就在这里，这个战略性区域附近，我们今天所熟知的新加坡得到了最初的开发。

海洋的东南亚世界的繁荣并不是以国家为基础，而是以众多世界性商业中心为基础。根据传说，一位早期从爪哇逃到新加坡岛的人，在被称为淡马锡（Temasek）的沙滩上，瞥见一个黑头、红身的奇怪动物，他认为这是一头"狮子"。他宣布，自己将在此地建立一座城市，称之为"Singapura"，这是一个来自梵语的词，意思是"狮城"。[8]

14 世纪，在那座接近马六甲海峡最窄处的岛屿上，贸易城镇淡马锡／新加坡逐渐崛起，并繁荣起来。我们对这个小镇的历史知之甚少。史料稀少，混杂着神话传说。[9]但马来语的口述史和考古发现还是可以告诉我们一些东西。尽管我们现在知道的比 30 年前要多得多，但仍远远不够。关于本地历史，大都还是推测。

这里可不只是一个偏僻之地，显然，在延伸至爪哇和泰国，乃至印度和中国的国际贸易流中，新加坡扮演着重要角色。在新加坡的历史中，淡马锡是一系列"高潮时刻"中的第一个，当时，这座城市因其战略位置、自身及外来的多元人口创造的出口能力，以及对变化莫测的国际形势的适应性而蓬勃发展。

考古学家的研究成果显示，淡马锡的地貌特征基本上是一座俯瞰新加坡河的梯级小山，有宫殿、市集、防御工事、土制城墙和护城河。土制城墙代表着对永恒的承诺。当时甚至连皇宫都没有使用永久性建筑材料。但我们发掘出一些13世纪末至14世纪初的烧制砖石碎片，应当是当时佛教寺庙的残骸。不幸的是，英国殖民前期，为了快速发展这座城市，许多东西都被毁掉了，于是产生了一个长期存在于历史书中的说法，即认为1819年英国人抵达之前，新加坡一无所有。

淡马锡既是商业中心也是宗教中心，除了城墙之外，看上去很符合"马来港口城市"的模式。淡马锡的宗教折射出的是印度而非中国色彩。山顶带有宇宙观的意义，代表着印度佛教和印度教的宇宙中心——须弥山（Mount Meru）。建造这个圣地时，由于缺乏人力，建筑者基于自然景观施工，而不是像伟大的吴哥窟那样完全是人造的景观。他们小心翼翼地规划着下方的空间，使用隔墙和水道来打造不同区间。神灵高居山顶，工匠们则对其敬而远之，住在较低的地方[10]，在那里制作陶器、玻璃器皿和精美的珠宝首饰。

华人——很可能是最早的一批东南亚华人社群——生活在淡马锡。他们与当地人住在一起，而不是另起炉灶。这不仅反映了这个海滨小镇的多元性，也说明其作为对华贸易中介的重要经济地位。他们对淡马锡的描述是："土壤贫瘠，农作物不多。"[11]

为了生存，这里需要贸易。钱币的设计十分讲究，而出土的精美瓷片也表明时人想要高质量的瓷器，对本地所产的那些不屑一顾。凭借优越的地理位置，淡马锡在"瓷器之路"上占有一席之地。"瓷器之路"即欧亚间的"海上丝绸之路"。要想大规模运输易碎而又沉重的瓷器，只能通过海路。为了交换这贵重的瓷器，小镇居民向海外市场供应一种奢侈品——犀鸟头骨（这是一种珍贵的鸟类"象牙"，也就是所谓的"鹤顶红"）。中国人对"鹤顶红"

深感兴趣，其雕刻加工也比其他牙雕更容易。

在不远的港口处，因石头形状而得名"龙牙门"的地方住着一群生活方式与众不同的"海人"。尽管有人认为他们不守规矩、形同海盗，但他们为丰富当地贸易品种类做出了积极贡献。除了犀鸟头骨，他们还买卖龟甲、珍珠、珊瑚，维持当地的经济规模。另外，淡马锡提供给周遭"顾客"的产品还包括更加日常的锡、棉花、香木，而这些物品的质量均非顶级。

暹罗和爪哇-苏门答腊这两大政权在海峡相遇。在这里，马来城邦港口（如淡马锡和苏门答腊的巨港）享有自主权，这得益于统治者通过贸易创造财富的能力，与今日的新加坡如出一辙。类似今日的情况，更大范围的亚洲经济态势决定了当时新加坡岛的发展与走向。

不甘在泰国人（暹罗人）和爪哇人的夹缝中生存，淡马锡的统治者及其子民逃离此地。这里只维持了一个世纪就让位于附近与中国朝廷关系紧密的马六甲王国。淡马锡（新加坡）作为一个倚重贸易的国家或区域政治枢纽不再如之前那般繁荣昌盛，这里最终成为一座空城。英国人在19世纪到来时见到的正是这座寂静的空城。然而，淡马锡仍旧在马来亚历史中占有重要的位置，这不但要归功于其丰富的神话传说，而且因为它是本地区诸王朝的发源地，这些王朝先后在附近的马六甲、柔佛和廖内群岛蓬勃发展。

今日的"新加坡"偶尔也会以原名"淡马锡"自称，而名为淡马锡的控股公司作为一个颇具规模的主权财富基金，也在国际投资界闻名遐迩，其雄厚的财力反映着当代新加坡所取得的经济成功及其背后的审慎理财。然而，新加坡早期开拓和定居历史的微薄遗产，严肃地提醒着今人：过去的物质荣誉极容易被彻底抹去，仅留下具有象征意味的影子和已然褪色的记忆。

综上，在欧洲殖民者到来之前，沿着马六甲海峡，一个世界性的东南亚多元文化海洋共同体已经大放异彩，这里有边缘却没有边界，雄心勃勃地追求基于贸易的商业成功，充分利用地理优势，其命运却又取决于远近国家的需求和欲望，受着其他更强大的金钱、权力和文化中心的制约。

我们今日所见的抱负远大的国际都市新加坡[12]，和700年前曾在此地繁荣发展的国度惊人地相似。

欧亚大陆的枢纽

逃离家园的淡马锡统治者选择在马六甲落脚，这里与今天新加坡的距离大约等于美国纽约州奥尔巴尼到曼哈顿的距离（127英里）。"马六甲"这个名字取得实在贴切，它源自阿拉伯语，意思是"相约之地"或"聚会地点"。马六甲的起源扑朔迷离，正如它的前辈淡马锡/新加坡一样。早在15世纪，一个印度教王朝在此建立，而后随着西方商人带来的伊斯兰教的传播，马六甲很快便成为穆斯林王国。

马六甲不是什么新类型的定居点，它依循的是东南亚其他国际性海上转口贸易中心的发展道路，是一个贸易场所。自此，在马六甲海峡上，一个小小的、以捕鱼为业的社区蜕变为一个想要从事商业活动或利用本地的战略位置向过往船只收取费用之人的聚居地。更直截了当地说，这里可以说是一个销赃的地方。

多数东南亚贸易城镇都位于河的上游，目的在于防止海上劫掠者的入侵。与之不同的是，马六甲毫不畏惧地坐落于一条泥泞河流的入海口处，在此停泊的船只随波漂浮，或驶入有遮蔽的易行航道，在这个安全的避风港抛锚短憩。

兴起于此处的城市几乎完全仰赖商业贸易，除了鱼之外，需要进口粮食和其他大多数食材。有限的土地来自对茂密丛林的砍伐、开垦，这些土地可种植瓜果，但不适宜种植稻谷。我们都知道，热带环境下，水果容易腐坏，难以运输。要吃水果，就必须自己种。马六甲背靠原始森林，缺乏大陆腹地，没有迹象表明当时有人愿意在城市之外将林地辟为耕地。[13]

在缺少触手可及的大片良田的情况下，贸易成为马六甲的生命所系。尽管马六甲不是处于海峡的最窄处，但整座城市能够控制航道，而这条航道正是许多海上往来船只的必经之路。[14]马六甲位于马鲁古群岛（古称"摩鹿加群岛"）通向亚历山大港的航线上；马鲁古群岛是印尼香料的种植中心，而亚历山大港则是香料在欧洲的经销商威尼斯位于埃及的集散港口。此后的一个多世纪，马六甲发展为海峡的大都会，成为一个繁荣的海洋国家，虽然人口远不及威尼斯，但可与当时的伦敦媲美。正如该地区其他的贸易城市，马六甲在很大程度上独立于任何更大的陆权势力。海洋空间圈出了马六甲的真实领土范围，是"王国的主轴"[15]。

15世纪是马六甲权力的巅峰期，它成为海峡两岸和其中的岛屿的主宰者，但它更多是影响局势，而不是控制领土。王朝的主要目的是维护贸易往来，并确保人力和食物资源的供应。[16]

航道为整座城市提供基本的生活物资，包括大米、食盐、铁锅、布匹等，也提供了其他奢侈品，以供消费得起的人享用。来往的商贩有时为了等待有利的风向，会在马六甲暂居一段时日。他们等候的同时，也会和当地商人进行贸易，以制成品换取森林里的原始物资，引领港口走向更大的繁荣。

往东，马六甲位于通向中国的贸易航道上；往西，穿过印度洋的航道将最终通往西亚和伊斯兰教的中心。当阿拉伯和印度的商人将信仰带到这里，马六甲的统治者便皈依了伊斯兰教。港口逐渐成为实践、学习和传播伊斯兰教和伊斯兰文化的活跃中心，也成了一个新的文学类型——马来伊斯兰文学——的发源地。与阿拉伯世界的交流变得重要起来。我们或许可以说，这个港口既在交换货物，又在创造新知。[17] 然而，马六甲存在严重的内部政治问题，政治精英层缺乏凝聚力，同时也不能巩固多元社群对王国的忠诚。因此，马六甲的寿命十分短暂，而这也为今天的新加坡提供了前车之鉴。

清真寺、宫殿和市集是马六甲最突出的建筑，其他建筑都是简单的木房子，用棕榈盖住屋顶，建筑下面靠传统的马来式木桩支撑。马来人通常不用砖石作建筑材料，因此东南亚海滨城市在外观上与欧洲城市大相径庭。东南亚建筑的设计寿命都很短。

在马六甲，人们使用简单、廉价的芦苇和树皮搭建房屋，房屋可轻易拆卸并在他处重新组建。整个镇都可以迁移。或者，在遇到火灾的情况下（虽然并不常见），房屋可以迅速重建。在这里，对人的控制比对地点的控制更重要，这是后来欧洲殖民者得到的教训——他们可以占领一个地区，却无法留住人民。

马六甲鼎盛时期的来往人员，充分地体现了海上生活的多民族、多文化特征。华人、爪哇人、他加禄人（Tagalogs）、波斯人、南印度的泰米尔人、海湾阿拉伯人、印度次大陆最西南端的古吉拉特印度人，甚至一些伟大的世界性商人——亚美尼亚人和犹太人，都汇聚在马六甲，让这里多姿多彩、生机勃勃。简而言之，当时来自亚洲沿海及以外地区的人们为做生意远道而来，将马六甲的街道和集市挤得水泄不通。

早期的欧洲来访者将马六甲海峡视为一个文化、商业的荟萃之地，是亚洲的"咽喉"。马六甲在香料贸易中广泛的影响力，令他们声称："只要当上马六甲的主人，就有能力勒紧威尼斯的喉咙。"[18]当时的威尼斯是向欧洲各地的消费者分销香料的贸易中心。如果说威尼斯是"欧洲的枢纽"[19]，那么马六甲即是欧亚大陆的枢纽。

凡是到访马六甲的旅客，首先会被卷入语言的洪流。早期一位听力卓越的葡萄牙旅行者，声称自己在马六甲听到过 84 种不同的语言。马来语是当时马六甲乃至整个东南亚海洋贸易世界中的通用语，对后来的新加坡而言也是如此。马六甲成功的真正关键是来到这里的人和他们编织的商业网络。在海港，每个族群都有发挥其职业特长的一席之地：波斯人经营珠宝和药品，古吉拉特印度人则靠作为水手的技艺赢得声誉。具有侵略性并擅长远洋航海的布吉人（Bugis）从更东边的印度尼西亚群岛来到这里，融入当地的马来人社群，成了马六甲的早期居民。

很久以后，布吉人还会定期出现在今天的新加坡，他们的船队拥有数以百计的船只，使港口变成一片由桅杆和风帆组成的森林。布吉人的专长似乎是暴力，他们不太安分，不能成为城市的建设者，他们作为海盗和作为商人同样出名。新加坡的殖民地时期，以布吉为名的街道龙蛇杂处、藏污纳垢，令这个名字在人们心中更为狼藉。今日的新加坡，往日的纷杂混乱得到净化，但不久之前武吉士街（即 Bugis）上依然聚集着酒醉的水手、有异装癖的人，以及瞠目结舌的旅客。

论人口，马来人在马六甲占的比例最大。苏丹和政治精英投身商业，很多平民百姓则不去经商，而是以捕鱼或做苦工为业，这也满足了流动社群的需求。与此同时，航道则为整座城市供给生活必需品和奢侈品。

与欧洲海上城邦不同，马六甲不是海洋贸易的发起者，而是一个回应者；它不是写剧本的剧作家，而是一个按剧本演出的演员。马六甲的表演持续不足一个世纪。现在，因淤泥堆积和填海工程，古老的市中心不再直面大海。当年马六甲作为国际港口，规模远超淡马锡，但时至今日，除了博物馆的陈列，你很难在马六甲街道上找到其昔日荣光的痕迹。

华人、海洋和东南亚

在受马来航海文化主导的、国际性的海峡，现代新加坡是如何成为一个华人占总人口四分之三的地方呢？这意味着什么？在回答这个问题之前，我们不妨将目光投向华人的祖国，看看华人海外移民的动力何在。华人移民构成了一种独特的、以海洋为基础的迁徙文化，可谓历史上规模最大、影响最深远的人类迁徙活动之一，形成了人员、物品和思想流动的引擎，不是简单地进出中国，而是建立起一个遍布东南亚的、相互关联的社群网络。新加坡作为"突触"（synapse）发挥作用，是联系散布各地的华人社群的关键城市，被称为"华商帝国的西方交汇点"[20]。

华人移民大多定居于东南亚南海边缘的地区，中国人称该地区为"南洋"。"南洋"与其说是个政治或地理概念，毋宁说是一个商业概念。"南洋"指代的不只是地域，还包括地域中的华人族群。离开中国后，华人移民会继续传承中国文化，但会摒弃对祖国的政治依附。假以时日，散居海外的华人会走到比南洋更远的地方。就拿今天的世界来说，哪个主要的国际港口城市没有唐人街呢？

中国南方曲折的海岸和众多的港口鼓励着人们出海，也催生出中国持续不断的、未被官方认可的、基本没有正式记录的海上历史。这当中也有许多外国人的身影。在中国南部沿海城镇，来自阿拉伯、波斯和印度的水手和商人来来往往。

中原王朝的注意力集中在饱受游牧民族侵扰的北部和西部边疆，根本无暇顾及东南沿海的外国人，默许他们进行自我管理。同样不在官员关注范围之内的或不足以记入官方档案的还包括当地的渔民、商人和海盗。对于远在帝都北京、忙着处理奏章的文官而言，大海十分遥远，是一道天然的分界线、一座海水长城，只能用来阻止不受欢迎的陌生人上岸而已。

另一方面，当地人却乐于投身海洋生活，甚至将自己的技术和储蓄都投入海外事业。再后来，许多华人南下东南亚，成为马六甲海峡名噪一时的人物。家族情结和祖先崇拜往往使新移民难以完全割舍与故国的联系，尽管如此，还是有不少华人自此永远离开了中国。

在 16 世纪初欧洲人到来之前，海外华人已经零零散散地在东南亚建立起规模较小的定居点，其中一个便是新加坡岛。有些华人只是暂居此处，希望赚够钱后衣锦还乡。在海外，他们希望找到一个既有经济机会、政治上又稳定的地区，从而可以让他们心无旁骛地追求商业利益。

对于南洋的航道和港口而言，华人移民带来了贸易物品，留在那里的华人则贡献技术，增加了人力资本。在远方，华人移民传授开采金子和锡的技术；他们为当地农民示范如何更有效地种植水稻、甘蔗，还将大豆、荔枝、卷心菜等新食材引入当地。

华人陶工制作的大型陶瓷储藏罐，在当地的家庭中占据一席之地，成为必备的日用物件。华人木匠和橱柜制造者通过引入新的家具（如矮桌、床等）改变了当地的生活习惯。在海上，华人运用了他们数一数二的航海技术，将人和货物从一个地方带到另一个地方，甚至在那时就经营沿海航运，这正是现代新加坡华人居于支配地位的业务。

留下来的华人往往与当地人婚配，但也有许多例外。未融入当地的华人，在失去祖国的监管和庇护下，转而自我管理。他们居住在建筑风格独特的砖房里，保留着自己的风俗习惯，享受着自己的家乡食物，穿着传统的棉裤和短袄，在自己的寺庙中烧香祭拜自己的神灵，这些神灵中，作为水手保护神的妈祖家喻户晓。

外人倾向于把这些华人笼统地归入同一个文化群体，他们也的确都来自中国东南沿海。但对他们自己而言，地理上的亚群体是极其重要的。他们说着难懂的方言，差别之大，可以被视为完全不同的语言。如果识字，他们还可以在书面文字中找到共同的语言成分，对于这些语言成分，人们用各自的方言识别并阅读。但识字的人少之又少。

在华人的日常生活中，法律远不及习俗重要。家庭成为商业运营的核心单位，而家族成员也努力维护本族对所拥有的资源的控制。这样的做法促使一些家境并不富裕但富有才华的人创建自己的公司。当时，南洋不存在进入政府的仕进之路，所以最出色的人才都跻身商界。在海外的商业世界，许多华人大获成功，乃至在当地社群中具有影响力。

在中国海域和马六甲海峡这一区域，南北的商业流动极大地推动了马六甲的发展，使马六甲成为装卸货物的转口港，是为新加坡的前身。此处的企业大都由华人家族掌控。

从北方运来的是中国的丝绸（包括生丝、熟丝或织物）、日本的银，以及来自这两个国家的制造品。更高端的商人则兜售制作精良的日本武士刀，这是世界上最锋利的刀具之一，经过训练的人可以用它将一名成年男子由头至脚劈成两半。据说被砍的人只能见到刀光一闪，却看不到持刀的人。[21]此外，日本人还针对大众市场发明了好用又不贵的纸质折扇，成为热带居民们的宠儿。

从南方运来的则是所谓的"海峡产品"，它们来自丛林和海岸，这些在中国市场上很受欢迎的精品是只能在热带找到的特产：檀木、胡椒及其他香料，以及富有营养的海带、琼脂、海参等珍馐。欧洲人认为海参长得像蠕虫，外形令人作呕，但在亚洲，海参一直都因富有弹性的口感，以及作为一种增鲜剂而备受欢迎。

美食家也极力推崇碟状的燕窝，勇敢的采集人会攀爬东南亚海边的悬崖，在雨燕下蛋前找到它们栖居的巢。燕窝光滑的表面与鱼胶相似，但它更脆。将燕窝在滚水中泡发，厨子便能煮出一道美食家津津乐道的、既美味又营养的汤品。

中国式帆船（junk）是华人在海外贸易中使用的交通工具，是前现代时期中国在海洋世界的标志。但"junk"一词其实源自阿拉伯语或马来语，反映出中国沿海地区的外国人的影响，而这些船正是在沿海地区建造的。作为一种多用途船舶，中国式帆船可以载着沉重的货物驶向外海，但通常会尽量贴近海岸线并充分利用冬南夏北的季风航行。

经过几个世纪的稳定发展，"junk"一词指称的范围不断扩大，包括大大小小、各式各样的中国帆船。这些中国帆船是马六甲海峡和亚太海域的常客，直到最近还能看到。直至第二次世界大战前夕，还有停泊在新加坡港口作为商业用途的中国帆船。

1000 多年前，中国人复杂的造船技术在海洋世界所向无敌，只是到近代才被欧洲人后来居上。中国的船只有能够根据水深升降调节的船舵、双层船壳以及带水密隔板的舱室。这是渔民发明的，他们想要用水箱把捕获的海产活着带回市场。在 19 世纪开始用钢铁造船之前，欧洲人都无法造出具有这种水密隔间的船只。

这些中国帆船既能在河里也能在外海航行，船身以钉子固定，结实又灵便。滑溜溜的木质船身覆盖着一层防水的桐油，船帆分好多块，就如用竹条制成的百叶帘一般。水手在航海中会使用指南针和测深锤。船尾略高于船头是此类船只的一个特征。欧洲船像鱼，船头鼓出，逐渐向船尾收窄；中国帆船则像海鸟，在船尾处鼓起。正如今天的巨型油轮，中国帆船的上层结构位于整艘船的最尾端，远离所有船帆（航海的行话称之为"abaft"），因此船面具有极大的空间可供运货。

中国帆船从人口众多的中国南方出发，将乘客运载出国，有些人只是暂时出海，有些人则永别家乡。这些乘客并没有什么高雅的文化，毕竟很多是因家境贫寒才要出外谋生，以期过上更好的生活。那些决定移居国外的人最终成为新加坡华人社会的核心，而那些来得更早的可能已经在海峡区域生活了好几代人了。

许多移民把本国文化习俗带到新家园，但他们很少保有任何政治上的忠诚，他们没理由这么做。王朝政府不断劝阻甚至禁止国人离境。朝廷认为，离开的人必是对祖国不忠，如泼出去的水一般毫无价值，因此也拒绝承担照顾这些移民的义务或责任。

走私和海盗问题使中原王朝更加确定：海洋是祸源，而非机遇，"国家机器止步了，就算不是停在海岸线，肯定也没有达到外海"[22]。这个若有若无的边界最终将被外来侵略者攻破。但在那之前，还有一起中国朝廷一时心血来潮而发起的、非比寻常的海上事件，值得我们关注。

中国航海文化的英雄

一直以来，"移民"和"商人"在中国历史叙事中不见踪迹，然而有一个与传统政策相悖的历史事件是个例外，它是一个规模庞大的政府活动，是历史上的一段壮观插曲，却几无成果。15世纪初期，明王朝的一系列航海活动，让一艘艘的中国帆船远离故土，探索未知的海域，最远抵达非洲东海岸。在一位特别有进取心的皇帝的指令下，一位勇敢的宦官率船队远航。他是我们已知的中国历史上影响力最大、最成功的航海家。他的名字叫郑和。

郑和是个宦官，又是个穆斯林，是边远地区少数族裔的后代，是一个与传统中国士大夫精英阶层格格不入的外人。也许这就是为什么皇帝钦点他担任舰队总指挥，即便他并没有什么出海经验。他的宗教信仰在印度洋世界也能派上用场，毕竟在那片海域中，中国人不多，他会和许多阿拉伯人及其他穆斯林商人、官员打交道。

在朝廷的命令下，郑和七下西洋（1405年至1433年），用大批巨型船舰组成规模浩大的舰队。郑和是否曾在新加坡岛停靠，我们无从考证，但能确定的是，他曾驶过龙牙门。郑和的大名在今天的新加坡可谓妇孺皆知，观光客还能在这里搭乘按照郑和舰队的模样仿造的船只，在海港巡航游览。

郑和根据前人开辟的航路规划与设计航程，也聘请了外国的航海家，后来接踵而至的欧洲人也是如此。郑和将下西洋的目的定义为外交性质的出行，表示他的舰队应被视作道德力量的象征，是劝导而非暴力的工具。

但这仅仅是理想，而非现实。

在柔和的话语、金光灿灿的丝绸旗帜和华丽刺绣的长袍之下的，是用火器武装起来的战舰，我们今天可能会称其为"远洋打击力量"，是足以迫人臣服或进行征服的手段。船上人员众多，估计有 2.8 万至 3 万人，大半皆是士兵。这说明郑和本人是一名职业军人，他通过征战声名远播，郑和船队的军队人数远超法国国王的整个常备军。[23]

郑和在说服无效的情况下时刻准备好使用武力。事实上他曾绑架过一个斯里兰卡邦国的君主，将他带回中国。这是"炮舰外交"，虽然该词在很久之后才被发明。郑和的做法实际上是古代中国外交方针的缩影：先进行道德说服，如果不管用，就毫不犹豫地动用武力。

郑和下西洋增进了中国对东南亚的了解，但远航戛然而止，成为绝响，因此缺乏宏远的政治或战略意义。郑和已然成为一个传说人物，而非历史人物，他对当下中国的重要性，远非七下西洋所造成的直接后果可比。现在，中国政府时常将郑和誉为中国"和平崛起"的先行者，而北京大学的一位教授把郑和描述为一位"友谊和文化的杰出代表"[24]。在当代新加坡华人的民俗文化中，郑和可谓家喻户晓，但他在马来西亚这个穆斯林国度受到更多的尊敬和重视。据说，郑和经停马六甲时，他允许有意愿与当地马来人通婚的船员留下来，而华人和马来人联姻生下的混血后代被称为"土生华人"或"海峡华人"（Peranakans），他们也将成为新加坡文化的一个重要族群。

郑和死后被奉为道教神灵，被许多寺庙供奉，也成为水手的守护神，更有甚者，认为榴梿这一有着刺鼻气味的水果，是郑和的粪便变成的。[25] 榴梿的气味太过浓烈，以至于现在新加坡的公共交通禁止乘客携带。

然而，美食家却享受榴梿的美味，甚至认为它的味道令人上瘾。一位 16 世纪的佛罗伦萨商人，或许也是第一位记录榴梿的欧洲人，一开始声称："我一点也不喜欢榴梿，我之前听过许多热衷食用榴梿之人的溢美之词，只是感到可笑。此外，无论视觉上还是触感上，它都很糟糕，外皮刺多，表层像松果一样疙疙瘩瘩，气味非常刺鼻。"[26] 但当他习惯吃榴梿后，便开始赞赏它的味道，并惊叹道每个吃榴梿的人都会嗅出不同气味、尝到不同滋味。《纽约客》作者约翰·麦克菲（John McPhee）对榴梿的描述具体而简洁："闻起来像屎，尝起来像提拉米苏。"[27]

当代新加坡已将郑和搬上国家舞台。郭宝崑（1939—2002）是新加坡殿堂级的剧作家，也是先锋派艺术界的杰出代表。他曾写过一部关于郑和的舞台剧，通过该剧的挑衅性主题（如暴力、性和反传统等）反抗他认为政府倡导的"庸俗现代性"。用郭宝崑的话说："在边缘地带……我找到了最有启发性的空间和动作。"[28]

对中华帝国的政府而言，郑和和他的远航只不过是转瞬即逝的浪花。但在私人领域，海运生涯的浪潮将成千上万的移民带向海外。就这样，华人在东南亚海域的重要性水涨船高。[29]

散居海外的华人拥有现成的人际网络，为贸易的持续繁荣提供稳定支持，但直到近代，华人移民的活动区域仍聚集在亚太地区，华人移民是一种区域性而非全球性的、在近海而非在远洋的现象。郑和的远航虽然激动人心，但未能改写历史。不到 100 年后，欧洲的水手将凭借规模小得多的舰队和尺寸小得多的船只做到这一点。欧洲人渴望与中国进行直接贸易，这促使他们开辟通往中国的航道。这项伟大的尝试带来的结果之一，便是英国政治秩序与中国企业精神的结合，以及现代新加坡的诞生。

第二章

以帆为翼

从 15 世纪进入到 16 世纪，海上行动力极强的欧洲人势如破竹，在船帆的引领下开辟了新的航道，打通了欧洲通往世界海洋的道路。欧洲人这种革命性的航海方式震撼了全球，首次使得欧亚大陆的两极——中国和欧洲——建立起直接并连续不断的海上交流，同时通过抵达美洲，重新连接了全世界人民。自此，真正的全球化拉开序幕。

北欧追随大西洋诸国

在文艺复兴时期，位于地中海的威尼斯、热那亚和佛罗伦萨是意大利北部最重要的三座城市。它们向伊比利亚半岛输送资金、知识和人才，而这极大地推动了葡萄牙人和西班牙人在大西洋的扩张。葡萄牙人和西班牙人被印度群岛的香料以及中国的丝绸和瓷器所吸引，双双向东航行，环绕非洲，也绕过南美洲向西而去。

葡萄牙人和西班牙人向更远处的欧亚大陆扩展海洋贸易航道，使其成为最早通过马六甲海峡的欧洲人。葡萄牙人在确立自己的全球存在时，力求通过在战略要地建立贸易前哨，而不是占领大片领土的做法，来稳固他们的全球贸易。

然而，从欧洲长途贸易的新航线中收获最多的是荷兰人，而后是英国人。在东南亚，另一个早期的海洋竞争者，法国，直到19世纪才开始在海洋实力拉锯战中扮演重要角色。

前往东南亚的伊比利亚人不只为该地区带来了新的军事科技，也带来了他们那一股比起华人有过之而无不及的自豪感。与华人不同的是，这些皈依罗马天主教的新移民有强烈的传教欲望，不仅想要传播基督教信仰，还想传播他们的整套社会文化。即使是那些全神贯注于账簿的商人，也从未舍弃传教的目的。和华人不同，伊比利亚人不愿意让他们遇到的"野蛮的"局外人继续"野蛮"下去。

起初，这些来自大西洋的人并没有对东南亚已有的陆地与海洋的互动造成显著改变。欧洲的存在感大多在海上和沿海地区，而非大陆。1511年，葡萄牙人占领马六甲之后，在该处建了一个该地区前所未见的石头堡垒，将其命名为法摩沙堡（A Famosa），意思是"著名的"。然而，许多当地居民立即打包离开这里，前往其他的海港城市，如苏门答腊的亚齐（Aceh）或附近的大陆上的柔佛。虽然没有像之前的淡马锡 / 新加坡那样消失，但马六甲作为一个贸易中心的地位开始急剧下降。

在欧洲殖民者的管辖下，马六甲没能恢复昔日的辉煌。葡萄牙人把堡垒建在岸边，认为这样一来，船只就能在城墙的庇护下落锚，而堡垒自身也能依赖海上运输轻而易举地获得补给和加强。建筑师希望法摩沙堡面向海洋，而不是陆地，以展示葡萄牙的威慑力。然而，致命的一点是，葡萄牙没有武装船只，无法巩固岸边的军事力量。因此，法摩沙堡非但没能成为权力的象征，反而暴露了马六甲的军事弱点，以及欧洲殖民者对当地状况缺乏深刻的认知。无论在海上还是岸边，大炮有限的射程都限制了葡萄牙军事威力的范围。

当荷兰人发现亚太贸易航线时，他们和葡萄牙人之间就产生了激烈的竞争。葡萄牙人声称在这些海域拥有专属权，于是针锋相对的两国在 1603 年爆发冲突。

1603 年 2 月 25 日，停泊在新加坡岛海岸的巨型葡萄牙帆船"圣卡塔琳娜"号（Santa Catarina），如一座浮城般，运载着沉重的货物，船身内和甲板上挤满了 800 多人，其中有不同国籍的士兵和商人，有男人、妇女和儿童。这些人乘坐的船借助季风，依循好几代中国帆船使用的航道，从澳门沿着中国南方海岸驶向马六甲。

这艘大帆船运载的货物属性很接近中国贸易风格，但价值却高得多（后来我们得知这艘船上的所有货物价值等于当时荷兰东印度公司一半的资金总量[1]），包括生丝、缎、绣金布、瓷器、糖、香料、贵重的作为香水原料的麝香，及其他许多因工艺水平精良而颇受欧洲人垂涎的奢侈品。我们也可以把船上的一些亚洲妇女和儿童看作一种"货物"，她们将作为奴隶或小妾出售给有意的买家。欧洲人对亚裔儿童的兴趣在中国南方沿海地区引发了一系列传播广泛且持久的流言，称葡萄牙人绑架了中国小孩，将他们杀害、烹煮并食用。

这天早上，三艘尺寸更小的船组成的荷兰船队发现了"圣卡塔琳娜"号，并同时开始向它开炮，历时整整一天的炮击主要将矛头对准船帆而非船体本身。这么做的意图是在不破坏船上货物的情况下，使船身动弹不得。葡萄牙人最终投降。船长交出了自己的大帆船和船上所有的货物，以换回船上所有乘客的安全，并保证这些人能安全前往马六甲。这一事件标志着葡萄牙军事声望遭受的第一次打击，也是荷兰在亚洲首次显露军事实力。但它的重要性远超于此。

荷兰人不仅海上作战成功，在媒体宣传方面也大获成功。"他们挑选了最聪明的人才，用笔杆子的力量来攻击敌人"[2]；荷兰人聘请了一名年轻律师，请他以三寸不烂之舌将荷兰人非法攻击、掠夺葡萄牙人帆船的事迹洗白为一次战争中的合法行为，这个年轻人名叫赫伊赫·德·赫罗特（Huig de Groot），他还有个更为人知的名字——雨果·格劳秀斯（Hugo Grotius）。格劳秀斯在匿名写作的《海洋自由论》（*Mare Liberum*）中，主张公海自由，并提出人们有打破贸易垄断（例如葡萄牙在东南亚海域实行的贸易垄断）的权利。因此，荷兰与葡萄牙交锋一事引出了国际海商法的基础，而这部法律也反过来使它的作者格劳秀斯得以名垂千古。

在与葡萄牙人的竞争中，荷兰人的制胜法宝是它同时具备侵略性的海上力量和精明的商业头脑。而葡萄牙人明显没有这种本事，他们是勇敢的水手，但不是优秀的商人。在荷兰国内，民众在争取独立和建立世界上第一个现代经济体的过程中，不断确立自己的政治身份。这也是为什么荷兰如此积极地搜索并且不放过任何一个商业机会。他们踏出国门，足迹遍布世界大洋，并于 17 世纪末在"香料群岛"（Spice Islands）获得了支配性的影响力。"香料群岛"位于今天的印尼马鲁古群岛中的特尔纳特（Ternate）及蒂多雷（Tidore），是当时唯一生产肉豆蔻仁和豆蔻皮的地区。

在海峡的东端，荷兰经过三个月的围剿，于 1641 年从葡萄牙人手中夺走马六甲。他们重建了法摩沙堡，充分发挥了他们治水的本领，在堡垒的陆地防卫圈周围增建了一个护城河网络。然而不久后，荷兰人开始发现这个前哨站无利可图，甚至商量放弃这里。于是，他们带着更强的目的性，开始在新加坡和其他岛屿附近探索。

印尼群岛规模庞大，而作为其中心地带的爪哇岛，成了这一区域里最受荷兰人觊觎的领土。荷兰人的兴趣开始从马六甲航道逐渐转移至爪哇和苏门答腊之间的巽他海峡（Sunda Straits）。巽他是好望角到当时荷兰在亚洲的权力中心——巴达维亚（Batavia，今印尼首都雅加达）——途中的一个关键的连接点。如果荷兰人能在印尼群岛乃至亚洲大陆上立足，那么其他欧洲人在亚洲似乎就没有多少发展空间了。

英国人对茶叶的需求量越来越大，使英国越来越有兴趣同中国发展贸易。英国人反感竞争对手荷兰人锁定海峡两边的做法，并想方设法避开荷兰人。这股对荷兰人的反感至今仍然在英语中得以体现，如"Dutch treat"（荷兰式请客）意思是餐费由客人支付、"Dutch uncle"（荷兰叔叔）意思是严肃且不苟言笑的人、"Dutch metal"（荷兰金属）意思是假黄金，当然还包括"to get in Dutch"（前往荷兰），意思是惹麻烦。许多人引述 19 世纪早期的政治家乔治·坎宁（George Canning）的话："但凡商务上的合作，荷兰人总是给得太少、要得太多。"但与此同时，英国人长期以来还有一种对荷兰的心不甘情不愿的崇拜。17 世纪的笔记作家约翰·伊夫林（John Evelyn）言简意赅地指出："除了嫉妒心之外，荷兰样样都超过我们。"[3]

19世纪初，年轻的、刚刚获得自由的美国虽然无法对英国构成真正的威胁，但它的船只也渐渐驶入东南亚贸易圈中，悄悄地扩张其贸易版图。这激起了英国人的嫉恨。18世纪末，塞勒姆商人开始在苏门答腊从事胡椒贸易，以相对较小的投资得到丰厚的回报。在19世纪的头几十年里，有数百万磅的胡椒躺在美国船里运出去，它们最终几乎都出现在欧洲市场。

开往亚洲的美国运输船，包括但不限于胡椒贸易商，通常选择走非洲航线，经由好望角抵达亚洲。这么做比绕过南美洲航行时间更短，也更容易。然而，有些船长却倾向于绕过充满危险的合恩角，先向美国西北部太平洋沿岸挺进，前往现在的加拿大不列颠哥伦比亚省，获得光亮的海獭皮毛，然后横穿太平洋到夏威夷获取檀木，再带到中国市场，以高价出售。

从美国驶向东南亚的船只通常会装载便宜的小饰品和墨西哥银圆，或仅仅是银子和压舱物，但回程却载满珍贵的胡椒，可以卖得很高的价钱，许多美国商人因此致富。单是塞勒姆的进口税对美国联邦预算每年的贡献[4]就高达5%。贸易商的回报固然丰厚，但交易过程并不总是一帆风顺的，个中也夹杂着辛酸。

在寻找资源的过程中，从塞勒姆出发的船只先是前往位于苏门答腊西端的亚齐，然后再到海峡沿岸的小港口。一个命丧他乡的美国人被装在塞满胡椒的棺材里运回塞勒姆。几年后，开棺时，人们对他作出的唯一评价就是："他的气色看上去还是很自然。"[5]至于棺材里珍贵的胡椒是否被取出变卖，就没有后续报道了。

在1824年后，荷兰人开始收紧对印尼群岛的控制，对其他外国商人并无半点好意可言，以至于类似塞勒姆商人的交易急剧减少。英国也尽其可能地阻碍美国人。

英国在亚洲海域的胜利

紧随荷兰人步伐的英国人最终得以继承所谓的"伟大的发现"（the Great Discoveries）。伊比利亚人打通了世界海洋的通道，而英国人从中获得了最大的利益。英国人的足迹开始广泛分布在全球范围内，似乎有无限的机会与可能性。1703 年，一位名叫亚历山大·汉密尔顿（Alexander Hamilton，与同名的美国政治家没有任何关系）的苏格兰船长兼冒险家竟然拒绝了柔佛苏丹出售新加坡岛的报价。在当时，英国人根本没有兴趣在马六甲海峡获取领土。他们的注意力全集中在印度身上，后来才开始重视东南亚。

当时，英国人对东南亚的理解少之又少。对他们而言，簇拥海岸的热带丛林深不可测，甚至是险恶，充斥着热病和死亡，也是凶猛动物和"野蛮人"的家园。然而，随着他们对珍贵的香料及其他珍稀热带物品的来源有所了解，并意识到马六甲海峡是通往中国的最直接航道之后，这个最重要的诱惑使得他们对东南亚一带的兴趣倍增。英国人想要在这条充满战略意义的航道上建立一个安全的货仓。

英国政府批准东印度公司这个半国有企业成为英国在亚洲所有贸易业务的代理人。东印度公司的一名雇员亚历山大·道尔林普（Alexander Dalrymple）是第一位提出应该在东南亚海域建立对华贸易基地并对此付诸行动的英国人（1769 年）。他后来成为第一位英国皇家海军海道测量师。点子虽好，但不幸的是，他选择了错误的地方——加里曼丹岛（又称婆罗洲）外海的一个小岛屿。这个小岛离印度的港口太远，不能为前往中国途中经停的船只提供有效服务；这里也没有任何纵深腹地，不能产生收入。短暂占据了这个小岛一段时间后，英国人决心离开。但他们之后在马六甲海峡的运气将会更好。

在新加坡岛进入英国人视野之前，法兰西斯·莱特（Francis Light），一个充满活力和想象力的前皇家海军军官，于1790年说服一名马来王子，也就是当时吉打州（Kedah）的苏丹，将马六甲海峡西端的槟榔岛（Penang，槟城）以每年6000元的价格[6]租给他的雇主东印度公司。按照高高在上的大西洋传统，莱特以欧洲名字取代广为人知的本土地名，把这座岛屿命名为威尔士亲王岛（Prince of Wales Island），岛上的定居点叫乔治城（Georgetown）。

在构建帝国时，英国一直在积极寻找有潜力的岛屿，毕竟依赖装载炮火和弹药的船只即能对岛屿进行保护，不需要调动大量军队。英国有船，但缺乏士兵。因此，无论是在国内还是在国外的前哨基地，即便远离陆地，但只要统治了海域，英国人就会感到安全。

商人需要一个能中途休整的地方，这种地方也要能够修理、改装船舶，并补充船上物资。大多数船只都是木质的，船身极为脆弱，需要经常进行维护，特别是在热带水域。因此，对帝国的建设者而言，西印度洋的毛里求斯，或槟城，以及最终的新加坡和香港，都将为大英帝国的"命脉"提供关键的连结点。

一份印度报纸认为，莱特看上的槟城除了地理位置有优势之外，还是一个健康的地方。因为欧洲人在亚洲容易得上恶性热病，因此这一点非常重要。荷属巴达维亚已被誉为"白人墓地"，这里地势低洼，河道众多，是疟蚊的理想孵化器。再者，向死水倾倒垃圾和污水容易造成肠道疾病。大量吸烟和过量饮酒也对商人的身体健康没有半点益处。即使是短暂的停留，也有许多人在巴达维亚丧命，于是外国商人纷纷试图避开这个地方。

人们对槟城的评价是："这里没有孟买的沧桑坎坷，也没有孟加拉沼泽的恶臭，或是马德拉斯（Madras）的酷暑。"[7]尽管如此，岛上还是有很多英国人死于疾病，其中包括三名总督。

随着与中国进行贸易的兴趣越来越大，英国愈发发现马六甲海峡非常适合作为航道。但航道首先需要有一个适合的根据地。槟城太远，太靠近海峡西部，不能很好地支配海峡。于是他们将目光转向东方。1795年，英国暂时从荷兰人手中夺过马六甲城，同时也短暂地进军爪哇。这是由于法国将荷兰并入拿破仑的欧洲帝国，英国不想让这两块地方落入法国人的手里。英国人觉得马六甲会在战争结束后回归荷兰，因此计划将其贸易业务和人民迁至槟城。作为计划的第一步，他们不惜付出巨大代价炸毁了葡萄牙造的石头要塞法摩沙堡，尽管这违背了巨大的石头建筑一向代表的"欧洲永久性"这一概念。

像莱特这样的英国人已经意识到，海峡可能潜藏着巨大的商业利益。马六甲和它历史悠久的贸易传统无疑是最佳证据。对英国来说，最理想的将是在东南亚设立一个根据地，借此建立起一个商业网络，并汇集来自印度、中国、东南亚和本国的大量产品，积攒属于英国的巨大利润。每次进行货物交换，无论是英国的钢铁工具与硬件、印度的棉花与鸦片、中国的瓷器和茶叶，或是马来亚翠鸟的羽毛、药品和热带硬木木材，都必须赚得盆满钵满。

在此之前，新加坡岛并未在欧洲进入马六甲海峡，或是世界与大西洋建立起的新联系中发挥较大的作用。大部分岛上的居民

图 4 图为弗朗西斯·莱格特·钱特里爵士（Sir Francis Leggatt Chantrey）雕刻的莱佛士爵士胸像的石膏复制品，原件目前置于新加坡国家图书馆内。照片由维基媒体用户 Jacklee 提供

很久以前就搬到别处去了，而因当地的热带气候使然，未经打理的土地大都恢复到原始丛林状态。1819 年，当英国人首次登陆新加坡时，岛上盛景不再，唯一留下的只是关于淡马锡的辉煌传奇。

在这里，托马斯·斯坦福·莱佛士（Thomas Stamford Raffles）进入我们的故事。莱佛士对新加坡的影响力如此之大，以至于他的存在和关于他的历史记载，使他登陆前的那段新加坡历史的重要性大打折扣，近乎被世人遗忘，尽管莱佛士本人承认新加坡过去的光荣历史，并对其表示欣赏。

新加坡最初的创痛

20 世纪 30 年代有一幅流行的漫画，画中，一位乘客告诉人力车车夫他要去"莱佛士"，困惑的车夫列出了十几个可能的目的地。今天和"莱佛士"相关的地方远远不止十几个。在新加坡这个临海城市，"托马斯·斯坦福·莱佛士"这个名字到处都是。自传说中的罗慕路斯（Romulus）与瑞摩斯（Remus）之后，还有哪个伟大的城市与其创始人的联系比这更紧密的吗？

莱佛士的城市规划方案时至今日仍有蛛丝马迹可循，沿着唐人街、政府办公区或新加坡河行走，就能窥探一二。他的雕像非常醒目。我们随处可见他的名字：莱佛士酒店、莱佛士俱乐部、莱佛士医院、莱佛士码头、斯坦福路，甚至（直到 2006 年）新加坡航空公司的商务舱都是以莱佛士命名的。他的名字到处都被认为是"高级"的代名词。没有任何一个前英国殖民地如此尊重它的前主子；南非航空公司就从未有过"罗德（Rhodes）商务舱"，同理，埃及航空也没有"克罗默（Cromer）商务舱"。

莱佛士本人如果还活着，大概也会陶醉在自己响亮的名声里。

他的象征性及符号意义远远超过了实际成就[8]，而我们现在也意识到，他的成就也有其他人的功劳在内。

1815 年后出现的"第二大英帝国"以及英法最后一战的末期，均以印度和印度洋为中心。"第二大英帝国"最显著的特点是其"帝国"性质，这与之前以大西洋为中心的帝国在概念上有所不同。旧的帝国内部相对而言具有同质性，而新的帝国则在族群和文化上具有复杂性。这点类似于古罗马帝国，英国人暗自为此而感到自豪。19 世纪英国的帝国建设者都有意识地视自己为近代的罗马人。英国作家、艺术家和建筑师选择源自古罗马的创作对象，许多人沉湎于古罗马和英国的成就的相似之处。所有受过教育的英国人至少也会懂一些基础的拉丁语。

私下里，英国人认为他们比古罗马人更胜一筹，因为英国的影响力不仅局限于地中海地区，而是扩大到全球范围，而且他们也奉行着更高的道德行为准则。

莱佛士死后多年，晚期的维多利亚人把他列为帝国使命的崇高典范之一。在一幅半身像中，莱佛士扮成一名罗马元老，与他自认的高高在上的"地方总督"形象非常相近，而这也是他的遗孀（也是他的第一位立传者）所力图构建并维护的莱佛士形象。莱佛士非常自信，随时准备好夸大自己在重大事件中扮演的角色。

他对名誉和自我宣传有着一股不懈的欲望，总是迅速将一切好想法归入自己的名下，即便这些想法不是由他最先提出的。莱佛士常称新加坡为"我的殖民地"，刻意忽略别人为建立这个殖民地而付出的贡献。他固然有朋友和崇拜者，但不难想象的是，他也有不少批评者和敌人。

莱佛士想做什么就做什么，有时违反命令也在所不惜。这种行为使上司颇为不满。上司们欣赏莱佛士办事的热忱和才华，但对他奉行的机会主义和越界的行为嗤之以鼻。实际上，莱佛士能享受这样的自由，一定程度上也得益于当时速度极其缓慢的信息传递。

比前电报时代还要更早之前，新加坡与大英帝国的权力中心相隔甚远。这个客观条件为殖民地领袖个人的政治创新提供了巨大的自主空间。伦敦和"远东"之间的信息往来很可能要花上两年的时间。当地官员大可先采取行动，然后再向国内当局汇报。这点深得莱佛士和其他英国领袖的心，如槟城的莱特和自称加里曼丹岛沙捞越"白色王公"的詹姆斯·布鲁克（James Brooke）。这几个例子说明，有决心和想法的英国政府代理人，在没有获得事先批准甚至本国政府不知情的情况下，都拥有一定程度的决策权。

1781 年，莱佛士出生在加勒比海上，同年英国在约克镇打了场败仗，英国以大西洋海域为中心的第一个海上帝国时期也宣告落幕。不久之后，他的父亲商船长本杰明·莱佛士（Benjamin Raffles）抛妻弃子，再也没回过家中，而这个名字，只有父亲 1811 年在债务人监狱里悲惨离世后，才在信中提及。

父亲离开后，原本在伦敦求学的汤姆，作为家中唯一的儿子，不得不在 14 岁之前就辍学，打工挣钱养家。他后来对自己受正规教育不多这一点表示十分遗憾，但凭借满腔的热情和一股自我提高的强烈欲望，他成功地弥补了学历不高的短处。他求知欲强、精力特别充沛（我们可能会说他"情商"很高），似乎受到"启蒙时代"海纳百川的精神影响，总是调整好心态准备学习。

莱佛士费尽心思照顾他的母亲和兄弟姐妹，而母亲也把所有关爱给了他。正如美国著名军事将领道格拉斯·麦克阿瑟

（Douglas MacArthur）、第 32 任美国总统富兰克林·罗斯福等其他领导人一样，莱佛士从强烈的母爱中获得了巨大的自信，非常有野心，极其果断、热情与独立。莱佛士认为勇于挑战权威是必不可少的领导者特质。当然，这有时会给他带来麻烦。

在他短暂且结局悲惨的职业生涯里，莱佛士树敌很多。但他的个人魅力和说服力使他结识一些能够在关键时刻声援他、推动他前进的有权有势之人。

年轻的汤姆的第一份职业，是在东印度公司伦敦总部印度大楼里担任一名普通的文员。值得肯定的一点是，许多人认为他是一个前途无量的年轻人。也许，他后来受到提携，除了有他的智慧和能力提供助力外，也是因为他的热心和积极向上的工作态度。然而，究竟是什么原因，使他得以从一名伦敦小文员一跃成为一名海外行政官员呢？这个发展轨迹十分不同寻常，其原因至今仍不为人所知。

莱佛士成功得到了上司的赏识，被派往新成立的槟城殖民地，并于 1805 年 9 月到达槟城。这恰好是特拉法尔加（Trafalgar）战役开始前的一个月；该战役成功奠定了英国作为海上霸主的地位。在槟城，莱佛士和他的新婚妻子很难为当地任职的英国人所接受。在英国殖民生活的等级制度中，一个既没有财富，又没有显赫的家庭背景的人很难融入当地的英国社群。莱佛士便是一个典型的例子，他被视为一名社会下层人士和局外人。但他在新岗位上证明了自己能够走出同级的圈子，并利用自己的社交才能与有影响力的英国人打交道，得到他们的资助和友谊。同时，他也花了不少时间研究自己感兴趣的与马来人有关的学术领域。

凭借其语言天赋，莱佛士自学法语并达到相当不错的水平，足以用法语写诗。对他职业生涯贡献更大的是，在到东南亚的漫长航行中，他至少掌握了基础马来语，并在抵岸时，证明自己的马来语比官方翻译人员更为娴熟。这可能不是因为莱佛士的马来语有多流畅，而是翻译人员能力有限，但后来证明，莱佛士付出的努力起了十分重要的作用。

马来人尤为欣赏这一点，而通晓马来语成为莱佛士与马来社区建立关系的一笔宝贵财富。他的同事们显然没有想到这点，也未曾尝试过学习马来语。对收集信息，莱佛士有着巨大的兴趣，他积极吸收了马来文化艺术的各个领域：马来人的婚俗、葬仪、人们的工作方式、交易方式等等。他的脑海里构建出一个在地理上和文化上都具有宏伟跨度的马来世界，这个世界既包括半岛也囊括了群岛，横穿大陆，一直延伸到印度尼西亚最远端。莱佛士心中总是带着这幅宏大的图景，想象着与英国合作，恢复马来族群昔日的荣耀。

莱佛士认为马来人比他大多数的英国同胞有趣多了，认为马来人具有冒险精神和商业头脑。至于航海能力，莱佛士认为马来人无异于英国人，而马来人的海运事业，在未来英国（而非处处压制马来人的荷兰）的良性引导下，也具有很大的发展空间。

那时的马六甲虽仍隶属荷兰，但在法国占领母国荷兰期间，已经在英国的托管之下。结束两次对马六甲的访问后，莱佛士预见到，若在海峡更东的方向设立一个英国根据地，这个新的据点的实际价值将比槟城更高。这个地点将位于印度到中国的航线上，因此具有贸易优势，而且也距离加里曼丹岛、苏拉威西岛（又称西里伯斯岛）以及肉豆蔻、豆蔻皮、丁香的宝贵来源地马鲁古群岛等岛屿更近。作为爪哇的副总督（最高级文官），莱佛士在英国接管这个大岛的短暂期间扮演了重要角色，他迫切希望英国不要把马六甲归还给荷兰人。为了建立一个英国贸易栈（所谓的"工厂"），莱佛士将目光锁定在靠近海峡最东端、新加坡附近[9]的廖内群岛。

1817年，莱佛士回国探亲时，发表了一部关于爪哇历史的著作。摄政王封他为爵士，而他也把托马斯这个名字改成听起来更有贵族气派的斯坦福。回到亚洲后，斯坦福爵士赴苏门答腊岛，担任明古鲁（Bengkulu，又称明古连[Bencoolen]或马尔堡要塞[Fort Marlborough]）副总督一职，这是个英国在很久之前（1685年）建立的荒废的立足点。英国对这个地方极为失望；它位于苏门答腊岛的西海岸，不在任何重要的航道之上，远离英国通往中国的航线，也不断地亏钱。没有任何上司的赏识和鼓励，不安分的莱佛士开始为大英帝国——或许也是为了自己——的前途着想，开始寻找更有战略价值的地方。他不想被打入冷宫。

1818年9月，他前往印度加尔各答，向时任印度总督黑斯廷斯勋爵（Lord Hastings）求告了自己的状况，这位总督的权力范围包括东南亚。黑斯廷斯勋爵被莱佛士的魅力迷住了，在未得到伦敦的批准前，同意让莱佛士起草一则命令，允许他在海峡建立一个新基地，这就是新加坡岛。莱佛士的首选是廖内群岛，但他被告诫，不要与那些已经占领了廖内群岛的荷兰人正面冲突。他的目光又落在了吉里汶岛（Karimun）上，这座花岗岩岛屿靠近苏门答腊岛，现在是印尼领土。但那里多山、丛林茂密，不是建立港口的最佳地带。

于是，英国下一个想到的便是新加坡岛。新加坡岛比吉里汶岛大，岛屿附近海域十分安全，既拥抱着大陆海岸线，船只又能在河口抛锚、停靠岸边，是一个极佳的避风港。台风是水手在中国海域非常惧怕的气候现象,但新加坡岛却丝毫不受台风侵袭。此外,这个避风港不仅位于一条十分重要的国际海上航线上,还是方圆 1000 英里内 [10] 最深的港口。

就新加坡这个选择而言,莱佛士并不是唯一的决策者。莱佛士始终对外声称,1819 年新加坡建立之前的一段时间里,他主动提出该岛屿是马六甲海峡范围内对英国战略意义最大的地方。但我们知道,选择新加坡这个地点,是集体而非个人的决定 [11],况且该地点的选定也十分仓促,并不存在莱佛士的高瞻远瞩一说。

新加坡博物馆现在小心翼翼地指出,莱佛士不是新加坡唯一的创始人,他应该与威廉·法夸尔(William Farquhar)分享这份荣誉。法夸尔曾驻在新加坡,并负责管理这里的事务数年时间,莱佛士是他的直接上级,但最后他们关系闹僵。尽管莱佛士对法夸尔的态度十分恶劣,但法夸尔的热心肠还是为自己在当地赢得了许多友人的支持。

莱佛士只去过新加坡三次,逗留时间从不超过八个月。然而,他比任何人都成功地奠定了自己作为新加坡唯一创始人的地位。用今天的话来说,莱佛士夫妇都是"吹牛大王"。传记作者经常引用莱佛士夫人为他写的传记,因为她引用了许多现在下落不明的私人信件,而有限的第一手资料也往往导致传记作者不得不采纳她对莱佛士的整体判断。

位置,位置,还是位置。新加坡这个地方的位置,比莱佛士和法夸尔想象的还要好。但该岛的自然资源和其他岛屿无异。岛上共有几百人,多为依靠海洋资源为生的"海人"渔民,还有少数靠种植小面积胡椒和黑儿茶 [12] 勉强求存的中国人。这个地方不过是 14 世纪的新加坡剩下的残骸。

因此，产生了流传甚广的"泥滩神话"，即新加坡完全是在19世纪时从事实上一无所有的沼泽地里成长出来的。事实上，推动新加坡独立进程的20世纪政治家、著名的新加坡领导人信那谈比·拉惹勒南（Sinnathamby Rajaratnam）甚至称"在莱佛士登陆这个毫不起眼的岛屿之前，新加坡没发生过什么大事——如果不是什么事都没发生过的话"。[13] 就在不久前，即使历史学家也往往对1819年以前的新加坡不感兴趣，完全不关注这段长达700年的历史。

当地的马来政治环境使得莱佛士成功说服本地王公允许英国于1819年在这个极具战略意义的地点以东印度公司的名义建立一个贸易站。如果当时马来人能够预见英国人的企图，他们一定会非常震惊和沮丧。马来人认为这是将该地区的贸易权出租给英国；而英国人却把这解读为马来人出让了领土主权。王公们本以为能将英国人作为其内部权力斗争的棋子，没想到却被英国反将一军。

在建立定居点方面，伦敦方面比马来王公更难应付。在莱佛士进行谈判的同时，欧洲的荷兰已经衰落，不能再对全球航线形成冲击。由于无法在中国海岸线上长期滞留，荷兰人觉得最好是通过中国帆船的运行网络与中国进行贸易。在日本，尽管荷兰是唯一获准进行贸易的欧洲国家，但他们受到日本的严格管制，也只能在长崎市的一小块土地上活动。但在东南亚，荷兰仍然是英国强而有力的商业竞争对手。

在莱佛士眼中，荷兰人是"罪大恶极的敌人"[14]，他与别人的通信中经常尖锐地批评荷兰。他担心，如果荷兰控制了马六甲和巽他海峡，英国和中国及东南亚群岛之间的贸易将不可避免地"受制于荷兰"[15]。他表示情况不容乐观，唯恐"东部群岛上各式各样无法无天的冒险者泛滥成灾，主要是华人、阿拉伯人和美国人。这些国家的人既不会加强英国的国家利益，也不能改善当地人的状况"。[16]莱佛士只喜欢那种英国人能获胜的竞争，他特别厌恶美国塞勒姆的胡椒商人，认为他们太有侵略性。

但荷兰人才是他最关注的对象。他写道："荷兰人只关心自己的商业利益，他们在和这些地区的交往中，始终坚持比对以往任何一个国家的政策更冷血、狭隘、吝啬的政策，也只有欧洲国家对待非洲奴隶海岸的行为比这更糟了。"[17]莱佛士对奴隶制的憎恨不亚于他对荷兰的憎恨，考虑到荷兰作为世界强国已经走向衰落，莱佛士的担忧似乎有些多余。

尽管激烈的商业竞争加深了英国对荷兰海外势力的敌意，但出于保持欧洲权力的平衡这点最主要的考虑，伦敦对削弱荷兰是持保留态度的。英国希望加强荷兰的实力，以此抗衡威胁支配整个欧洲大陆的老牌劲敌——法国。鉴于这个宏观层面的战略考虑，新加坡这个遥远的亚洲小岛能否幸存？

伦敦的辩论进行时，殖民地的前途悬而未决。

荷兰坚决声称，莱佛士与马来人的协议无效，因为它所涉及的领土早已归入荷兰的势力范围。身在加尔各答的黑斯廷斯总督于是撤销了他此前给予莱佛士的批准，而伦敦的印度大楼（东印度公司总部）则对此表示强烈反对。

然而，英国其他的商业利益集团认为，在利润丰厚的中印航线上建立新的前哨，可以作为印度和中国之间理想的中途驿站。伦敦《泰晤士报》认为荷兰对英国在东南亚的商业活动的敌视心理是不可理喻的，也称"Sincapoor"不过是一个用于维护英中贸易的、"纯防御性质"[18]的港口。争论再次陷入僵局。

令人焦虑的不确定性徘徊不去。1820 年初开始的协商最终在四年后才结束，实力较弱的荷兰不情愿地提出妥协，勉强接受了英国在海峡的存在。

此刻，英国的经济利益压倒了国内的政治考虑。签署于 1824 年的《伦敦条约》将群岛分配给荷兰、将半岛分配给英国，以此解决欧洲的争夺，也是历史上首次在马六甲海峡对东南亚进行分割，将马来世界从政治上分割为半岛的边缘和群岛两部分。同年，英国人说服马来人接受一笔现金，以放弃对整个新加坡岛的主权。这时，岛上还没被彻底探索过，大部分地区仍然裹在茂密的丛林中。

当时的英国外交大臣、并非荷兰支持者的乔治·坎宁对下议院多少有些满意地宣称，新加坡使"位于印度的大英帝国势力变得完整"[19]。事实上，新加坡作为一个殖民地的殖民地归加尔各答管辖，常被视为"远方印度"。

马来人默许英国人定居在马来亚大陆临海的边缘地带。虽然莱佛士对马来人期望很高，但他们对商业没什么兴趣，马来海盗更是经常干扰航运。当莱佛士向当地马来统治者天猛公（Temenggong）抗议时，天猛公却反驳说，他的祖辈都是海盗，这是完全值得尊敬的一份职业，是在向过往船舶"征税"，是一种合法的收入来源。将这些"海盗"称为"私掠船船员"或许更为贴切，尽管他们并未得到官方许可。英国人来到东南亚并谴责当地海盗行为的时候似乎没有意识到，他们引以为豪的那些两个世纪以前伊丽莎白时期的老水手干的事情和这些马来人其实差不多。当年这群英国人在得到皇家默许的情况下突袭商船，为皇室也为自己牟利。

荷兰人勉强接受了英国人在海峡的存在，把自己的活动空间限制在岛屿世界的范围内。荷兰人的关注点从纯商业转移到了扩张领土面积，建立了种植园经济，从贸易转向种植农作物以供给市场。到了19世纪末，他们已经巩固了对印度尼西亚的大部分控制权，这样做的同时也为荷兰母国带来极大的效益。

新加坡这个新根据地正迅速发展，人们付出巨大努力平整土地、填埋沼泽地。没有人在意这种对残存的历史遗迹进行的不加考虑的物理破坏。多年之后，在1926年，工作人员在福康宁山一间厕所的底部挖掘出一堆古代金饰，在学者圈子里激起一点涟漪，使专家们对遥远的从前产生了新的研究兴趣。但是有组织的考古发掘直到1984年才开始。[20]

现在，通过对沉船展开研究的海洋考古学，以及一些文本资料和散落的地表信息，已经将新加坡历史放置在一个更深的研究背景里。当代证据表明，莱佛士对新加坡历史的判断是正确的。

莱佛士曾试图通过他对历史的解读来为现实正名。他认为一些土堆十分重要，觉得它们是某种规模宏大的防御工程的残骸，认为这是"马来人古代海洋首都"[21]的遗址。他说："但是以我对马来历史的有限研究，我很难知道有这样一个地方的存在，不仅欧洲人，连印度人也对此一无所知。"[22]他的助手约翰·克劳福德（John Crawfurd）点头同意道："这个地方曾经如此壮观雄伟。"[23]

现在看来，他们的判断是正确的。但在当时，许多人都表示嘲讽，并不假思索地认为这些猜测只是幻想。一些人质疑这座原始的马来城是否真的在新加坡岛上[24]，而是位于附近的大陆。[25]一位与莱佛士同时代的人指出："任何能代表其昔日辉煌的东西都无迹可寻。"[26]

莱佛士不畏惧这些怀疑的声浪，并重构了新加坡历史，将新加坡描述成古老海上帝国的中心，而"他的"城市新加坡岛，便是这个海上帝国的继承者。莱佛士的重构与想象为这个坐落在欠发达的丛林边上、面积不大的根据地提供了崇高的历史背景，因而赋予其合法性和尊严。莱佛士抓住新加坡作为"继承者"这一点，将新加坡排在马六甲等马来海上贸易中心的队伍中，进一步使他的愿景被大众接受。

虽然莱佛士是君主制度的忠实拥护者，但他并没有追随当时的风潮，以英国皇室名称来命名新的港口。试想一下全世界有多少个维多利亚港！相反，莱佛士选择以"狮城"（Singapura）为名，连接新旧两段历史。对英国人而言，"Singapura"将迅速演变为"Sincapoor"，最终拼写为"Singapore"（新加坡）。

莱佛士全身心地投入工作。他的一个重要优势是写东西又快又好，起草引人注目的新闻稿是他成功的关键之一。他在阅读和吸收信息方面花了很长的时间，而他年轻时的文员工作经验也磨炼了他的书写能力。他经常提笔鏖战到深夜，将大量的信息压缩成一篇篇简洁、有说服力的小论文。

就像许多同时期的知识分子一样，莱佛士无拘无束地探索自己感兴趣的知识领域。他的研究和写作内容超越了政治和职业所需，涵盖地理学、民族学、植物学、动物学，而他之前撰写的关于爪哇历史的书籍也反映了他兴趣的宽广。他不甘躲在书桌后面，喜欢身体力行，徒步穿越丛林、收集物品。

他的马来助理记得他曾将蝎子、蛇、蜈蚣浸泡在一桶烧酒中，使之溺毙，之后把它们分瓶，便于在运回国的漫长航行中保存。莱佛士也喜爱与动物进行互动，他的家就像个小动物园，育婴室内有只幼虎，头顶上鸟儿自由穿梭，一只猩猩整洁地穿戴着帽子、上衣和裤子，在屋内自由散步。

莱佛士既是决策者，也是思想家。莱佛士总是在"他的"殖民地及旗下各个机构中，留下属于他的个人印记。他倾向于思考宏观问题，包括国家战略、对过去的反思和对未来的展望，尽管他总会回归他的首要考虑对象：新加坡。莱佛士的遗孀写道，他认为"对于海军优势和商业利益而言，新加坡比整片大陆领土的价值高得多"。[27] 话虽如此，但如果能将爪哇纳入大英帝国的版图当中，他肯定会这么做。

对英国的利益而言，莱佛士在新加坡这个新殖民地中看到了无限的可能性，这里古老的贸易传统，连接了印度洋和太平洋、印度和中国这两个世界。对于从英国出发、经过好望角前往中国的船只而言，新加坡不能缩短航程，而巽他海峡也提供了比马六甲更好的航道。但对于驶自红海、印度、斯里兰卡（锡兰）等地的许多船只而言，马六甲海峡和新加坡提供了一条最为直接的航道。

莱佛士向来非常关注中国，他将中国想象为一个潜力巨大却不对英国商人开放的市场。当时，英国纺纱厂开始生产大量棉布，其中大部分出口海外。棉花柔软、容易上色、可水洗、价格便宜，后来成为19世纪世界最重要的制成品[28]。但莱佛士却打起了羊毛的主意，认为数以百万计在冬天瑟瑟发抖的中国北方人，想必十分渴望质地优良的英国羊毛带来的舒适。莱佛士说："绝大多数的中国人都能穿上英国制造[29]的衣物，我不认为这有什么不可行的。"如果莱佛士听说今时今日反而是绝大多数英国人穿着中国制造的衣服，他会做何感想？

莱佛士也超越商业范畴，着眼于更宏远的目标。他希望"他的殖民地"成为东南亚的学术和教育中心。他曾就英国及其帝国主义精神写道:"如果商业给我们的祖国带来财富,那么文学和慈善主义的精神将教会我们最高尚地分配和治理这笔财富。正是这一点,使英国从世界各国的竞争中脱颖而出,以自身强大的力量,向周围散播祝福。如果有一天大英帝国的光辉将要散去,她的胜利化作虚名,但她的美德将永存于世。"[30]倘若莱佛士还活着,想必他会很高兴看到今天的新加坡接受并延续了许多英国传统,尽管这种接受度还没有扩展到"文学精神"的领域。

当时,大英帝国正以涨潮之势迅猛发展,这在新加坡体现得最明显。1819 年之后,新加坡的人口规模马上以惊人的速度增长,仿佛就像是有数千人在海上待命,一等到英国国旗飘扬在新加坡上空的那一刻,就立即蜂拥而至。三年内,岛上人口暴增至 1 万以上。悬挂不同国旗的船只纷纷挤满港口,但新加坡未来发展的不确定性,一直等到 1824 年缔结条约后才得以消散。

新加坡之所以立即引来如此迅速的、令人难以置信的增长,在很大程度上是因为在欧亚大陆的最南端、有着连接大陆与群岛功能的马来和中国的贸易网络。这个贸易网络古已有之,而且灵活变通。人口迅速增长也反映了这个地区的季风气候带来的流通性。季风支配着水手和商人的海上活动,而他们也需要一个避风港。对这些人来说,新加坡是一个理想的选择。自由贸易和开放的移民政策吸引许多人前来。

从殖民地建立伊始,莱佛士就不想收取进口关税。1821 年 1 月 19 日,莱佛士在一封写给兰斯唐侯爵(Marquess of Lansdowne)的信中提道:"我们所有的东方贸易港口都应该是严格意义上的自由贸易港口,我对现状很满意。"[31]亚当·斯密笔下的"自由贸易"

将成为新加坡的象征，这虽然有异于东西方航海传统，极不寻常，而英国本土也尚未对此进行批准，但"自由贸易港口"很快将成为英国海外扩张的特点之一。新加坡政府的稳定和不干预主义将为商人提供强大的吸引力。该殖民地有力地证明了一点，即私营企业在不受政府严重限制且有最低限度公共资源投入的情况下能做些什么。由于关税在财政上无足轻重，因此可直接免除。

自由贸易成为"国际体系扩张的先锋思想，其中处于工业发展阶段的英国既是提出该思想的第一国，也是主要践行者。自由贸易以私营企业为基础，理论上能够使财富的生产最大化"。[32] 对于身为殖民地的新加坡来说，这个理念十分奏效。

在 1819 年 2 月至 5 月间，莱佛士第二次访问新加坡，观察到几个月内不间断的移民洪流。在 1822 年 10 月到 1823 年 6 月，他第三次也是最后一次的访问中，莱佛士发现有成千上万艘船驶入新加坡港口，大部分都是小型当地船只或舢板，然而也有数百艘悬挂欧洲旗帜的大型船只。[33] 可见，没有繁重关税、移民禁令和奴隶制度的"自由"具有强大的吸引力。关于奴隶制这点，尽管尚未形成制度，但大英帝国已在 1807 年加以禁止。

有些华人新移民从马六甲来到新加坡，他们属于分布在马来亚海岸一带的海峡离散华人群体。其他的新移民则来自中国南方，距离新加坡只有六天的航行时间。很快，华人移民的总人数超过了本来占据多数的马来人群体。新加坡也吸引了许多其他国家的移民，甚至包括欧洲人。融合欧洲群体的新加坡社会甚至比鼎盛时期的马六甲来得更加国际化。

渐渐地，莱佛士借东印度公司的名义与马来人达成一系列协议，进而得以巩固英国人在新加坡岛上的权威。尽管如此，东印度公司只对欧洲移民有行使统治权的兴趣，来自其他国家的移民则享有较大的自主管理权。

莱佛士对荷兰人的态度标志着一种脆弱感，这种脆弱感有时是非理性的，并会在新加坡历史上周期性地表现出来。最初，这种焦虑的产生源自三方面的不确定性，即这个小小的海外根据地能否经受得起当地马来人的反对声浪、伦敦方面不情不愿的态度，以及荷兰强劲的反抗势力。以上问题解决后，其他问题重新激起了人们的焦虑。

随着殖民地日趋成熟，新加坡规模狭小、缺乏防御工事、距离保护者的权力中心遥远，以及与该地区主流文化和人民的疏离感，这些都带来了一种源源不断的不安和恐惧。与此同时，港口的命脉依赖于国际经济周期，而国际经济却往往呈现一种变幻无常的态势，新加坡人对此无能为力。

不幸的是，当莱佛士踏上返回英国的最后一程时，水手们历来最害怕的事情发生了——他那艘名为"名气"号（Fame）的船着火了。这艘船，连同他在东南亚生活期间收集的所有材料一同烧毁并沉入海底，当中包括122箱书、标本、记录多年工作的手稿。在过去的三年里，莱佛士五个孩子中的四个，以及更早前他的第一任妻子，也与许多在亚洲的欧洲人一样，因感染热带热病而身亡。

被命运击垮的莱佛士于1824年8月回到家中，面临雇主东印度公司的指控，声称莱佛士拖欠东印度公司一笔巨额款项。莱佛士或许在领导方面极具天赋，但却不是一位称职的经理，尤其不谙财务。在私人生活领域，他总是在不考虑自己财力的情况下大手大脚地花钱。

　　莱佛士身体向来不太健康，常因头痛看不见东西、不能动弹。现代医学很可能将其诊断为脑瘤。1826 年 7 月 5 日，就在他 46 岁生日的前夜，人们发现莱佛士死在家中的楼梯口。

　　今天，他的雕像忧郁地坐落在英国的名人墓地威斯敏斯特大教堂（Westminster Abbey），紧挨着他的朋友、反对奴隶贸易的伟大战士威廉·威尔伯福斯（William Wilberforce）。在莱佛士创立的伦敦动物园里，一间仅限受邀者入内的贵宾厅以他的名字命名，尽管那里的职员对这个名字的印象十分模糊。相比之下，想必莱佛士会为他今时今日在新加坡随处可见这一点感到万分欣慰。

第三章

"远东女王"

新加坡的魅力

英国进驻新加坡的时段正好赶上了第二次海洋革命。第一次海洋革命沟通了世界海洋，把欧洲人带到东南亚。19世纪的第二次海洋革命使用化石燃料推动蒸汽运输，并使用电力输送信息，扩大了欧洲人在东南亚的影响力，缩小了时间和空间的距离。

蒸汽、铁和机织布定义了全球的新工业时代，而英国无疑是这个新工业时代的领导者。18世纪80年代以后，矿物能源的大量开发为制造业和信息的流通创造了条件，进而为英国崛起奠定了稳固的基础。英国的棉花、煤炭、冶金、工程、电报等多项尖端技术就此推动世界进入了一个新的海洋时代。在这样的海洋时代里，新加坡这座小岛将发挥着远大于其面积的作用。

作为欧洲航海界的一个遥远分支点，新加坡岛在全球海洋世界获得了新生。这个面积不大的殖民地面向欧亚大陆西南端的大海，直至1923年人们在狭窄的柔佛海峡上建造并开通堤道之前，都未与任何一块陆地接壤。尽管潜伏在该海域的海盗是个令人头疼的老问题，但新加坡杰出的港口足以压倒这个缺点；它在印度和中国之间的战略位置和对货物和人员自由流动的承诺，使之作为一个门户和交易场所而立刻大获成功。

由于需要进口包括食物在内的必需品，从一开始，新加坡就依赖海洋。短时间内爆炸性的人口增长态势，除了说明当地具有一定的吸引力，还表明了传统上海峡周围的航海社群的极高流动性及其社会网络的灵活性。人是比空间更重要的资本，殖民地通过吸引一大批精力充沛和雄心勃勃的移民创造了大量的人力资本。这些移民大多数是华人，许多来自海峡沿岸地带。居住在附近的马来人也前往新加坡，但数量上远远少于华人，因此岛上原有的多数族群将变成少数族群。

只有外人才会觉得马来人是个同质群体。他们在新加坡成为低调的少数族群，像是在历史幕布下移动的影子。马来人拥有共同的语言和共同的文化认同，但是他们的族群实际上非常多元化，有些人来自马来半岛，有些人则来自远方大量的群岛，如布吉人。即使是马来人中数量很多的穆斯林，其所属教派和信仰程度也有所不同。

不像基督徒，这些穆斯林没有积极进行传教工作，其教团的目标主要是维持现有信徒对伊斯兰教基本教义的理解。每个虔诚的穆斯林都希望一生能至少到麦加朝圣一次，而这种信仰和新加坡港的存在，使这里成为准备去朝觐的穆斯林的绝佳聚集地。

尽管新加坡与主要从事农业而不是商业的印尼群岛或马来半岛没有任何物质上的联系，但来自印度尼西亚的马来人却融入了新加坡本地社群。无论是简化的洋泾浜式还是集市上用的那种，马来语都冲破了种族的界限，成为新加坡社区的通用语。[1]如今，在新加坡懂马来语的人数比起另外三种官方语言——汉语普通话、泰米尔语，甚至英语都多。但是，随着现在英语作为主要的国际通行语言受到重视，马来语的地位正慢慢下滑。父母最希望孩子学习英语，因为他们认为英语能带来更大的经济效益。

从殖民地新加坡诞生的那一刻起，马来人就比华人移民更加顽强地抵抗现代化的社会变革。他们坚守传统价值观，抵制物质主义的潮流。马来人习惯了农村生活，住惯了用木桩架离地面数尺、下面饲养禽畜的茅草屋。马来人偏爱村庄胜过城镇，偏爱农场胜过工厂。在变化的步伐不断加快的当代新加坡，马来人的生活模式和其他族群相比适应性较差，而马来人也因此受到歧视。

不久前，一个10岁的马来小孩（她现已是一名青少年）在数学考试中表现很差。数学老师试图安慰她："你们这个族群数学成

图5 不同种族的新加坡人（华人、马来人、印度人）聚集在街角（摄于1900年）。图片由 G. R. 兰伯特公司（G. R. Lambert and Company）提供

绩普遍不太好",并主动问她是否需要课后辅导。女孩为证明自己,尽管并不热爱这个科目,还是积极努力地学习数学。实际上,这个老师的观点反映了当时许多人的看法,其中也包括不少政府高官。[2]

马来人在商界或政府高层中几乎没有代表,他们没有被升到武装部队的敏感岗位担任要职,这反映了人们担心一旦新加坡与印度尼西亚或马来西亚发生冲突,马来人对新加坡可能会不够忠诚。1967 年担任新加坡总统的尤索夫·宾·伊萨克(Yusof bin Ishak)表面上看起来是一个例外,但总统这个职位在新加坡可说是有名无实。我在 1967 年第一次访问新加坡时询问我的华人东道主总统是谁时,他十分不屑地回答道:"你为什么要知道?他不过是个马来人。"当然,种族刻板印象并不是新加坡才有。

新加坡的印度人比马来人还要多元化,他们内部的语言、种族、宗教信仰,乃至身份阶级都有所分化。在最底层劳作的是黑皮肤的南印度泰米尔人,他们有些是犯人,一开始便被引入新加坡,在城市建设初期从事砍伐丛林树木、沼泽地排水和填海造地的繁重工作。泰米尔人后来和华人一起,成为船夫和码头工人。泰米尔种姓的切蒂亚尔印度人(Chettiars)经常出任借贷人和贸易商的工作,也总是努力成为社会上层人物。他们身穿白色服装,额头上有粉笔印作为种姓标志。[3] 由古吉拉特水手和商人为代表的北印度人,数量上比泰米尔人少了很多,但他们有自己的语言和文化,也融入了新加坡文化圈中。

阿拉伯人在新加坡颇具影响力,但是是一个人数少得多的少数族群。他们以贩卖消费品起家,莱佛士也十分欣赏他们的企业家精神。[4] 宗教禁忌使他们不能贩卖猪肉或酒类商品,而他们不谙华人口味与喜好，因此其零售业务也遭遇瓶颈，到了 19 世纪后半期，业绩大幅下降，但他们成功地积累了资本，转战房地产交易。

19 世纪初，阿拉伯人拥有新加坡大约一半的土地[5]，他们在穆斯林社区中的影响力很大[6]。但一到 20 世纪，房租管制和政府征用土地削弱了阿拉伯人的经济实力，年轻一代似乎没有在财富管理方面表现出同样的才华。一位犀利的评论家曾说："喝酒跳舞让他们堕落。"[7]阿拉伯人的钱消耗殆尽，他们的影响力也随之大打折扣。[8]

和纽约一样，新加坡从一开始就是一个由移民组成的城市。欧洲人主要是英国政府官员、军人或商人，但也总有一些海滨拾荒者与叛逆者。欧洲人人数很少，大部分是暂居而非定居在新加坡的。除了从附近地区迁移至此的马来人以及从阿拉伯和印度远道而来的移民外，港口还吸引了少量的黎巴嫩人、亚美尼亚人和希腊人。新加坡最著名的酒店——莱佛士酒店，就是由亚美尼亚人建立的。但上述所有群体在人数上都无法和华人相提并论。

"牛车水"[9]

许多华人移民来自马六甲或附近区域，其他则来自中国。在英属新加坡成立初期，与蓬勃崛起的英国力量形成鲜明对比的是，即便中国农民的生产力和商人的经商技巧意味着中国经济在全球范围内仍然屈指可数，但中国漫长而辉煌的帝国时代正步入多灾多难的最后一个世纪。对于中国人来说，这段艰难时光，伴随着帝国秩序的分崩离析导致的混乱，形成一股向外的推力，使得离开中国的人比以往任何时候都多。新加坡成为最受欢迎的目的地，也成为中国以外华人占多数的最大城市。

　　沿着参差不齐的中国南方海岸，崎岖的山脉将狭窄的沿海平原和内陆地区分隔开来，加之大量降雨使得土地养分流失，很难从事农业活动。在沿海地带艰难度日的人们不得不靠大海谋求生计，这和马六甲海峡的沿岸丛林和红树林沼泽把当地人向外推的情况类似。位于台湾省对岸的广东省和福建省成为中国移民的最大输出地，他们当中的许多人将前往东南亚，最终，新加坡将因他们的到来而受益。

　　封闭的社群结构使福建成为中国方言最多的省份。某个村庄的居民走个几英里路，就会赫然发现当地人说的是一种他根本听不懂的语言。论面积，福建稍微比希腊小一些，但它贡献了中国海岸线的近五分之一。福建的地势常被形容为"八山一水一分田"[10]。广东在福建的南边，一位当代作家称之为"水王国"[11]，这是对广东的众多河流、湖泊和沟渠的真实写照。奇怪的是，近年来，这些沿海地区成为 20 世纪晚期中国累积新财富的先驱和中心地带。

　　莱佛士在新加坡岛上发现的一小撮居民中，马来人占多数。但即使在当时，华人虽少，却是不容忽视的一个群体，他们主要是种植胡椒和黑儿茶的小农。黑儿茶（又称"猫爪"）来自一种粗壮的藤本植物，是该植物叶子中的树脂状物质，可以像槟榔一样放入口中咀嚼、当作草药吞服，或用于制革和染色。

　　工人们从儿茶树上砍下树枝，剥下叶子并用矮口平底锅煮。煮好后，取出叶子并小心地沥干，以便将叶子内部的所有液体挤出来，然后搅拌这些液体，直到凝固成一块黄色的物体。硬化了的儿茶被晒干并切成方丁。废弃的儿茶叶也可以被用作周边种植胡椒藤的肥料。[12]种植儿茶会迅速耗尽土壤养分，因此不能在土地有限的新加坡作为商业农作物进行培植。但作为一种热带植物，在大陆地区也有种植并运往海外，是新加坡早期的重要贸易商品之一，也是新加坡华人群体从事的一项重要活动。儿茶后来成为外国工厂使用的第一种东南亚工业原材料。

中国人对新加坡的了解并不多，但移民新加坡的想法对他们具有一定的吸引力，似乎在离中国不太远的地方，就可能收获更美好的生活。在世界其他的地方，如美国或加拿大，华人可能是不受欢迎的，但新加坡不同。整体而言，新加坡并没有阻止华人移民入境，而且很多华人移民也把新加坡当成一个便利的交通枢纽，可以从这里中转前往东南亚的其他地方，开始新生活。[13]

这些初来乍到的移民与其他分散的部落集团的商人，如黎巴嫩人或亚美尼亚人，有一定的相似性。但绝大多数华人移民都是普通劳动者，不是商人。他们的移民人数比其他种族高得多，反映了中国人口基数之庞大、移民的离乡动机之强烈，以及离家相对较短的航程。这些移民不是学者或官员，所以他们没有留下很多供我们重新构建他们的生活的书面材料。因此，这一时期的新加坡华人移民史还有太多的未知，对许多人来说，这也是一段痛苦的历史。

中国移民分为许多方言群体，其中，六个具有代表性的方言群体最终到达新加坡。局外人倾向于把中国移民归入同一种文化当中，简化为一个来自中国东南沿海一带的统一的群体。但是，中国移民自身的认同感与故乡的地理划分密切相关。福建人、潮汕人、客家人、广东人和海南人，每个群体在城市中主导着自己的特定区域。方言把他们与其他群体区分开来。

有些华人的经济地位较高。定居在新加坡的商人会经营他们古老且分布广泛的民族、语言及大家族、宗族的网络，这个来自中国南方故乡、贯穿东南亚沿海地区的网络会带来机会。这些贸易商称霸大米贸易领域，他们售卖的长粒、半透明且香气扑鼻的泰国香米尤为受欢迎，经常重新出口到东南亚的其他地区。华人社区还会为华商提供稳固的市场；新移民想购买能令他们忆起家乡的熟悉商品，而华商早已经准备好这些商品，随时能供应给他们。

这些移民的后代不一定选择断绝与祖国的感情。新加坡华人最主要的来源地当属福建省厦门市，即使在今天，有位厦门导游也感慨道，她已不止一次听到从新加坡来的游客说，"我来到厦门，感觉就像回家似的"。[14] 从东南亚归来的外籍华人后代都觉得厦门的食物、语言和建筑风格很亲切。

华人移民因各种出色的技能备受认可，且许多人都具有通往社会上层的能力。因此，这些移民在东南亚沿海的当地人和不熟悉本地情况的外国人之间充当商贸交易的中间人和文化使者，发挥了巨大作用。华人往往一开始就会说不止一种汉语方言，因此在语言天赋上比英国人占有更大的优势。一些在马六甲接受教育的华人会说英语，为早期的新加坡提供了稳定的书记和会计师人力资源。英国人社群与华人社群不同，他们没有通晓多种语言的人才。

在海外华人社群里，一些早期移民南洋的华人已经成为马六甲海峡声名显赫的人物。新加坡的迅速崛起吸引了许多长期居住在马六甲海域附近的华人居民前往新加坡寻找发展的机会。他们正是所谓的峇峇和娘惹，即说马来语的华裔男性和华裔女性。峇峇和娘惹常与当地人通婚，已经失去了一些故国的习俗，包括语言、衣着习惯、饮食习惯等。他们反而开创了混合性的土生华人文化，既深受当地马来文化的影响，但又在很大程度上有所区别，保留了"中国性"。我们今天可以享受到的娘惹美食,就充分反映了这种马来-中华的双文化根源。

与那些打算赚够钱回国颐养天年的新移民不同的是,峇峇与中国的文化联系和血缘关系均十分薄弱,经过一代又一代,这种联系更是不可避免地淡化。这种现象在海外华人群体中广泛存在;毕竟,他们在缺乏权威机构认可和合法性的情况下离开中国,而这个母国长久以来也一直对他们漠不关心,认为移民海外的华人自甘抛弃本国文化。实际上,事实并非如此,我们知道,即使那些从未回国的人也不一定完全摒弃中国文化。

华人把家庭视作开始和经营商业活动的核心单位,而家庭则竭尽全力维持对自己所有财产的控制。这样的做法往往会使那些家庭背景不富裕但很有才华的华人力求开创属于本家族的事业。在新加坡这个殖民地以及许多其他国家,政府工作均不对外开放,于是最聪明的顶尖人才纷纷选择经商。这与中国不同;在中国,政府或公共服务领域才是人们争先恐后想从事的行业。

商人以信任作为远距离贸易的基本条件,宁可与家人做交易。邻居仅次于家人,是第二选择,但如果连邻居也不是,那么他们倾向于和同一社群的人来往。对他们来说,习惯先于法律。海外华人营商有三大原则:家庭、个人信用和所谓的"竹网"[15]关系。在压力下,这层竹网可能会弯曲,但不会断裂。

在新加坡及其他东南亚地区,对家族的忠诚度与对阶级性的强调,往往比是否土生土长或是来自哪个种族的讨论意义更大。私会党和同业公会在日常生活中也占有重要地位;华人形成了高度复杂的一个或一系列社群。社群之间,尤其是敌对的私会党之间的仇恨,往往十分强烈,并不时引发暴力冲突事件,甚至出现在街头斗殴的行为。英国最重视的是维持社会安稳秩序，他们让华人自己治理自己的社群。然而，一位英国游客注意到，尽管英军武装部队"'擂起英国鼓来'能为不安分守己的华人群体增添一点安全感"，但英国当局认为私会党的打斗是一种"难缠的麻烦"[16]。

对新加坡而言，因为当时欧洲列强处于和平状态，所以海盗是海洋贸易唯一的敌人。欧洲商人对海盗造成的损失表示不满（华人亦如此），并说服殖民政府采取行动。在东南亚水域与海盗作战成为当务之急，英国人甚至认为这比重新开放日本更应重视。开放日本的任务要留到 1853 年由美国人完成。

在皇家海军确保海上航道安全之前，许多事件都表明了这一问题的严重性。1826 年，荷兰帆船"安娜"号（Anna）前往巴达维亚的途中，发现自己被伪装成普通乘客的新加坡海盗入船袭击。这一次船员成功将海盗逐出船外。海盗的另一个诡计是在船长急需招人时，以"船员"的身份混上船。

海盗获得了战术优势，他们划桨的船较为轻便、灵活，不像大型帆船常常被变幻莫测的风向和海流所限制。因此海盗的偷袭往往获得成功。海盗的长艇有 40 到 50 英尺[17]长，带有小铁炮或铜炮，可以容纳很多手持匕首、剑或火枪之人，火力超过普通帆船，能轻易制服因无风而停驶或搁浅的帆船。一些海盗也采用心理攻势，披头散发以显得更加凶悍。[18]

海盗毫无预警地发动闪电突袭，然后逃到附近的避风港。这些避风港是理想的伏击和撤退地点，在自己熟悉的环境中谋生的海盗，更是对周边岛屿、岩石和珊瑚礁、海湾、沿海沼泽和河口湾了如指掌。

他们知道哪些水道是能通行的，哪些不能。追赶他们的人通常缺乏这些优势，他们很难发现并直捣海盗的巢穴。在 19 世纪 30 年代，英国定居新加坡岛已经 10 年之后，许多海盗事实上常去这里，在这里他们能轻易获得有用的信息和资源补给，并变卖他们的战利品。

新加坡著名银行家杰克逊爵士（Sir Thomas Jackson）的妻子还是一名女婴的时候，和母亲一起遭遇了一段悲惨的经历。她所乘坐的船，也就是壮观的东印度商船"墨尔本子爵"号（*Viscount Melbourne*），1841 年 12 月下旬在从新加坡前往香港的航线中，在加里曼丹海岸失事。船员和乘客弃船，乘坐三艘小船，并尝试航行 600 英里重返新加坡。

船长的小船落后于另外两艘，但仍在视线之内。一个星期日早上，船长在祷告时，一艘单桅帆船大小的马来帆船出现在海平面上。从远处看，它像一条普通的马来帆船，但近看就不难发现船身是由坚固的柚木建成的。船长把一条平底小船绑在自己的船上，并让一名下级军官和一名会说马来语的水手乘坐这条平底小船划向那艘马来帆船。两船之间的距离逐渐缩短，马来帆船上大声叫喊着要跟船长说话，之后直接把马来帆船开到船长的船边上，声称自己是被派来拯救遭遇海难的人，负责护送他们安全上岸。英国人始终怀疑马来帆船船员的动机，因而拒绝了这个提议。

那一瞬间，船上的马来人顿时露出了凶狠的面目，一群人从马来帆船下方涌到甲板上，手持长矛、棍棒、枪支和波刃短剑（这种短剑通常是涂毒的）。小船上的人做了最坏的打算，但是他们人数很少，手上也只有浸湿而不能用的火器。当马来人试图用一根藤把马来帆船和小船绑在一起时，无所畏惧的厨师用餐具割断了藤。于是，小船灵活地躲开，船员拼命划桨，试图拉开与马来帆船的距离。这时，马来帆船向小船开了一炮，炮弹在船长和女婴母亲之间飞过，没有伤到人。但马来帆船追上小船，抢走了船上一切有价值的物品，包括服装、食品、枪支，甚至连一桶水都不放过，海盗们要的不是水，而是装水的木桶。

一番洗劫过后，马来帆船船长却出人意料地允许小船离开，和远处可见的另外两艘船会合。他甚至在摘走英国船长的手表后还与之握手，在携带战利品离去之际，留下了三品脱的水和一篮子西米。三艘小船重新聚齐，并奇迹般地在八天内安然抵达新加坡。小船乘客能够活下来并逃离被奴役的命运，对此他们谢天谢地。[19] 至于海盗，他们大概已经开始寻找下一个目标。

幸运的是，对于镇压海盗的人来说，这样的事件将变得越来越罕见，因为从帆船到蒸汽轮船的技术革命，使得实力的平衡逐渐不利于海盗。马来海盗销声匿迹，但华人海盗仍旧坚持了几十年，给合法商人带来损失。蒸汽船使得人们更容易抓到海盗，而铁船也比木船更坚固。就如大西洋以外的其他国家一样，海盗既没有蒸汽机也没有铁，处于劣势。

因此，工业革命扩大了大西洋海域和世界其他地区之间的差距——前者有机器，后者没有。这在全球范围内产生了重要影响。现在少数可以支配多数，这引发了权力的巨大转移，19世纪中叶英国与中国的战争恰好证明了这一点。

华人与英国人

在新加坡作为殖民地的最初几十年里，许多人前来此处，使得这个城市的规模迅速扩大。部分原因是因为它是个符合地区性航海传统的没有腹地的港口，像马六甲这种流动性很强的商业国

家一样，充分利用了大海带来的前沿机会。[20]此外新加坡对新移民
持欢迎态度，当中大部分新移民来自中国。

除了海盗猖獗，其他的外部威胁都不重要，反倒是内部冲突
带来的问题才最为关键。不同的群体之间的疏离感不仅使大中华
社群内部产生矛盾，还使得华人和嫉妒华人商业成功的其他族群
间产生矛盾。即便如此，殖民地的制度还是建立并维系了一个稳
定的发展平台。

事实证明，英国的统治加上华人的企业家精神是实现商业增
长的最佳公式。华人企业给商业注入了活力，英国人则把这种活
力与全球接轨，而后来的成功则离不开海洋这个关键的媒介。

英国人1819年到新加坡之后的十年间，新加坡河的两岸被清
理干净，这个城市的港口和中心地区就在新加坡河两岸。大量建
筑物也迅速拔地而起。根据莱佛士的计划，新加坡河的右岸成为
包括公共建筑在内的政府办公中心，左岸则作为专用仓库和各种
海上活动用途。莱佛士曾铁腕地规划这座城市，按照种族和职业
强迫人口迁居，夷平现有建筑，重新分配空间。莱佛士和他的追
随者都希望新加坡拥有笔直的道路、带瓦片的砖石房屋，成为整
洁有序的美丽城市。

和世界上的其他港口一样，来自不同种族的人们总是选择与
本族人交往。在新加坡，通婚非常罕见，因此欧亚混血社群的规
模仍然很小。尽管欧洲人的人数曾经随着驻扎新加坡的英国军队
出现短暂上升的趋势，但随着时间的推移，英国军队越来越多以
印度士兵取代欧洲士兵，而作为一个整体，欧洲人的数量始终微
不足道。经济地位，而非种族身份，最终决定了一个人的生活空
间；欧洲人与越来越有钱的华商享受着他们绿叶遮阴的洋房，普

通百姓则在拥挤的社区过着街头生活。

英国人给了新加坡"东方的马德拉岛（Madeira）"的昵称，马德拉岛以气候温和闻名。新加坡看起来是个健康的城市，于是许多患有疾病的英国人纷纷从印度赶来疗养，最后葬在这里的墓地里。在 19 世纪 30 年代末，一名海军军官舍纳德·阿思本（Sherard Osborn）写道，他被新加坡的活力所感染，认为这与"停滞不前的、发霉的、落后于世界的印度"[21] 形成强烈的反差。

伟大的生物学家阿尔弗雷德·拉塞尔·华莱士（Alfred Russell Wallace）在 19 世纪 50 年代访问新加坡，迷住他的不仅是这里的昆虫和捕蝇草，还有丰富的亚洲文化、宗教、种族、生活方式、色彩以及快速的生活节奏。各式各样的船舶，如马来帆船、中国帆船、欧洲方帆船以及越来越多的蒸汽轮船点缀着港口，反映着贸易及航海工具的多样性。政府、驻军和商界领袖都是英国人，但在帕西商人、孟加拉洗衣工、马来船夫、爪哇帮佣以及其他众多人群中间，华莱士发现华人最为显眼。

伊莎贝拉·伯德（Isabella Bird）女士是 19 世纪末的一位勇往直前的环球旅行家，她很愿意离开墨守成规的舒适环境，她认为新加坡的欧洲人聚居区和充满活力的华人世界比起来"无聊且让人昏昏欲睡"[22]。华人店主总是长时间营业，哪怕其他商店晚上关门后，华人商店还是照常营业。并肩相连的店屋，楼下是零售店面，楼上则是住处。城市里属于他们的这片地区满是这种店铺，黑暗且街道狭窄的街区通风不良。这些店铺中极少的一些今天仍然存在，装扮得漂漂亮亮以吸引游客。

商业生活在街头处处可见，街头小贩忙着出售琳琅满目的商品和各种服务，包括水果、汤、蔬菜、现场烹煮的快餐等。在乱哄哄的人群中，理发师提供"剃头和掏耳朵两种服务，后者要用到种类繁多的小镊子、掏耳勺和毛棒"[23]。木匠负责制作棺材和柜子；铁匠则给实心铁棒铣膛，制作枪械。

在新加坡其他地方，英国商人（其中许多是苏格兰人）纷纷开设所谓代理公司来处理贸易事务。他们买卖、组装货物，在当地也在国际进行贸易，最后也将触角伸至相关服务领域。银行业最初只有英国银行和外国银行的分支机构，后来能满足移民需求的本地华人银行发展了起来。华人银行十分了解同为华人的客户的需求，这是英国人和其他外国人没有的优势。华人可以提供信用贷款，因此驾轻就熟地将业务从销售扩大到金融领域。华人银行充当本地生产商和客户的中间人，而英国银行则与伦敦和世界市场建立联系。

英国小说家拉迪亚德·吉卜林（Rudyard Kipling）提到新加坡时，曾指出："英国是新加坡岛的主人，这是大家约定俗成的事实……但是当我彻底浸透在中国烟草的难闻气味当中时，我就知道自己触摸到了天朝的一隅。"[24]殖民地时期的新加坡是英国和中国一同打造的产物；英国统治海洋，为殖民地的稳定提供了军事基础，但矗立在这基础上的却是顽强的华人中间人。而这些华人当中，既懂得英语又能与其他亚洲人轻易沟通的海峡土生华人（峇峇）居于领导地位。

一位早期的英国居民写道："华人中间人的确是东方世界的模范商人，我们在这些岛屿上的商业成就很大程度上归功于这些人。他们通常都是可以完全信赖的人。他们生活很有节制，每时每刻都显露出商业头脑。然而，他表面上却是个爱好休闲娱乐、肥胖、富裕的人……而且每年都变得越来越胖、越来越富有。"[25]确实，新加坡从海外华人的生活习惯中受益匪浅，华人努力工作、节约金钱、重视教育。他们留下的影响如今显而易见。

华人占优势的商业领域和英国管理的政治领域互惠共存、和平共处，不存在竞争关系。不断扩大且盈利丰厚的商业活动能够舒缓两者之间的任何不快，而两者皆与本国的海外商业群体建立了社会关系网络。这个网络对华人来说是区域性的；对英国人而言则是全球性的。新加坡没有落入葡萄牙和荷兰这两个殖民者手中是何等的幸运：葡萄牙和荷兰作为帝国主义列强最终都未取得成功，而英国人尽管有种种缺点，但他们使新加坡发展起来了。

贸易将英华新加坡群体这个小世界与全球联系起来。

多数华人担任基层代理人和文员工作，但也有人成为太平绅士和治安推事。一些人成为富商。暂居新加坡的英国商人和官员与华人商业中间人合作，奠定了今天国际企业文化的基础。苏格兰人则为这种混合体贡献了威士忌和高尔夫球。

华人发现这种互动是赚大钱的好路子，而这对英国人的利益至关重要，许多英国人因此很欣赏华人中间人的服务。但对于英国人来说，华人也有另一面。莱佛士最初不喜欢华人的"狡猾和见利忘义"，但他改变了主意，开始欣赏华人拼搏和奉献的精神，并将华人视作连接中国的有用的枢纽。许多人认同莱佛士的看法，同样欣赏华人。"若要说明华人的办事能力，我只需要告诉你，华人可以搞到欧洲人需要的所有东西。在贸易领域，华人广阔的地理性人际网络不可或缺。"[26]

鸦片与帝国

新加坡直到第二次世界大战结束后才成为一个独立的殖民实体。最初，英国人将其视为"远方印度"，直接从印度进行统治，直到 1867 年，新加坡成为"海峡殖民地"的行政中心后，才与槟城和马六甲合并成英国直辖殖民地。考虑到槟城和马六甲发展速度与新加坡蓬勃的创造力相比慢得很，三者的组合实在很尴尬。虽然当地殖民政府不太干预新加坡事务，但它还是奉行专制主义，并听命于伦敦。新加坡人没有太多话语权，对政治也不感兴趣，商业才是他们关心的。

殖民地政府的目标很简单：维持秩序，保证产权，并尽量减少对企业的干扰。大多数人不考虑社会福利问题。进入 20 世纪后，新加坡的税负仍很低，而且是累退的。政府在经济领域基本不发挥作用，自然也没有成为发展经济的先锋。一切都由市场来驱动。

作为一个不征收关税的自由港，新加坡对所有人都有一股强烈的吸引力。新加坡社会运作的必要资金主要来源于恶习，而非美德。政府允许当地企业家垄断酒精和鸦片市场。所谓酒精"农民"指的是受权向所有买家收取酒税的商人，不管是进口的苏格兰威士忌还是本地用米酿的白酒，或称"烧酒"。一个外国人把这种烧酒的味道形容为"像苦艾酒，长期饮用此酒将对酒客造成很糟的影响"。[27]

莱佛士曾谴责赌博，下令查封赌场并鞭打赌场老板和赌徒。但赌博的收入如此诱人，以至于禁止赌博的法律被废除，直到 1829 年赌博才再度被禁，因为人们认识到了赌博造成的犯罪和带来的种种悲剧。

殖民政府依靠这些垄断行业作为收入的主要来源[28]，与此同时，社区却大力抵制任何在和平时期征收所得税或关税的做法。

在英国统治最初的几十年里，未经加工的生鸦片是主要的贸易商品。由于鸦片的重要程度，殖民地时期的新加坡完全称得上是个早期的"毒品国家"。甚至到了20世纪30年代，政府收入的近三分之一还是来自贩卖鸦片。这一政策的支持者认为，吸毒者有权购买鸦片，正如有钱人有权享受香烟和杜松子酒。

新加坡人的鸦片贸易商不自己种植罂粟，而是从印度进口原料，再转售给华人移民。这些经销商都是华人，不是英国人。消费者也大多来自社会底层，当地人称之为"猪仔"，多是人力车夫、码头运煤工，或是种植胡椒和黑儿茶需要的重劳力等人。

这些劳动者的生活边缘化，在破旧、拥挤的贫民区居住，未婚，也没有来自家庭的爱和抚慰，只凭一把力气维持生计。他们营养不良、过度劳累、生命短暂，经常借助吸食鸦片来宽慰生活的苦痛，很多人不可避免地成为瘾君子。犯烟瘾时，他们总会撤退到黑暗肮脏的鸦片"洞穴"中，躺在硬木板上抽鸦片，在"烟管的迷梦"中迷失自己。

英国通过东印度公司控制着印度东北的孟加拉省。在那里，位于贝拿勒斯（Benares）和巴特那（Patna）之间半干旱的恒河平原上，印度农民找到了种植罂粟和收割鸦片的绝佳地理条件。种植这种高价值作物使农民贫穷的生活得到了一丝转机，虽然真正获益的其实是向新加坡及各地烟客倒卖鸦片的中间人。

英国参与毒品贸易是自相矛盾的，因为当时的英国正处于某种道德制高点，利用皇家海军打击海盗并禁止贩卖奴隶。英国在1807年完全禁止贩卖奴隶，并早在美国人之前，于1833年解放奴隶。但依照当时的时代背景来看，贩卖鸦片也许并不像人们描绘的那样令人发指。罂粟长久以来都是中国药典中的一部分，华人移民将这种医学文化带到新加坡。同样地，在19世纪上半叶，英国医学界也认为鸦片是一种合法药物，通常将它归为镇静药、止痛药以及能治发烧和腹泻的药物。鸦片作为一种减轻痛苦的权宜之计，和酒精及烟草一样流行，特别受穷人欢迎。

鸦片在英国比较便宜，很容易买到，也被广泛作为原料加入"温斯洛夫人的舒缓糖浆"等药品当中，安抚了一代又一代烦躁不安的婴儿，使他们感到安宁、快乐。有钱人在葡萄酒里放入一两片鸦片。药店、杂货店甚至书店都贩卖鸦片。

毋庸置疑，鸦片使许多人感到短暂的幸福，但它也带来不少副作用。即使适度使用也会使皮肤变黄并引起便秘，后者对本已长期缺乏新鲜蔬果的英国饮食而言早就是个大问题了。当然，吸食鸦片最终导致上瘾。但当时在大西洋地区毒瘾不像新加坡那样常见。毒瘾的受害者主要是那些为逃避日常的痛苦而吸食鸦片的华人移民。

传统摄入鸦片的方式是吞服，这比吸食的危险要小得多。西班牙、葡萄牙、荷兰海员将抽烟草的行为引入中国海域。一些水手开始往烟斗里添加毒品。烟草中的尼古丁增强了鸦片的效果。于是，抽鸦片作为最便捷的摄入鸦片的方法开始流行起来，还特别为此设计了烟管。

水手后来使廉价香烟在整个海洋世界中流行起来，而亚太地区后来充斥着重度烟民，这对公共健康造成的危害远比鸦片来得大而广。如今，每年有超过一百万名中国人死于吸烟引发的疾病。

由于19世纪的大西洋世界完全不排斥吸食鸦片的行径，许多人过了许久才慢慢觉察到卖鸦片是一种不道德的行为。直至19世纪90年代，备受敬仰的加拿大医生威廉·奥斯勒爵士（Sir William Osler）仍称鸦片是"上帝本人服用的药"[29]。但到了19世纪中叶，人们对鸦片的态度开始有所改变。中国与英国之间的一场战争将促成这个转变。

"退潮"时期的中国

英国在 1840 年至 1842 年和 1856 年至 1860 年间的两场战争中攻打中国，其中第一场史称"鸦片战争"。英国对外宣称的理由是中国对从事贸易的英国公民态度恶劣，特别是还没收了他们的财产：一箱箱准备出售给中国烟民的英国鸦片。实际上，真正的原因是想为包括新加坡英商在内的英国商人撬开中国封闭的大门，他们和其他人一样对中国的贸易限制大伤脑筋。

部分是因为一开始期望太高，新加坡的英国人发现对华贸易非常令人失望。莱佛士的梦想未能实现。尽管英国握有海洋世界的指挥棒，但它与中国的外交停滞不前，这说明英国在岸上的实力并没有超出海军大炮的射程。

未能为英国商人争取开放中国港口，加之无法与中国建立实质的外交关系，这两大原因使英国人与中国打交道时备感失望。欧洲人认为在另一个国家的首都委派使者是惯例，但对中国人来说，这却是不可思议的。中国认为北京不是蛮夷应该停留的地方，除非他们只是短期访问，抑或是受邀而来。

朝廷官员向皇帝禀报英国的概况时说："是固蛮夷之国，犬羊之性，初未知礼义廉耻。"[30] 中国政府对改善与英国或其他西方国家的外交关系丝毫不感兴趣。尽管皇帝对欧洲钟表和船只模型的工艺水平表示惊叹，但他和中国朝廷并不认为开展对外贸易具有任何价值。

双方观念不同引发了文化冲突和武装对峙。英国如愿以偿，首先实现了大西洋海洋世界定义的外交愿景，既让中国向英国商人开放，也将鸦片贸易合法化。虽然英国取得了胜利，但第一次鸦片战争未能解决所有问题。后来，法国也加入了进来，和英国一起发动了持续时间更长的第二次鸦片战争。结果是中国屈服于欧洲的要求，统治王朝的威望开始崩溃。中国以前所未有之势向大西洋世界开放。

在对中国以及世界的其他地方行使武力时，英国享受着海上全面机动性带来的巨大优势。英国军舰带有重型火力，也有足够的运力输送军队。两次鸦片战争中军队大多数都是来自印度的雇佣兵，即"印度兵"（sepoys），他们在中国沿海地区横行无忌。在海上英国人全无敌手。在内河，他们则使用蒸汽驱动的钢铁炮舰，这是世界上大部分地区还不知道的新武器，具有新的强劲优势。

炮舰利用河流网络带动了一场战略性的变革，使内陆空间暴露在外国入侵者面前，使得海上力量可以触及易受攻击的淡水地带。大西洋海权力量在公海的霸权地位从未被撼动，现在有了这些新的炮舰，他们更是具有了理想的淡水武器，能够在仅靠船帆不易驶入的水上世界使用。伦敦认为，若要在中国海域作战，炮舰是最为理想的武器。

令当时的观察家震惊的是，利物浦建造的"复仇者"号（Nemesis）代表了这种新式且多少有些实验性的炮舰科技的最前沿。这种铁船极大地挑战了金属工人的技术水平，因为这需要厚度一致的大片金属板，工人要一丝不苟地进行切割、塑形和铆接等复杂工序。"复仇者"号十分创新，因此服役之初遇到许多问题。它的官方分类是武装商船，而不是战舰。"复仇者"号平底，吃水很浅，只有五到六英尺，这使它成为理想的内河船。这艘船船型细长，宽29英尺，长184英尺。主武器是两门32磅炮，还带有一些口径较小的火炮。

"复仇者"号的引擎驱动两个桨轮，每天大约要燃烧 11 吨煤。它能携带的燃料即使在引擎间断运转的情况下也只够维持不到两周的时间，因此需要定期靠岸进行燃料补给。幸运的是，"复仇者"号还带有辅助船帆，允许船只仅运行一个桨轮的情况下继续行驶，如有必要也可以仅靠帆行驶。"复仇者"号的燃料需求不妨碍它在战斗中或是追逐海盗时发挥作用，毕竟这两者不需要太远的航程，但是要想从英国抵达遥远的亚洲就很难了。燃料不是唯一的问题："复仇者"号吃水浅，其适航性是否足以熬过波涛汹涌的大洋还是个未知数。

"复仇者"号将成为第一艘绕好望角并在亚洲水域航行的铁船。当桌湾（Table Bay）的西北大风使"复仇者"号不得不暂停开普敦时，船长威廉·霍尔（William Hall）十分担心。但他的船可以靠得离海岸非常近，于是船长记录道，有"成千上万"的群众看得目瞪口呆。有些人不相信用铁做的东西竟然能够浮在水面。

在战争中，"复仇者"号可谓是无价之宝。它可以在浅水区航行，这是大帆船做不到的。它可以在帆船之间传递信息，在遇到不利的海流或没有风时拖拽帆船。它还可以运输军队并在军队登陆后用炮火支援他们。这种新武器引起了中国民众的恐惧和沮丧，一个中国官员告诉皇帝英国的所谓弱点，希望能借此安慰皇帝。他说英国人虽在船上储备了大量干粮，但很快就会发现缺少他们最心爱的重口味油腻肉类菜肴。[31] 此外，英国对淡水有很大的需求。英国人的绑腿太紧，导致士兵连弯腿都不能，他们摔倒后必先挣扎一番才能站起来，因此，击中这些目标再容易不过了，中国士兵对付他们不在话下。[32] 而英国人认为，可笑的是中国，以为中国食品不能吃，也嘲笑中国人在船头画上眼睛。英国人可能忘了，他们万分敬重的古希腊人也在船上画眼睛。

"复仇者"号在鸦片战争中证明了自己的战斗价值。在新加坡，它作为一个新型有效的追逐海盗的武器，在马六甲海峡为人熟知。在马六甲海峡，海盗事业可谓是延续已久的古老传统，本地人，甚至当地的政治领袖，都曾热情地参与其中。

华人海盗以新加坡为基地出售他们的战利品、招聘新船员、进行补给。栖居在柔佛海峡的海盗往往以四五十艘马来帆船的舰队规模出动。一旦刮起季风，他们就改在近岸捕鱼。

令人意想不到的是，新科技会把劫掠者远远甩在身后。灯塔协助导航，而且和更早的煤气路灯一样，降低了附近水域的犯罪率。海盗们直到20世纪才迎头赶上，到时候他们将会利用最先进的科技一雪前耻。

英国在与中国的战争中取得胜利，并在1842年获得原属于广东省的香港岛。英国在这里再一次打造了世界级的海运城市。华人就像当年涌入新加坡一样迁往香港，使得这座以前只有几间棚子的小渔村迅速崛起为一个城镇。香港和中国沿海地带港口的开放对新加坡而言是个大新闻，也是个令人不安的消息，这似乎威胁到了新加坡在对华贸易中的未来地位，毕竟新加坡崛起的主要原因是为了促进中英贸易。

新加坡位于加尔各答和广州之间，是与中国作战时的有利基地。尽管如此，它与中国海岸隔着1600英里，距离太远，无法充分开拓对华贸易业务。尽管莱佛士曾认为新加坡可以变成"英国的澳门"，但这无法完全弥补一个事实，就是新加坡在中国海岸上缺乏直接的立足点。与之相比，香港接近内地，其优良的海港提供

图 6　丹戎巴葛（Tanjong Pagar）造船厂，摄于 1885 年。由皮博迪埃塞克斯（Peabody Essex）博物馆提供

了增长和繁荣的机会。

时至今日，香港港和新加坡港的竞争仍旧激烈。对落后的恐惧感促使着两者不断努力，以期保持竞争优势。香港和新加坡面积都足够小，许多决策都能很快得到批准并执行；两者相互争夺世界港口的第一名，也紧张地关注着来自中国沿海的其他竞争城市。它们急切地盯着年度吨位排名表，媒体将报道航海领域的真正领袖。如今，上海超越了香港和新加坡，占据了世界港口的榜首位置。

脉动的港口

虽然华人在新加坡的商业活动中起着主导作用，新加坡乍看之下似乎不仅是个英国殖民地，也像是个中国殖民地，而且人们对对华贸易抱有很大的期望，但中国只是新加坡国际化的一小部分。新加坡继续成功地服务于两条海路航线并持续发展：一个长距离，一个短距离；一个是横贯欧亚大陆的航线，一个是服务于东南亚半岛和群岛地区的区域性航线。

随着时代发展，新加坡附近水域充斥着船舶。港口的货运吞吐量大幅度增加，一如该镇人口的增势。没有人预料到这个殖民地将会以如此迅速且爆炸性的趋势扩张。迅速扩张的其中一个原因是传统马来航海世界的流动性，许多人能轻易地在新加坡定居。自由贸易是一个更为重要的原因。新加坡不像其他港口，没有繁杂的关税，也没有爱指手画脚的腐败港口官员，这一点深得新加坡商人的心。港口可以不断保持成功，服务于繁荣的区域市场，同时也服务于国际长途运输领域，机器动力的工厂带来的新的且不断增长的需求催生了这种长途运输。

在 19 世纪中期和之后的几十年里，传统的马来和中国海路交通在区域贸易中仍然扮演至关重要的角色。但渐渐地，中国商人开始被欧洲船只吸引，因为它们似乎能使海盗望而却步。此外，来自大西洋世界的船舶都有保险，这使得许多中国商人从中国帆船改为使用方帆船，最终使用蒸汽轮船，这使他们享受到了和英国商人一样的好处。另一方面，经过几十年的时间，马来人和其他当地人大多数没能抓住向新的航海方式和新的船只的转变，仍靠传统的马来帆船过活，而这个世界留给他们的机会正在迅速消失。

19 世纪 50 年代是新加坡贸易取得实质性增长的时期。在这段时期新加坡也成为本区域头号贸易中心，令荷属的巴达维亚望尘莫及。新加坡不像荷兰人那样偏爱本国国民，他们对非英国船只和商人一视同仁。自由港的理念吸引着新用户。虽然包括荷兰港口在内的港口最终在实践中效法新加坡，但新加坡的领导地位是无可匹敌的。尽管殖民统治者曾多次试图打破自由贸易以期增加税收，但自由贸易始终是这里的基本原则。

同一时期，新加坡开始沿着所谓"新港"的深水锚地建造码头。新港取代了新加坡河，成为新的航运中心，但新加坡河仍继续服务于当地交通。船主逐渐意识到新加坡河很窄，也十分拥挤，无法应付日益增长的通行需求。1860 年丹戎巴葛码头公司的建立标志着人们对更广阔的运输空间的认同。

开发新港的目的是服务蒸汽轮船，该港口为纪念 1838 年到 1903 年间频繁出入新加坡的矮小的英国海军上将亨利·吉宝爵士（Sir Henry Keppel），更名为吉宝港。这位上将是一个成功的海盗猎手，性格开朗，是当时新加坡欧洲圈子里一个颇受欢迎的人物。

如今，"吉宝"这个名字众所周知，它作为全球造船业的领军企业之一，在新加坡发迹，企业总部也仍在新加坡。

新港为从事长途运输的大型船只提供了不断有潮水冲刷的足够深的停泊空间；这既不会使船只底部刮擦海床[33]、损坏船身，也不需要昂贵的挖泥作业或其他维护。最大的船只会停靠在丹戎巴葛码头，它们往往装载着重型机械和其他欧洲制成品，离开码头时则载满了海峡特产。小型船只、沿海货船和本地商人大都继续使用新加坡河。

更大的船舶停泊在港口外的锚地中，远离激流或大洋涌浪。它们在那里可以安全抛锚，随后由驳船（twakow）装卸货物，这个体系可谓是"一场混乱"[34]。比起使用码头，用驳船装卸货物更容易使货物遭到损坏和偷窃，消耗的时间也更多。船运业者对于在码头上偷窃货物也很困扰，丹戎巴葛造船厂发现甚至许多雇员都从事过类似的勾当。

大型船舶利润更高；体积越大，单位成本越低。随着现代城市的发展，政府找到了资金来改善港口条件，以便停靠更大的船。码头用花岗岩堆砌，钢筋混凝土的桥墩结构取代了原有的木制柱子。木制柱子在几年之内就会因热带气候和船蛆侵蚀而腐坏。

蒸汽技术改变了所有港口的运作模式，蒸汽轮船越来越大，需要更深的水域和更多的船坞使用费。不像木制帆船，只要将船身倾斜便可进行维护和修理，汽轮需要定期进干船坞。对船主来说，时间就是金钱。不动的船赚不到钱，待在港口的时间越短越好。有了可靠的时间表，工作人员可以更快速地处理轮船上的货物。帆船必须等待适合的风才能起航，蒸汽轮船则不用。季风不再决定商业往来的时间和节奏。船越来越多，其中不乏蒸汽驱动的大型轮船，加剧了港口和岸上的拥挤。新加坡和其他港口一样，力图解决新科技带来的新需求。

煤炭加重了拥堵问题。装载煤炭的帆船必须找地方来存放它。煤炭不仅重量大、体积大，还需要存放在能遮风避雨的地方。这是因为湿煤特别容易自燃，会引发灾难性的大火。这种风险促使人们建造有金属制覆瓦或波纹瓦的砖棚来储存煤炭。

拥有煤炭的是当地商人，负责储存煤炭的则是码头公司。整体而言，煤炭是丹戎巴葛公司和新加坡港口处理的最重要商品。对当时的新加坡来说，煤炭相当于20世纪的石油。在新加坡，船员不负责装载煤炭或船上的其他货物，尽管必要时，他们可能在官员的监督下操作机器。大部分繁重的体力活都是由坚忍的、效率极高的低收入劳动者来完成，他们把煤装进篮子挂上扁担，每天工作10小时，星期天也照常上班。最初，马来人提供了这方面的劳动力，但华人移民很快取代了他们，按照家乡组织自己的集团派系，每个集团派出一个代表进行沟通，这便于公司进行管理。

一小撮薪水很高的欧洲人负责管理这项业务，但劳动力完全由亚洲人提供。据旁观者评价，由于员工培训不足，该公司的现代机械没有得到充分或良好的使用。装卸货物需要大量的、具有流动性的劳动力供给，大多数人没受过培训。到了19世纪70年代末，丹戎巴葛公司有近2000名工人，他们挤在面积不大的宿舍里，生活空间非常狭小。尽管员工个人的薪水不高，但2000多个人累加，每月的工资支出就是一笔可观的数目。为了应对港口的突发需求，避免货物延误，公司必须有大量的劳动力储备。

丹戎巴葛公司支付的股息很高，甚至高达12%，但是它总是缺少资本。[35]伦敦通过一个咨询委员会，在丹戎巴葛公司的运营中一直保持着发言权。但这没有什么不寻常的，毕竟伦敦是负责掌管英国在东南亚所有海事活动的总部。[36]

由于汽轮受燃料供应所限，加煤站成为海权战略的一个关键部分。英国人从中受益匪浅，因为他们有分散在世界各地的领地。这些领地使得英国能够在全球海路航道上寻找合适的间隔点储存煤炭并提供加煤服务。此外，他们的英国本岛有现成的充足煤炭，足够自己使用和出口。

作为储煤和加煤的绝佳地点，新加坡获得了新的战略重要性。它的安危不再是地方上的问题，保护好位于印度和中国之间的新加坡对英国皇家海军十分重要[37]，而英国新建成的海底电缆通信网络也要求保护好这个"维多利亚时代的互联网"。英国后来也成为世界首个电信帝国，而1871年抵达新加坡的电缆仅是英国全球通信网络中的一小段。

在前往遥远南方的长途国际航线上，很长一段时间里仍由铁壳帆船运送着短期内不会腐坏的散装货物，如大米、煤炭、小麦、羊毛和硝酸盐。早期的蒸汽机轮船因为需要大量消耗煤炭，所以运输费用太贵。因此，当时的驱动技术虽然富有革命性，但并不是立竿见影的，似乎不太符合我们今天对"革命"一词的普遍理解。但随着发动机的改良，蒸汽机的使用迅速普及，而每个人都意识到它的优势。这种影响力无疑是革命性的。

很显然，蒸汽驱动技术对于航海史，乃至现代国际史（这种国际史在很大程度上正是海洋运输塑造的），都是一个重要的里程碑。蒸汽技术改变了船舶的性质及运作方式，也影响了航线的设计，使得船能够到达单靠风帆不容易抵达的地方，例如风向不利的红海。蒸汽动力使轮船可以轻而易举地到达红海，但只有建起连接红海和地中海的运河，人们才意识到这里作为长途贸易航线的潜力。这条运河对新加坡而言意义非凡。

第四章

巅峰时期的大英帝国

"肮脏的沟渠"

到了 19 世纪 60 年代，新加坡已取得远超其规模和人口数量的重要商业地位。这反映了新加坡商人高超的商业技能、新加坡银行的信用和政府的稳定性。港口处滚滚的浓烟，标志着越来越多的蒸汽动力船只，既有商船也有军舰。

在非常短的时间内相继发生了三个对这个殖民地有重大影响的事件。东印度公司解散了，这意味着从 1867 年起新加坡不再归印度管辖。新加坡与其他海峡定居点联合起来，由伦敦而不是加尔各答直接进行监督、治理。自此，新加坡不再被称为"远方印度"。

1869 年，法国人开通苏伊士运河，大幅削减了从新加坡到欧洲的航行距离。1871 年，英国将新加坡与规模日益增长的全球电缆网络连接在一起。运河和电缆缩短了大西洋世界和太平洋海岸的距离，加速了贸易增长以及人口和信息的流通。新加坡受到的影响远比世界上任何一个地方都大。

苏伊士运河和海底电缆都是由大西洋地区的国家建设的，这碰巧赶上了英国对印度洋海域的兴趣日益高涨。这种关注一直延伸到中国海域，促使法国也对亚太地区产生了新的兴趣。欧洲人认为运河不仅仅是一条水道，它为充满异域风情的东方世界提供了一个新的入口，成为东西方两个世界之间的通道。它还具有心理上的重要性，是一个转折点，正如以前葡萄牙人前往亚洲途中经过好望角时会扔掉他们的勺子，以象征进入不同生活模式。大西洋世界把苏伊士运河看作新的载体，能够把欧洲"优越"的海洋文化传播到更远的欧亚大陆。

几千年前，人们就已经意识到从地中海经由红海到印度洋这条航线具有的优势。但在三大洲交界处这个极具战略意义的地方，苏伊士地峡却切断了一条本可以连接两片大洋的"海上公路"。到了近代，有些人以全球视野来分析，认为这是一条通过印度洋连接大西洋和太平洋海域的通道，以前所未有之势将欧亚大陆遥不可及的两端连接在一起。

1845 年，一家英国航运公司向东扩展业务，使用汽船和陆路运输，在陆上用驴子和骆驼驮运邮件、轻型货物和旅行者。这条陆地运输线路既可以通过幼发拉底河和波斯湾，也可以通过埃及。后者更受欢迎，同时又可以分为两条线路，一个是经西奈大陆桥到红海的线路；另一个是经亚历山大港、尼罗河、开罗和 85 英里的沙漠，而后抵达苏伊士。

1869 年之前还未建造苏伊士运河时，过境旅客可以说是直接曝露于沙漠狂暴的风沙、灰尘和烈日之下。至于饮食条件，有人说，你只要一张嘴吃东西，就免不了吞下个把苍蝇。早期经历过这一旅程的一名新加坡商人用"贫乏和悲惨"[1]来形容当地的伙食，并指出"路程也同样糟糕",因为马车夫驾驶技术不怎么样,有时会翻车,使乘客受伤。

陆路运输还非常低效,一艘船能运载的货物,在陆地上则需要三千多头骆驼[2],因此对于重型货物而言,好望角这条传统航线仍然是唯一的选择。但对于乘客或高价值低重量的散装货物而言,距离和通行时间使红海陆地运输线成为首选,尽管路上十分闷热,人们也需忍受尘土飞扬带来的不适。

三个世纪以来,绕行非洲并通往东亚和南亚的好望角航线使欧洲国家打消了建设运河这样一个雄心勃勃的工程项目的念头。但是在18世纪末和19世纪初,这个想法有了新的生命力。

建造运河的推动力部分来自一位名为克劳德-昂利·圣西门(Claude-Henri Saint-Simon,1760—1825)的法国社会哲学家。这位广受欢迎的学者主张通过工程系统来驾驭大自然。他的爱好广泛,对运河特别有热情。他认为运河这个工具可以让人类迈向未来的黄金时代。他的追随者们用宏伟的视角看待苏伊士运河,认为该运河作为两条通往印度和中国的新航线之一,连接了东方世界与西方世界,将全球统一起来。他们认为另一条航线是打通巴拿马地峡[3]。但同时,他们认为巴拿马运河的优先度要低一些。

水手们一直讨厌红海。即使是今天,红海扑面而来的热气和寸草不生的荒芜海岸也使它成为一条糟糕的水道,这里几乎没有港口或锚地,饮用水也很难获取。拥有大量船员的划桨船在这个地方很难生存。沙尘暴随时可能突然来袭,席卷海面,折磨着海员。危险的珊瑚礁比比皆是,水域也未经良好的测绘。风向和海流相反,有时会完全无风,这都对领航员构成不小的挑战。红海从没像地图上看起来的那样成为重要的跨洋水道。运河和蒸汽航海将改变这一点，而红海也将成为从欧洲直达新加坡和东亚港口的航线的一部分。

有些欧洲人认为埃及可能成为"世界商场"，他们追溯历史，指出埃及过去在地中海中扮演的重要角色，但让他们更感兴趣的是埃及的地理位置，而不是这个国家本身。[4] 对于欧洲航海界来说，埃及似乎提供了一把通向欧亚大陆远方巨大财富的钥匙。一些人回过头来看威尼斯的经验，意识到威尼斯商人已经通过从亚历山大港获取和分配亚洲出口的货物获得了巨大的利益。法国人开始考虑为马赛重新建造一条通往亚洲的线路。苏伊士使这个想法成为可能。

法国政治家塔列朗（Talleyrand）是一个无比精明的机会主义者，他在 1798 年 3 月写道："法国在埃及站稳脚跟必定引发欧洲商业的一场革命，英格兰将遭受最沉重的打击……苏伊士航线的复兴对英格兰的影响将犹如 16 世纪发现好望角航道对热那亚和威尼斯的打击一样致命。"[5]

为打通东西向的航线，英国想将的里雅斯特和威尼斯作为港口发展起来，再与铁路连接，这样就比马赛更近。但是要用这两个地方就得将大宗货物打散，还要卸货和重新装载。在此意义上，传统的无缝连接的好望角航线拥有更大的经济优势，而许多英国人对此坚信不疑，认为它是"全面、安全、大胆，真正的英国路线"[6]。好望角航线不像红海，不需要特别的船型设计也不需要新的航行技术。

法国对埃及和运河的兴趣持续不断，使英国不可避免地卷入这场竞争中。许多人对运河的提议感到不满，担心运河会对自身的航运生意造成影响。由于帆船不能轻松地在红海行驶，所以运河这条潜在的新干线将迫使全世界的船务公司（这方面英国领先于世界）放弃帆船队，转向尚未得到充分验证的蒸汽船。此外，运河收费和燃料也会增加新的航运成本。

尽管如此，反对修建运河的《爱丁堡评论》（*Edinburgh Review*）也不得不承认"地峡问题是最重要的问题之一；（大英）帝国版图有一半位于运河的一端，剩下的一半则在运河的另一端，能在两端之间缩短距离和航行时间，哪怕只有一英里或一小时，都将对国家有利。"[7]

苏伊士运河的航距更短，因此航行更快，航行次数更多。而行程越快意味着资本回报越快、投资成本越低。从新加坡到欧洲，绕过好望角一次的时间，现在通过运河可以走上两三次。航行次数越多，赚的钱就越多。经过好望角的路线，货物在途中可能要多腐坏几个月的时间，投资其中的钱就没得赚了。此外，速度更快的船比慢船走的次数多，所需吨位也降低。运费下降，消费者面对的商品价格也随之下降。因此，从好望角的帆船到苏伊士运河的蒸汽船"使新加坡商人的资本利润率增加了至少一倍"[8]。节省下来的钱能轻易弥补运河通行费和蒸汽技术所需的燃煤。

蒸汽动力使红海可以通行，而苏伊士运河进一步使这里更可取。苏伊士运河的建造主要是搬走石头和沙子，来挖掘所谓"肮脏的沟渠"。锹和镐，再加上新出现的蒸汽动力机器使工程得以实现。苏伊士运河的建成使得帆船的建造大大减少，其数量也逐渐减少。新加坡马上就见证了这个新变化。港外海平面上的烟柱越来越多，船帆越来越少。

新的蒸汽船带来"一场彻底的东方贸易革命"[9]。距离缩短降低了对燃料的需求。好望角航线对于商业汽轮太长，这是因为早期的发动机消耗燃料太多。"复仇者"号炮艇在前往中国的漫长而艰苦的旅途中就亲证了这点。苏伊士运河把伦敦到孟买的航距减少一半，也推进了燃料效率更高的蒸汽发动机的使用。从欧洲到新加坡，运河整整缩短了 3500 英里的距离。

大运河标志着国际贸易的一体化和现代航运业的开始，自此，国际贸易形成一个统一的、不断变化的全球性框架，规模也不断膨胀。苏伊士运河使大宗原材料变得更便宜，引领着航运界，进而使得欧洲在掌握全球产业霸权的最后几十年里进一步发展。双向交通也促进了欧洲商品的销售市场的发展，这些商品现在在非洲东部、亚洲西南和南部地区、亚太地区甚至是澳大利亚都可轻易获取。

新加坡《海峡时报》(*Straits Times*)意识到运河的巨大意义，将 1869 年称为"伟大的商业海洋国家新时代的开端"[10]。1898 年，英国作家卡梅隆(D. A. Cameron)认为苏伊士运河是"象征和平的工具"[11]。但是，1885 年 4 月，法国哲学家厄内斯特·勒南(Ernest Renan)却斥责运河计划的发起者斐迪南·德·雷赛布(Ferdinand de Lesseps)，称他"划下了未来的巨型战场"[12]。

一些人担心，这条运河将拆除距离所形成的天然屏障，将脆弱的欧洲暴露在亚洲的细菌污染和精神污染中。这股恐惧的潮流集中体现为虚构的邪恶博士傅满洲的形象和所谓"黄祸"的说法。关于中世纪黑死病的遥远记忆(据说是由一艘威尼斯船从克里米亚带来的)也多少激起了公众的不安情绪。

英国拥有世界最大的工厂，也拥有资本和知识，能轻易打造适用于运河航行和货物运输的船只。第一艘穿越运河并支付通行税的是英国船，苏伊士运河投入运营的第一年里，有超过 62% 的通行船只挂着英国国旗[13]。这个百分比还会增加。

1875年，英国首相本杰明·迪斯雷利（Benjamin Disraeli）获悉有购买运河股份的机会，当时英国议会正处于休会期，他立刻向他的朋友罗斯柴尔德男爵（Baron Rothschild）借了400万英镑。这使英国政府买下了超过40%的运河所有权，成为最大股东。事后，议会予以批准，但颇有微词。有人认为让女王的政府来运营一家企业实在"不体面"。但是提出异议的这些人都是看迪斯雷利不顺眼的人。不过，由于维多利亚女王十分欣赏迪斯雷利，公众舆论也转向支持他。迪斯雷利的行为使得英国掌控了这条重要的动脉。

自古以来，人类就在利用海洋来促进货物、人员和思想的流通。纵观这段海洋史，1869年运河的开通，以及海底电缆于1870年将大西洋世界与印度相连，并在1871年进一步连至新加坡，这两件事最终形成了两个分水岭。1914年巴拿马运河的开通将完成全球航线从南向北的转移，从两个海角（好望角和合恩角）转向离世界经济中心更近的两条运河。全球航道的北移对新加坡大有好处。但是运河的通行使得港口必须适应新船型带来的挑战。港口的水深必须与苏伊士运河匹配，毕竟使用运河的汽轮才是新加坡的主要客户。

约瑟夫·康拉德（Joseph Conrad）写道："刺穿苏伊士地峡的举动，就像是破坏了一个大坝，使得大量新船、新人员、新的贸易方式涌向东方。它改变了东方海域的面貌及其生活的本质精神……之前的经验对新一代海员来说，已经变得毫无意义。"[14]

蒸汽机使工程业成为航海生活新的一部分，并逐渐变得比航行技术更重要。铲煤替代了缩帆。航海的体验也有所改变：海浪的轻柔拍打、木头的吱吱声和帆布的摩擦声变成了机器的轰鸣；发动机废气的气味盖过了空气中的咸味。船上的人以前所未有的方式脱离了自然环境。

运河生就是全球的，它的目的是长途贸易，而不是当地的交通。船只穿过运河，"就像一根针穿过布，一头进，另一头出"[15]。很少有船只靠岸卸载货物，甚至很少有船员踏上埃及的土地。与充分抓住马六甲海峡地理优势的新加坡相比，无论是伊斯梅利亚（Ismailia）还是塞得港（Port Said）都没能成为航道上主要的货物集散地，为它们的腹地打通生财的脉络。尼罗河谷仍然是闭塞的埃及的心脏。昔日威尼斯商人来到亚历山大港购买苏门答腊的胡椒或马鲁古的丁香，现在它已不再是当年东西方的交汇之处，而是逐渐没落，直至今日。

在 1956 年接管运河之前，埃及从运河中获益甚少。前埃及总督阿巴斯·希尔米二世（Abbas Hilmi II），曾在 1930 年评论道："我们应该永远牢记，埃及为了成功建造运河付出了惨痛的生命代价……啊！虽说运河为它所属的公司带来极高的利润，但埃及一直以来连最小的甜头都没有尝到。相反，这条运河是造成埃及悲惨状况的最主要原因。"[16]

最初的几十年里，经过运河的贸易流是互补的。沉重的大宗原材料向北而去，驶向南方的则是重量较轻、体积较小的制成品。1914 年以前，欧洲大西洋沿岸地区作为世界市场中心、世界最大的买家和卖家，为这条航道带来了活力。而煤炭作为主要能源支持着货物运输，就像今天的石油一样。

修建克拉运河？

苏伊士成功后，在其他地方建大运河的可能性占据了很多人的想象。其中一个就是在新加坡以北打通克拉半岛。这个想法由来已久，有可能对经过马六甲海峡的交通运输带来相当大的影响。

16 世纪，极具战略眼光的葡萄牙就已经考虑到了在马来半岛的细腰处修一条运河的可能性。[17]无独有偶，1677 年，法国想要和泰国（当时这个国家还叫暹罗）建交时，一位到访那里的法国工程师实际上就提出了这个方案。但这些都不了了之了。

然而，泰国一直惦记着这项计划并跃跃欲试，起初主要是出于战略目的，为了更有效地对付宿敌缅甸。而 1793 年，一名泰国诗人称之为"恢复我们国家的荣誉"[18]。修运河的想法现在仍然偶尔浮出水面，但如今的目的更多是为促进经济繁荣，而不是战略考量。

克拉运河一旦建好，新加坡的港口地位将受到直接威胁。支持建设运河的人们将其吹捧为中国和印度之间连接印度洋和太平洋的另一条航线，通过提供马六甲航线之外的一条捷径绕过新加坡。19 世纪的新加坡担心法国可能会为了与其传统竞争对手英国相抗衡，而挑起建造克拉运河的大梁。

1857 年的印度兵变短暂地扰乱了英国的统治地位，让这件事有了新意义。它使英国意识到在孟加拉湾和暹罗湾之间建立水上通道是具有战略意义的，比起绕行马六甲，可以减少六百多英里的航距。比起绕行位于南方很远处的海峡，这使得皇家海军中国分舰队的战船及其能够运送的军队更快抵达印度。有些人觉得假如一开始有这样一个运河存在，就有可能将兵变扼杀在萌芽状态。另外，一旦有需要，英国完全能动用廉价的印度劳动力修建运河，这也使这个项目显得更有吸引力。

英国政府丝毫没把新加坡放在心上，而是与泰国人商议此事，并进行了研究，上呈议会，研究报告中宣称："建设这样一个工

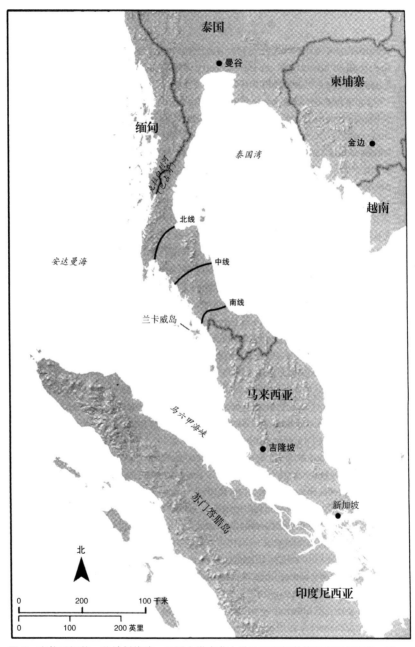

图 7 克拉运河的一些计划线路。地图由塔夫茨大学地理空间科技研究所的塞斯·帕特（Seth Pate）、约翰森·盖尔和帕特里克·弗洛兰斯提供

程将给商业，而且主要是英国的利益，带来不可估量的好处。"[19]
然而 1843 年，首位英国人亲临现场，并报告在此地建造一条运河"不实际"[20]，因为所需的开掘量太大，要挖穿贯通马来半岛的花岗岩山脊。1849 年的另一名访客、在缅甸勃固（Pegu）担任副局长的爱德华·奥赖利（Edward O'Riley）却对这个项目作出了更乐观的判断。但他选择了新路线，其中包括巴占河（Pakchan River），这条河的河口是暹罗和缅甸的国界。

奥赖利提出运河将给加尔各答与中国的贸易带来的好处，并认为马六甲海峡不仅更长，航道受季风影响因而条件更艰苦，而且航行起来复杂"危险"。克拉运河的另一个优点在于可以解锁马来半岛的资源，如大量的锡和有可能蕴藏的煤，而这些资源对新引进的蒸汽动力技术至关重要。

当地热带森林出产的传统"植物产品"，如柚木和其他木材、树脂、染料和树胶等等，也能得到开发。1859 年刚刚卸任香港总督的宝宁爵士（Sir John Bowring）设想了一条更靠北的线路，只有约 50 英里宽，预计只需要挖掘几英里。在他看来，"这条运河如果能修好的话，其重要性将仅次于穿越美洲达里恩地峡（Isthmus of Darien）的运河计划和埃及苏伊士运河……这将确定无疑地成为一个伟大工程"。[21]

1863 年，运河的提议被重新提起，当时印度政府派出孟加拉工程兵上尉亚历山大·弗雷泽（Alexander Fraser）和 J. G. 福隆（J. G. Forlong）展开研究。这两个英国军官沿着巴占河溯流而上，抵达克拉村庄。他们随后登上了那纵贯半岛的壮观的高耸山脊，来到另一条小河的源头，然后向东下行至暹罗湾沿岸。这次匆忙又粗浅的调查严重低估了马来亚山脉的高度，两名军官虽然断定建造运河是行不通的，但却提议在此修建一条铁路。他们说，在此修建铁路"不仅完全可行，而且每英里的修建成本也可能低于印度的任何地区"[22]，毕竟当地出产木材，既能充当枕木、建造桥梁、作为燃料，也能用来建火车站。由英国提供铁轨、蒸汽机车和车厢，中国则提供廉价劳动力。用弗雷泽的话说，克拉线将有利于绕开"漫长、危险、迂回"的马六甲海峡。

欧洲人考虑的这些似乎和暹罗以及暹罗人民的利益没有半点关系。相反地，他们乐观地假设该项目将使暹罗人民以及所有其他用户受益。弗雷泽认为，暹罗国王将会非常乐意批准这项工程所需的土地，因为这对暹罗的好处是显而易见的。

1815 年拿破仑战败，法国只剩下残留的帝国碎片，以及分散在大西洋、加勒比海和印度洋上的据点和岛屿。法国从未成为海上霸主，其海外基地也周期性地被英国夺走。甚至到第二次世界大战，法国仍然只是二流海权国家。但在 19 世纪，法国开始在非洲和东南亚建立起了面积可观的新陆权帝国。比起英国，法兰西帝国的面积较小也更加集中，但这个帝国及其海洋势力范围远远比不上巅峰时期的葡萄牙或西班牙。尽管如此，法国人还是成为仅次于英国的世界第二大的 19 世纪海洋帝国。这并非法国精心策划的结果，也非其宏伟战略使然；相反地，它反映了法国国内周期性爆发的强烈情绪和民族自豪感，这些都化为了强烈的使命感，随后产生了相应的行动。

19 世纪后期，英国对克拉运河的兴趣减弱，但法国眼见苏伊士运河大获成功，也为巴拿马运河的巨大可能而激动，因此打起了兴建克拉运河的念头。19 世纪的最后几十年里，"运河热"成为塑造全球运输路线时，最能引起人们关注的焦点。在这之前，法国已经在西贡建立起稳固的基地，作为其在东南亚不断扩张的利益中心。法国认为，克拉运河将形成连接欧洲和中国之间的新的主流商业航道，会大大有利于西贡。有些人幻想通过控制苏伊士运河、巴拿马运河、克拉运河这三大运河，进而使法国支配全球航线。[23]

1883 年，为了给克拉运河选址，兼任暹罗国王顾问的英国水文学家阿尔弗雷德·J.洛夫特斯中校（Alfred J. Loftus）奉命加入一个法国考察队。归来后，他为世人留下了一段关于他的冒险经历的完整叙述。他记录道，凡是有可能，即使河流非常蜿蜒曲折，探险队都坐船而行。陆地上，除了徒步行走以外，大象通常是唯一的交通工具。他多数时间都坐在大象上，仔细观察大象的行为，他的记录中称，母象比较适合载人，公象则喜怒无常，比较适合搬运行李。

考察队在穿过浓密丛林的途中，偶尔会经过规模较小的定居点，因此能够比较频繁地停下休憩。考察队以每小时 2.5 英里的速度稳步前行，每天行走 6 到 8 小时，途中要沿着狭窄的未知小路攀爬，翻越高高的山口。洛夫特斯的报告严峻冷酷："雨季时，事故并不少见，当小路的边缘崩塌时，人与兽双双跌入峡谷的底部，再也听不到他们的消息。"[24] 洛夫特斯也记录了他们吃的食物。每天的早餐很简单，由茶和饼干组成，以此开始新的一天。一顿还不算太差的晚餐则"有很多不错的咖啡、白兰地和雪茄"。他还说，用"法式烹饪法"煮出来的猴子很好吃，端上餐桌后，往往"只剩一堆白骨"[25]。即便他们享有这些美食，归根结底，旅途还是充满艰辛。

考察队员们爬上高地，以便更好地观测这片未经测绘的地区前方有些什么。他们不断使用无液气压计、测距仪和指南针等各种仪器进行测量，仔细记录数据，制作草图，有时频繁到 15 分钟一次。他们甚至夜观星象，尽可能收集所有的具体信息。

途中的每时每刻，他们都在拍打那些不断向他们眼睛和鼻孔发起进攻的咬人的蚊虫，弄掉那些能通过衣服上的每一个缝隙钻进来的蚂蟥。"我们往往只有在看到裤子沾满鲜血的时候才发现被它们咬了。"[26] 蚂蟥带来的最严重后果是失血过多导致的身体衰弱。更令人不快的是偶尔有毒蛇袭击，以及丛林中"大量"看不见但听得到的老虎，老虎往往在人们安顿下来准备舒舒服服睡上一觉时，在黑夜中咆哮。

身体健康一直是探险者关注的焦点。为了避免染上"丛林热"，每人每天都要饮用一剂伊诺果盐（Eno's Fruit Salt），将它与酸橙汁、水和糖混合在一起饮用。最后，所有人都活下来了。

洛夫特斯随后致信法国探险队的指挥官，指出建造运河"需要一个国家的财富和一个世纪的时间"，并总结道："运河成功建造的可能性几乎和四日内到达月球一样。"[27] 他的法国友人认同他的说法，认为运河费用过于昂贵[28]，因此不可能建成。他们提出的困难之一是怎么处置挖出来的东西，估计其中四分之三都是碎石，它们该置于何处？

简言之，无论能够节省多少运输距离，似乎都抵消不了运河建设的巨大代价。相比马六甲海峡及其自由通行的特点，克拉运河的使用者要支付通行费，这笔费用会抵消航程更短带来的任何优势。许多人认为，新加坡已经是集服务和交流于一身的中心，前景光明，不会受克拉运河影响。一个新加坡商人说；"为什么是汽船支付运河的通行费，而不是运河付给汽船钱来吸引它们通过呢？"[29]

然而，另一些人将克拉运河视作对新加坡贸易活动的威胁，并认为一条法国运河会加强法国与亚洲的联系，将带来额外的影响。

萨道义（Ernest Satow）是英国派驻日本的外交先驱者，后来成为英国驻曼谷总领事。他拥有长期而完整的外交经验，是一位敏锐的观察者。他认为假如法国获取了一长条泰国的土地，不管用不用来修运河，都会成为一根潜在的杠杆。在萨道义看来，运河问题是次要的，真正的问题是法国在东南亚地区不断扩大的影响力。但是如果真要建，他主张必须由英国来控制这条运河。[30]

19世纪90年代初期，法国有兴趣建造运河的说法再次浮出水面，不想与其他欧洲强国分享马来半岛的英国人又提起了戒心。[31]此时，这件事更为敏感，因为当时伦敦在整体上想要和法国缓和关系，这是因为无论在欧洲大陆还是遥远的其他地方，德国人开始对英国人造成更大的威胁。

当时，英国在国际上重点关注的对象是德国。德国一心想要夺得吉打州附近的兰卡威岛上的加煤站，这里靠近马来亚的西海岸，十分接近新加坡，这令英国惴惴不安。作为德国大舰队的建设者，海军上将阿尔弗雷德·冯·提尔皮茨（Alfred von Tirpitz）宣称德国贸易以及德国海军都"需要一个德国的香港"[32]。

1897年，英国迫使暹罗签订关于克拉运河的条约。该条约中，泰国人承诺除非获得英国同意，否则只有泰国人自己可以建造运河。问题似乎解决了，但20世纪30年代中期又有人对克拉运河感兴趣了。这次不再是法国，而是日本。如今，对运河感兴趣的则是中国。

连线世界

中国海域位于大英帝国生命线的末端，在 19 世纪，这里给英国人带来的焦虑远少于地中海。对于当时的英国利益而言，博斯普鲁斯海峡是比马六甲海峡更为关键的海上贸易瓶颈。俄罗斯和法国一样，直接威胁到了英国在地中海的利益。尽管英国的确担心若有一天爆发战争，新加坡会难以抵挡俄罗斯海军的炮轰。但无论是俄罗斯还是法国，都没怎么在中国海域出现过，似乎也对这里没什么兴趣。德国对这片海域展开调查，但算不上重大威胁。美国人对亚太地区感兴趣，但缺乏实力。19 世纪中期的日本虽摆脱了自我孤立的状态，但这个国家直到 19 世纪末才在国际舞台上称得上是个角色。

大英帝国越来越关注保护通往印度的航道，这条航道现在经过地中海，苏伊士运河是主要的连接点。从直布罗陀向东形成了战略基地网，为信息、人员、材料的流动提供中转服务，这对于维持一支舰队和控制遥远的殖民地至关重要。海底电缆可以将帝国的生命线连接在一起，但电流信号需要定期更新，就如船上的发动机需要定期加油。

英国人在构建全球网络方面享有巨大的比较优势，因为它持有大量的"帝国碎纸屑"[33]；原本英国对这些微小的据点兴趣不大，但这些飘扬着米字旗、散布于全世界的据点（有时不过是弹丸之地）突然变得异常重要。它们为运煤船提供可停靠的港口、传递电报信息，因此具有了新的重要意义。

19 世纪早期，英国人就开始使用利物浦港口的机械信号灯来接力传递即将进港的船只信息。当然，大部分时候，黑暗的夜晚或恶劣的天气会使之变得毫无用处。海底电缆和与之对应的陆地电报将改变这一切。

塞缪尔·F. B. 莫尔斯（Samuel F. B. Morse）和运河概念的提出者圣西门一样有着远大理想，他预计自己发明的电报将带来崭新的乌托邦式的国际环境。而在国际事务领域，这种正向的变革到目前为止还没发生。但在现实层面，迅速获得信息将加快生活节奏，和其他事物一起重组包括航运在内的商业流动。港口之间可以实现信息的迅速传递；在港口等待起航的货船现在可以比以前更快地获得有关潜在货物的消息。

正因觉察出电缆能为商务往来提供的优势，民营企业重新掌握主动权；1851 年，首个海底电缆成功地穿过英吉利海峡下方，从多佛（Dover）连接到加莱（Calais）。英国支配了电缆制造业，并为之制定了极高的标准，对原材料的纯度和组装的精细度提出了要求。他们发现了杜仲胶，这是一种类似橡胶的乳胶类材料，产自东南亚，可通过新加坡获得。这种材料是很好的绝缘体，也能抵抗海水腐蚀，对制造电缆很有帮助。

然而，随着英国把电缆网络延伸至海外，许多问题随之发生，使不少人感到失望。实施这项新技术的困难之一，就是在未经测绘的海域铺设电缆时，海底会有锯齿状的岩石和凹凸不平的地面。另外，在近岸水域，渔民的渔具经常和电缆绳索缠在一起，有时会割断电缆或把电缆拉出水面。在热带水域，海洋动物往往会啃咬电缆，或是附着在电缆上，减弱信号。但正如蒸汽船的效率不断地提高，电缆的质量和性能也随着时间的推移而得到改进。对于客户来说，这意味着信息传递更快。越来越多的电缆线路意味着更低的成本，以及总体上更大的容错率、冗余度和可靠性。

蒸汽和电报改变了做生意的方式。对于急于获得最新情报的商船船长来说，港口成为传播信息的中心，也是供应淡水和食品的传统渠道。在19世纪最后几十年里，制冷和海水淡化设备出现在船上，再加上罐头食品的发明，使船舶不需要那么频繁地靠港。然而，船上的人希望能随时了解最新消息。从前，他们要么是向路上遇到的船打招呼，指望能得到消息，要么就是等到自己抵达港口。

在19世纪40年代之前，新加坡和伦敦之间的通信一直很慢，以至于莱佛士等人经常能独立做决定。但是，欧洲铁路的建成和随后埃及陆路邮政的发展使得信息传递的过程开始加速。电缆技术引发了一场革命。一艘帆船传递信息要花数月，一艘高速汽船需要数周，而电缆只需几分钟。现在至关重要的新闻可以安全、迅速、准确、广泛地传播开来。

在航海时代，当一艘船出海时，船长的命令即是最高指令，不可违背。除了提供一般性的指令之外，船主对船上发生什么和在哪儿发生没有半点控制。这带来了不确定性和风险。电报传输的新技术使任何一个船长在到达港口时，都必须服从船主发过来的命令。千里之外的船主现在成了交易买卖的核心人物，能够将指令转发给他的代理人——船长。原来进行交易仅凭猜测，现在则能凭借充分信息进行理性规划。而中央政权亦能在政治和商业中行使新的权力。

19世纪的英国作为世界强国，拥有大面积领土、资金、知识和武器，能够建立并保护全球海底电缆网络。英国负责筹划这个网络，并提供修建资金、进行组织；电缆由英国工厂负责生产、英国船只在海底铺设。拥有海底电缆的英国公司发现尽管电缆网需要大量投资，但仍然能够带来很高的利润。

但这一全球网络不仅受经济影响，还受政治影响，其线路反映了北半球在世界的支配地位。英国政府会补贴那些他们认为具有战略意义却不能带来商业利益的路线，比如南非线路。这一网络成为将大英帝国凝聚为一个整体的有力手段，给它的拥有者带来巨大的战略优势。有些人甚至认为，在巩固英国的世界地位方面，电缆已成为比英国海军更重要的武器。它使英国人掌控信息，因此有人形容电缆网络为"一个人为构建的'中心'地带，聚集各类资源，也是使英国扩张合法化的工具"。[34]

海底电报电缆为控制着电线和中继站的人员提供了安全保障。与陆地上的电报线路不同的是，埋在海底的电缆难以被切断。世界上只有英国能轻松做到这一点，因为它充分了解电缆网络的地理位置，其海军实力也颇为强大。由于英国在电缆网中占据中心地位，伦敦总是比其他国家更早一步收到商品价格和商品流动等信息，因此具有巨大的竞争优势。相较之下，为了得到关于亚太的最新消息，焦急的美国人不得不耐心等待信息穿越印度洋和大西洋，中途经过伦敦。英国的优势不言而喻。直到1902年，海底电缆才穿越太平洋，而这也是英国电缆。

此时，英国横跨了全球面积最大的海洋，惬意地控制了一条全球贯通的线路。尽管电缆支撑了英国的霸权，但它也引起了其他大国的嫉妒和怀疑。在这个意义上，电缆同时也自相矛盾地威胁到了英国的国家安全。[35]

在英国，虽然国家高度关注电缆行业的发展，但民营企业普遍承担着建设的巨额成本。向用户收取的费用反映了这一事实。在初始成本收回后收费下降，但出于维护费用和获取商业利润的考虑，收费仍然较高。抵达港口后，船只可选择立即前往另一个商业机会更多的目的地。而因关于货物的信息流通的速度比货物本身还快，精明的商人嗅到新的商机。自此，经营业务所需的重要信息，如证券交易所的波动，便通过电缆网络进行传递。

但通过电缆传送信息毕竟成本高昂，这意味着大部分信息仍然通过信件传播。如果从新加坡向伦敦寄出一封信，在九个月内收到回信，这样的速度已经算是很快了。但是，随着铁路的发展，远程陆地交通有史以来首次比水上交通更快，邮件会尽可能通过陆路传递，也会兼用海路。因此，一封从伦敦到新加坡的信件经过英吉利海峡后，会乘坐快速列车开往地中海的港口，随后前往目的地。这一旅程不再通过大西洋后，邮件传送的距离和时间都大幅降低。

出于安全考虑，英国当局，特别是军方，只想要海底电缆，不想要海路联运的网络。英国可能支配了大海，但没法支配陆地。政府出资打造一条从英国穿过地中海的线路，但这条线路要在葡萄牙和埃及登陆，所以并不完美。英国的战略理想是"永不触碰外国领土"[36]。因此，1900 年中国义和团起义之后，英国政府在上海和威海（威海卫）之间修筑海底电缆，后者是中国北部海港，与英国的商业利益有关。海上连线的策略使英国政府不再需要依赖危险的陆路。

新加坡的优势

运河和电缆这两大革新为新加坡带来了巨大的优势，也使得这个城市找到了通往繁荣的新途径。到了 20 世纪初期，新加坡已跻身世界重要海港之列，考虑到北大西洋仍然是全球战略和商业中心，新加坡的成就不容小觑。新加坡结合了华商的经济头脑和商业活力，以及英国的工业技术、资本、金融知识和全球范围内的商业关系网，使新加坡在自己的巨大地理位置优势之上越发稳固成熟起来。[37]

当海底电缆于 1871 年铺至新加坡时，这种革命性的通信媒介意味着，在商业世界里，买家可以坐在家里向海外的经纪人发号施令，这些经纪人将在当地筹得所需资金进行交易。经纪人取代商人，成为贸易的关键人物，代理机构的侧重点也相应地发生了变化，从处理货物改为处理货币流通。

电缆以及更快的邮件服务改变了工作的节奏，从间歇性的活动改为稳定的商业流。一位老商人哀叹道，昔日美好时光已经结束："我们当时住在办公室楼上，是一个很小但很开心的社区。现在我们住在这里和住在伦敦差不多，蒸汽和电报使我们每天都能够与遥远的故乡进行交流。于是，周日不再属于我们，无论夜晚或白天，我们都在工作，不停地写邮件。"[38]

每年有 16 000 千艘船只访问新加坡。港口对英国最大的产业之一航运业来说非常重要。作为一个贸易中心，新加坡是货物的集散地和东南亚地区的服务供应商，为海运相关产业提供仓储、银行业等服务。作为一个主要区域贸易中心，新加坡已经开始处理东南亚的植物和矿物资源，并负责分销欧洲制造的商品。

苏伊士运河也对欧洲国家形成一股拉力，使它们更多地出现在东南亚和东亚地区，进而促进洲际港口城市的发展，这在该地区迄今仍属于较为罕见的现象。在欧洲人到来之前，地方政府将资本投入更安全的内地。欧洲人带来了许多亚洲精英此前缺乏的海洋意识，而新加坡则是典型的新建港口城市，是从孟买到横滨沿着亚洲海岸蔓延的网络的一部分。这些城市成为按照大西洋模式进行现代化的先锋，它们通过电缆和燃煤船彼此相连，同时也与更广阔的世界连接在一起。

往船上装煤和存煤是一份必要的工作，但这项任务非常耗时，肮脏又艰苦，工人也好，船上的其他人也好，没人愿意干。然而，在军舰上，军官和士兵都不得不干。移动煤炭时，尘灰飞扬，使人喘不上气、眼睛刺痛，碰到哪儿都会留下一层黑。为了处理船上的煤炭，每艘船都会带上一群"黑帮"。"黑帮"分为烧火工和送煤工两班人马。大多数船上，烧火工通常负责看好三炉火，每班岗结束的时候烧尽一炉，要铲煤入炉，用长长的拨火棍确保通风，定期清理煤渣。送煤工则用钢制手推车把煤炭从煤仓运至锅炉，确保烧火工燃料供应充足。他们称之为"长跑"[39]。通常这些人都是孟加拉人或古吉拉特人，但英国船运界将他们以及其他从华人到也门人的各类亚洲船员统称为印度水手（lascar）。

无论是烧火工还是送煤工，工作都艰苦而危险，他们工作的环境没有通风，充满了厚厚的尘霾。在热带地区，气温可能飙升到令人难以忍受的温度。船员穿着笨重的皮靴，但此外，除了脖子上绕着一块用来擦拭眼睛和鼻子处的汗水和污垢的破布，几乎一丝不挂。烧伤和中暑一样是家常便饭。"黑帮"的工作艰苦程度堪比矿坑里的煤矿工人，但至少矿工每晚都能回家，"黑帮"则有可能在海上待上一整年。

港口的回应

港口是新加坡的心脏地带，现在仍是如此。虽然过去几代人的时间里，海运世界发生了很大的变化，使得港口的地位不如以前那么至关重要，但套用一位历史学家的话来说："海上贸易……解释了新加坡。在解释新加坡时不提到港口，就像是在解释英国时不提到国会一样。"[40]

　　苏伊士运河使新加坡作为大英帝国的一部分变得更加重要。新加坡善加利用巨大的地理优势，但为保持活力，新加坡和各地的港口不得不改变，以迎接蒸汽技术产生的新机器的需求。新船需要工程师和机械师，港口也必须能够修理船上的发动机，并使用复杂的机器进行工作。港口设计不得不改变，以适应更大型的船只。此外，对燃料也有新需求，船只也需要更短的装卸时间、更多的码头、更深的水域。所有这些都要求大量投资。新加坡也面对着这些需求，尝试做出相应的改变。

　　19 世纪的最后几十年，新加坡港挣扎着试图跟上因苏伊士运河而生的船运激增，这些船都是蒸汽动力。俗称 P&O 的半岛东方航运公司（The Peninsular and Oriental Shipping Company）最初名为半岛航运，开始提供英国到伊比利亚半岛的航运服务。后来，它的名字里加上了"东方"二字，成为英国首屈一指的商船公司。1852 年，它率先在新加坡建造了一个码头，有足够的空间储存煤为船只供应燃料。该公司选择在新港地带的一个深水区落户。

　　随后，丹戎巴葛码头公司开始发展现代化的岸边设施，增设了码头、机械车间、铁匠铺、铸造厂和锅炉车间。这些均由蒸汽提供动力，直到 1886 年电力取而代之。[41] 在海滨工作的人可以通过电报与市中心的办公室沟通，后来更能通过电话取得联系。电力照明后来也使工作时间翻倍。

　　但码头距离市中心大约一英里，这个距离也成了让人头疼的问题。进入 20 世纪后，很长一段时间内仍靠敞篷马车和牛车来运货，在一条被形容为"遍布车辙的大尘土坑"[42] 的单行路上笨拙又缓慢地行驶。这些敞篷式的运输工具不仅速度缓慢，货物也常常在途中被扒手顺手牵羊摸走。乘客则可享受更快更安全的带篷马车。

但在新加坡，马车过了很久才被慢慢取代。由于当时政府还有其他问题要解决，因此许多引进铁路、改善公路、挖凿运河或使用船只的计划都没能实现。吊诡的是，在新加坡已经成为世界级港口的时候，货物流通的速度却要由牛的步行速度来决定。

丹戎巴葛公司难以满足越来越大的船舶和越来越多的货物不断带来的需求。航道交通越来越拥堵，码头和仓库都变得过度拥挤，在码头和仓库之间来往的道路也越发堵塞。丹戎巴葛公司吞并了竞争对手，控制着新加坡所有的海运业务，也获得除了半岛东方航运公司用于运送邮件和煤炭的码头之外新港所有码头的控制权。港口的活动，最后乃至整个新加坡的经济表现都将取决于这一家公司的业绩。[43]

在新世纪来临之际，该公司明确表示了其要求：更多的码头和仓库、更多装卸货物的机器和一个大型的干船坞。[44]然而，最棘手的问题反而不是船舶和码头之间的货物装卸，而是在码头和仓库之间运货。这些建议虽然成功引起讨论，但只催生出了一些无果而终的改进措施。

因为运输效率低下，新加坡冒着将加煤业务拱手让给香港这样的竞争对手的风险。无论如何，可以肯定的是，新加坡的船运业的确受到了来自法国的冲击。虽然法国一直都是新加坡的好主顾，但它在西贡建立了自己的加煤站，不再利用新加坡。此外，船用发动机的改进减少了煤炭燃烧量，而当时更大的蒸汽船舶在途中停泊加煤的次数也相应减少。

对港口而言，军舰构成了新的挑战。它们的个头大，需要更

图 8　新加坡丹戎巴葛一条路上，由行人、人力车、牛车组成的街景（1900 年）

大的船坞空间，吃水也比商业船舶深得多。军舰的干船坞对于商船来说太大，因此没有商业意义。但是新加坡想要揽下海军部的生意，并建议在政府援助下建造一个干船坞。在这一方面，香港可谓是毫无竞争力，因为它当时没有足够大的码头来容纳最新的战舰。

海军部花了很长的时间拒绝丹戎巴葛公司的提议。这段时间里，尽管欧洲与东亚之间的国际贸易出现增长，新汽船航线出现，加之 1900 年中国的义和团起义带来更频繁的海军活动，因而对新加坡港口服务的需求有所提升，但新加坡并没有积极增加港口容量。

殖民地政府认为丹戎巴葛公司的现代化进程着实缓慢，于 1905 年接管了该公司，并于 1912 年将其更名为新加坡港务局，使之成为一个更适合处理日益复杂的业务的组织。港口设施有充足的水、煤气和电力供应，新加坡凭借这个新的发展方向成功使自己赶在了需求曲线的前面。但码头仍然分散，与城镇分离，而新加坡也仍然缺乏具有一定规模的船厂。整个殖民地时期，高度的拥挤和频繁的船只延误是港口的常态；直到第二次世界大战后，机械化才真正开始。

不断变化的贸易折射着为满足大众市场而产生的大宗工业需求。自此，新加坡作为一个商业和海洋贸易中心，开始拥有自己的首个陆地商品基地，因为锡和橡胶逐渐成为关键的原材料，马来腹地被赋予了新的重要性。在 19 世纪 70 年代，英国新的政策试图加强对马来国家的控制，这也进一步为新加坡商人巩固了通向世界市场的新兴商业机会。

锡矿和锡罐

自古以来，人们就一直想要获取锡；到了 19 世纪末，工业领域对锡的需求不断膨胀。当地华人开始用最原始的方法开采马来亚的锡矿，开采过程由华人融资，获得的锡也由华商进行贸易。在 19 世纪 50 和 60 年代，电镀技术的发明使人们可以制造罐头，这引发了食品业的一场重大变革，也大大增加了工业领域对锡的需求。

这一时期，马来半岛西部霹雳州河谷的冲积土中恰好发现了丰富的锡矿矿脉。不锈钢管道、1912 年研发的斗式挖掘机、砂砾泵以及其他先进的机器不断来到这里，使开发资源的过程更为有效，也需要更多的资本，因此对小型企业带来了冲击。开发锡矿也对生态环境造成破坏，采矿过程中留下了难看的尾矿，破坏了表层土壤，弄得大地寸草不生、伤痕累累。

　　马来亚政治不稳定，为英国提供了干预的借口。英国向分布在马来亚各地的王室家族成员派遣英国顾问，表面上打着维护当地法律秩序的旗帜，实则为进军当地矿业做铺垫。当地矿产也正好渴望来自英国的金钱资本，也期待英国人凭借其关系，帮助当地完成矿产资源的输出。这是华人企业家所不能做到的。在19世纪的后几十年里，欧洲人引进了新的公路、铁路和其他高端的机械设备[45]，基本垄断了当地的采矿业；再加上持续供应的廉价华人劳动力，当地人逐渐用现代化的方法生产罐头。锡经由新加坡进入世界市场。直到第一次世界大战前夕，新加坡都可以拍着胸脯自称，锡冶炼是它的第一产业，而新加坡也成为世界上最大的锡冶炼地。

橡胶震撼世界

　　受到锡矿业的鼓动和英国的支持，马来半岛的经济快速发展，使马来亚超越印尼群岛，成为新加坡的首要贸易伙伴。华人群体从中受益。许多华人脱离底层劳工的生活。一些人成为欧洲人和马来人之间的关键中间人。这些中介通常都是街头小贩和店主，他们对市场的敏锐观察使他们深入了解那些仍从事体力劳动的同胞以及当地马来人的需求。而在具有挑战性的自然环境中做生意的危险和困难并没有吓倒他们。

　　锡之后是橡胶，与锡不同的是，橡胶是一种全新的产品。这个产业起源自从巴西偷运出的种子，在伦敦丘园培育幼苗，然后先是移植到斯里兰卡，随后是马来亚，并在新加坡进行了试种。1888年之前，根本没人对橡胶树有什么特别的兴趣。后来，植物学家亨利·尼古拉斯·里德利（Henry Nicholas Ridley）对橡胶的商业潜力产生了狂热的兴趣。他研究了橡胶树及如何对其进行最佳利用，随后将口袋装满橡胶树的种子在马来半岛漫游，试图说服农场主放弃种植咖啡豆或其他正在种的东西，改种橡胶树。这一过程中，他获得了"狂热橡胶里德利"（Mad Rubber Ridley）[46]的称号。别人将他描述为"一个非常有趣又健谈的人，总是兴致勃勃地讨论园艺和经济植物学，尽管他所说的话应该只有科学家能欣赏。"[47]此人奠定了橡胶业的产业基础，在此基础上新加坡成为橡胶的集散中心。

到了 1914 年，世界上一半的生胶均产自马来亚，种植园分布在马来亚各地，杂乱无章的丛林变成了整整齐齐排成行的数百万棵橡胶树。黎明之时，农场主会和泰米尔劳工一起切割树皮，凉爽的气温使更多胶液流出。和锡一样，计划运往国外市场的橡胶要经过新加坡，提升了新加坡的出口额，鼓励移民前往新加坡就业，带来人口增长，进一步刺激了港口的发展。

种植橡胶是一项长期投资；橡胶树苗需要六年才能成熟，牢牢绑定了所需的资金。种植者想出了一个巧妙的解决办法，在新播种的橡胶树中间种植菠萝。菠萝只需要 18 个月就能成熟，所需投资很少。待橡胶树能流出胶液后，就无须再种菠萝了。最新出现的锡罐头可以用来包装菠萝，这些菠萝罐头在市场上销路很广。

上述活动吸引了各种各样的生产者，既有欧洲人也有华人。由于华人比起欧洲人更难获得长期贷款，因此菠萝对他们更有吸引力。马来人则未对锡矿或割胶表现出任何兴趣，因此雇主目光投向印度和中国沿海地带那些渴望找份工作的新手。恰好，此时中国政府放宽了对本国人民离境的限制，而新加坡十分欢迎新移民的到来——除非碰上了工作机会少的经济周期低谷。

沿岸航行

与此同时，沿海航运是新加坡作为区域转运港提供的一项至关重要的服务。亘古以来，在东南亚的大部分区域，海洋是唯一能够连接陆地的交通要道。蒸汽时代只不过增加了水路的使用频率，使马来世界更紧密地联系在一起。华人和欧洲人旗下各有公司，业务管理上彼此独立，唯一例外的是海峡轮船公司，这是合营企业，它那黑、蓝、白三色的烟囱广为人知，是众多东南亚港口常见的景象。

企业家精神并不是马来文化的传统，因此大规模经济变革使马来人落后于其他族群。大多数人进入非技术性或半技术性的职业，或是从事劳动或服务相关的行业。许多马来人对商业和工业缺乏兴趣，长期坚持从事农业或与海洋相关的传统职业，如捕鱼、潜水、织网、采集海草和珊瑚等。这种从业模式代表了马来族一直以来在新加坡的生活模式。

虽然有些马来人认为现代海洋生活很吸引人，也想学习如何经营从事本地和沿海贸易的船只，但他们当中很少有人受过高等教育，因此不具备指挥能力。但许多人都以普通劳动者身份出海航行。船上的责任分工按照族群展开，即使是华人社群也按照方言群体做出进一步的分化，例如海南人往往担任服务员。马来人通常操作机舱，华人则在甲板上工作。马来人和华人分开作业，这样华人就可以在不冒犯马来穆斯林的情况下食用猪肉。客船还有第三个厨房，以便为欧洲人准备食物。

服务于小型港口的船舶运载种类繁多的货物，基本上是用工业世界的加工产品来交换热带的原料产品。前往东南亚市场的船只运载着机械和大米，以及香烟或威士忌等消费品，经由贸易换来的热带商品则包括水果、鱼、锡矿石、橡胶片。对船上旅客来说，这些小商船的居住空间狭小，又热又脏，老鼠、蜈蚣和其他害虫被大米所吸引而大量出现在船上。一位美国传教士乘客记录这一切时，称自己"在客舱里杀死近三十只蝎子"[48]。

闪烁着磷光的海面之下是鱼类、鼠海豚、海豚和有毒的海蛇，它们都特别喜欢聚集于河口。沿岸航行很少远离海岸线，除了偶尔遇见的灯塔，船长基本不会得到其他形式的援助，如引航员或拖船等，仅凭自身的经验与技术及其对海岸线的熟悉度和对暗礁、浅滩、水底岩石等潜在危险的判断力进行导航。[49]其中一位名叫威廉·布朗（William Brown）的船长便是如此，他记得有一次涨潮时，他们正沿着一条狭窄的河流驶向上游，期间猴子跳上船，"鹦鹉在索具中尖叫，鳄鱼像仪仗队一样守护河的两岸。"[50]约瑟夫·康拉德的《走投无路》（*The End of the Tether*）便根据第一手经验，刻画了这种环境。

与驰骋大洋的大型船只不同，沿岸航行的小船随身携带自己的货物搬运装备，由他们的船员而非岸上的劳工搬运货物。作为该地区的老前辈，海峡华人积极带领新加坡华商投入这项业务，巧妙地利用海外侨民网络，并将其与大船、长航程的欧洲远洋航线连接起来。

海洋高速路

到了19世纪90年代，新加坡不再只是一个前往中国或亚太更远地区的中转港口，而成了一个连接马来半岛、荷属东印度群岛和澳大利亚西部的航运枢纽。新加坡得益于背后的马来亚腹地，这片土地为世界市场提供了最新的重要资源——锡和橡胶。新加坡也向香港出口泰国大米、向英国出口澳大利亚羊肉。传统的海峡特产，如椰子干、西米和儿茶仍是船上运载的重要货物。

这座城市成为世界市场和远洋海运的货物转运中心。1914年，超过50家航运企业选择在新加坡中转[51]，在亚洲只有香港和科伦坡的港口规模比新加坡更大[52]。1892年，能够吸引所有中国南方贸易的香港，船运生意已经做得比利物浦更大。此时，日本成为国际舞台上的新玩家，迅速发展其航运业。这也是日本在东亚确立更广泛的商贸存在的首个表现。

以地中海为基地但经营范围广泛的法国邮船公司（Messageries Maritimes）是诸多利用新加坡港口的外国运输公司之一。法国邮船公司最初只是打算在必要的时候运送邮件和军队，但它最终承运旅客和货物前往多个目的地，包括印度、中国和日本，而它的旗帜也成为新加坡港口一个熟悉的景象。

起初，法国人在英国购入船只，然后才开始自己制造名扬海外的螺旋桨驱动的铁壳蒸汽轮船，不出意料的是，这些轮船以餐食好而著称。19世纪后期，法国邮船公司成为世界上最大的航运公司，超过了最大的竞争对手——半岛东方航运公司。半岛东方航运公司或许是亚洲最重要的英国航运公司[53]，但许多人认为法国邮船公司不仅餐食好，船的速度、规模和配套设施也有优势。

尽管法国关切自身的全球利益，偶尔会有很远大的志向，加上法国邮船公司的成功，但全世界商船中飘扬着法国国旗的不超过5%。虽然法国海军实力位居世界第二或第三，但法国没有海洋咽喉点，无法掌控全球的海上航道。苏伊士运河是法国重整旗鼓的大好机会，但它是私有的，如我们所见，很快就脱离了法国的控制。

直至 1845 年，半岛东方航运公司已经将邮件服务延伸至香港，路上经停新加坡。在新加坡，半岛东方航运公司是最重要的航运公司。1872 年至 1914 年出任半岛东方航运公司常务董事的托马斯·苏石兰爵士（Sir Thomas Sutherland）长期在亚洲工作，曾担任香港的首席代理。在香港时他是出了名的小心谨慎，总是随身携带一把左轮手枪，晚上睡觉时放在枕头底下，连外出晚餐聚会也带着手枪，并将手枪放在椅子下方一个明显的位置，随时用于对付"出乎意料的有挑衅性的服务生"。

比起新加坡，苏石兰对香港的认同感更高一些，但是航运公司以及苏石兰参与创办的香港上海汇丰银行有限公司在新加坡都举足轻重，汇丰银行在新加坡的分行是这家银行在中国以外的地区利润最高的分行。如今，大多数客户只知道它的简称 HSBC 和口号"你的社区银行"，却不知道它的全称。

利物浦的霍尔特（Holt）兄弟创立了远洋轮船公司（Ocean Steam Ship Company），通常称为蓝烟囱轮船公司（Blue Funnel Line），哥哥阿尔弗雷德（Alfred）是工程师，弟弟菲利普（Philip）是商人。这家公司是新加坡知名的船运商。1866 年，霍尔特兄弟派出的"阿伽门农"号（Agamemnon）是当时第一艘绕过好望角前往亚洲的商用轮船。阿尔弗雷德致力于研发复合动力引擎，使蒸汽动力在海上变得更加有效、实用，这样可以减少船只用煤，腾出更多空间装载货物。霍尔特的船上单根巨大的烟囱逐渐成为亚太地区水域常见的景象，船只总是无一例外地以荷马史诗中的英雄命名，尽管名字起得可能不太贴切。

在亚洲航行时，蓝烟囱公司聘请的是英国军官和华人船员。远洋轮船公司有意识地聘请来自中国不同地区的华人船员，以防止他们联合起来。华人船员大多数时间都在轮机舱里工作，有时也在甲板上工作。他们居住在小隔间里，收入比同类岗位的英国人低。公司向船上年轻的英国海军军官候补生发出警告，要他们维护英国人的尊严，避免和华人打交道或与之"嬉戏"。

19世纪末，英国人在航运业正明显失去竞争优势。有人说，英国船主关注的是"当下的利润，而非长远的繁荣"[54]。他们也面临新的竞争对手。日本人来了，他们的宇森株式会社（Nippon Yūsen Kaisha，NYK）进军船运业。这家公司提供了价格低廉的优质服务，因此从欧洲竞争者手中抢走越来越多的货物和乘客。其他的欧洲人也在挑战英国船运业，德国船只便在同等价位下提供了更优质的服务。

事实上，德国人开始在许多领域成功地与英国竞争，在船运业，他们获得了政府补贴。德国代理商贝美（Behn Meyer & Co.）在新加坡开设了办事处，以此作为在东南亚提供服务的根据地。在新加坡，德国商业社群的规模日益壮大，也越来越富裕，拥有足够的资金建起名为"条顿"（Teutonia）的大型俱乐部。条顿俱乐部于1914年关闭，之后又以豪华酒店的新身份重现公众视野，即良木园酒店（Goodwood Park Hotel）。

在这个全球海洋"新帝国主义"竞争的时代，斯堪的纳维亚和荷兰虽然未能掌握蒸汽动力的先机，但他们最终也投入竞争。相互竞争的航运公司既反映了民族主义的新趋势，又是促成民族主义的一个因素。

19世纪70年代中期，乘客、邮件和贵重货物都用蒸汽轮船运输。帆船只装载单位重量下价值较低，且对时间要求不高的大宗货物。在新加坡，一艘蒸汽轮船可能在箱子、木桶、皮包和不同尺寸的袋子里装上 1000 种货物。轮船也能载人；把华人移民从中国南方沿海港口载到新加坡，也把死在海外的人装进棺材送回中国故乡入土安葬。在一个讲究休闲娱乐的新时代，旅客往往引人注目，他们大多来自大西洋，而新加坡便是他们经常中途经停的地方。

航运业在越来越全球化的同时，也变得越来越复杂。它的整体发展状况也反映了目前全球航运的承载量、世界贸易总量，以及供需平衡。这都与全球和区域的经济和政治波动息息相关。对此，船运业主必须及时做出反应。随着人们品味的提升和生活方式的变化，货物的组成也随之演变，甚至连季节更替引起的变化也变得非常重要。

欧洲船主发现前往东亚的航程有利可图。他们向东亚地区输出火车头、缝纫机、自行车、钢管、火器及其他资本产品，以及肥皂、熟食和苏格兰威士忌等消费品，以此换来中国的蛋类制品、桐油、猪鬃、头发和大豆，这种被商人们称为"渣土车"的买卖取代了瓷器、丝绸、中国茶叶等传统奢侈品。日本和印度已经开始和中国竞争奢侈品市场，因此对产品质量的管控也更严了。

茶在新加坡贸易中所占比重不大，但新加坡港的战略位置使这里成了包括茶在内的众多东亚和东南亚产品的分拣、包装、分销中心。新加坡至少也能通过为过往船只提供燃料和基本生活物资而获益。

较大的船吃水更深，需要卸载的货物也更多，因此无法使用较小的港口。班轮按照固定的费用和固定的日程运送货物和旅客，但租船却四海漂泊寻找货物，通常会运送更便宜或体积更大的货物。班轮和租船之间的差别只在功能上，而非船身设计上。经过特别设计的冷藏船和专门运送石油的油轮开始出现在海洋航道上。油轮后来成为新加坡一种极为重要的船型，第一艘油轮是路德维希诺贝尔公司（Ludwig Nobel）1877 年在里海投入航行的"琐罗亚斯德"号（Zoroaster）。

随着货源和市场的转变，货物和船舶更加细分。19 世纪末的新船和今天一样，需要巨大的投资，并在市场波动中承担极高的风险。正如 20 世纪的航空工业一般，船运业可被称为一场"运动性游戏"。但轮船至少在一个方面风险较低，那就是它们不太可能像帆船一样在海上迷失方向。

对于这个行业而言，船本身并不是唯一的成本，海运业还需要一系列配套服务，如食物、燃料、水和修理服务等。这些必须通过散布于航线上的加煤站提供。但是，迅速提高的发动机效率意味着船舶不再需要频繁补给燃料，也意味着船上可以腾出更多空间装载货物。

航距越长，在海上待的时间就越长。这意味着货物过期贬值和投入船只的资本利息带来的成本就会越高。对私人投资者而言，生意风险越来越大，他们无法独立承担。因此，英国政府对邮件进行补贴，这对维持该行业的稳定做出了非常大的贡献，也鼓励了建造高速船舶和高效的蒸汽推进装置以提高服务的可靠性。

日新月异的新技术所耗费的高成本只能靠政府援助加以抵消。商人们不断提出诉求，使来自商业领域的声浪最终盖过有关战略事务的意见。邮件对工业和贸易都有帮助，也能将大英帝国内部更紧密地联系起来。政府提供补贴，规定有关船只应在国家紧急情况下运输部队和物资。一些人坚决认为，如有必要，快船可以立即转换为战时劫掠船。

随着造船厂对蒸汽推进技术越来越熟悉，造船成本开始下降。省油的复合发动机也稳步降低运营成本。然而，航运业的持续波动鼓励政府继续投入补贴，尽管这不是公众喜闻乐见的。除了南北战争后明显远离公海的美国，其他国家，尤其是北大西洋的欧洲国家，都开始对邮件的运送进行补贴，让它们的国旗在世界各地高傲地飘扬。

为了避免运费产生毁灭性的波动，船东们意识到需要控制各公司之间的竞争。19 世纪 50 年代，丘纳德（Cunard）和柯林斯（Collins）这两个处于竞争关系的公司，同意定下运费价目表，并共享跨大西洋业务的收入。利物浦的约翰·森美·施怀雅（John Samuel Swire）是东亚航运界的名人，人们形容他是一个精力充沛、坚韧、豪爽的人，对他的尊重远远超过对他的喜爱，此人曾写道，"竞争是件昂贵的奢侈品"[55]。

信奉着该理念的施怀雅创立了远东航运会议，他也被称为"航运会议之父"。至少在东亚范围内，这个名号他当之无愧。如今，施怀雅的名字留在了太古集团（Swire Pacific）的英文名称里。太古集团是东亚地区知名国际集团，旗下的子公司包括国泰航空公司。[56]施怀雅的中国航运公司（China Navigation Company）制定了一个计划，提议让处于竞争关系的航运公司一起商议并决定最终价格，消除施怀雅所谓的"割喉竞争（恶性竞争）"。

公司利用现金折扣和其他回扣来吸引老主顾，培养客户的忠诚度。批评者或许会认为航运公司是"以共谋取代竞争"[57]，指责航运会议不仅在搞垄断，而且十分傲慢自大。但对于一个高度不确定性的产业，这种行为的确提供了一些保证，而施怀雅式会议也逐渐蔓延到其他地区。一开始，远东协会的大部分成员是英国人。它后来成为国际化的组织，成员包括法国、德国、奥地利和日本企业。尽管该组织十分排外，但它还是会在现有成员批准的情况下，接纳新成员入会。

新加坡商人和货运代理商试图利用提供帆船和租船服务的外部航运者来打破会议的垄断。作为消费者，他们希望降低运费。尽管会议组织在法庭上成功地为自己辩护，但许多航线都在使用新加坡，因而在新加坡商人有充足的选择权。不过，新加坡的优势不仅仅在于运费。东南亚区域的任何地方都不像新加坡那样有经验，或是聚集如此多的人才。新加坡的港口逐渐以快速、高效、廉价的货物装卸服务，及对区域性分销网络的掌控力而闻名，至今仍是如此。新加坡商人证明自己才是这个国家最大的资源。到了19世纪末，海事活动和航线网络定义了新加坡的经济、社会和文化空间。

环球旅行者

蒸汽轮船允许人们离开大西洋世界，到远方进行有计划的旅行。能够负担得起这笔费用的英国人也因此能够探索大英帝国属下那些遥远的殖民地。长途旅行成为一种娱乐，也因此催生了许多关于旅行的文学作品。虽然当时还没有前往新加坡的有组织的旅游产业，但新加坡港为正在环游世界或从欧洲前往中国的旅客提供了一个自然的停留点。随着轮船技术的发展，航行时间和距离减少，以全新的形式打开了世界。派往新加坡工作的人也可以定期回家探亲。

此时，乘客能够预知自己什么时候能抵达新加坡，什么时候离开，策划行程变得方便许多。在这个机器称霸的时代，一些人能够享有更快速、更可靠的服务，并同时累积更多财富。这使有闲有钱的人开始将旅游视作一种新的生活乐趣。20世纪的新词"经常搭乘喷射机的有钱人"（jetsetter）就是用于形容热衷于周游世界的人，这个词虽然具有贬义，却令人羡慕。与之相比，19世纪将这些北大西洋世界的"流动人口"称为"环球旅行者"（globetrotter）。旅游这种现象也只是出现在这个地方；亚洲人或非洲人很少去旅游。

在此之前，欧洲旅行者已经探索了他们自己的欧洲大陆，有时也探索美国。更有冒险精神的人可能会前往圣地或在尼罗河上过冬。富有的美国人穿越大西洋去探索旧世界及其文化。在苏伊士运河开通后，环球旅行变得更容易，为游客提供了长途远征的机会。

许多环球旅行者并没有知识方面的好奇心，不会深入探寻他们参观的当地文化。他们在地理上的活动区域一般不超过甲板的范围，或岸上某个港口城市的范围。在航海途中，对一位旅行者而言，他的朋友圈不外乎同行人士或他需要递送介绍信的岸上短居者。

一些认真而有目的的旅行者享受的体验更为广泛。悠闲的旅途允许甚至鼓励他们阅读、写作和思考。长长的、充满描述性语言的信件仍然十分常见。这些人的重要性通常在于他们写给家乡的东西，其中包括了他们对世界或对或错的理解。而家乡的人们对远方的认识也不过是自己读到的东西而已。

在家乡，即便对于求知欲旺盛的人来说，远方的信息来源仍旧稀少。甚至到了 20 世纪 20 年代，一位年轻的英国记者被新加坡《海峡时报》录用时，承认他"对新加坡位于何处只有一个模糊的印象"[58]。为了准备融入新加坡的新生活，他去了伦敦的一家专门搜集远东图书的书店，但店内唯一一本相关的书籍出版于 20 年前，此后再未修订。

许多旅行作家都是女性，一个著名的例子是 1879 年停留在新加坡的伊莎贝拉·伯德（Isabella Bird）。在苏格兰的家乡，她健康状况不佳，医生建议她为改善身体状况而外出旅行。她拿起处方，不屑地审视着医生挑选的热门旅行地点，反而借机前往"没人踩过的土地"。她为欣赏她的人写了许多记载旅游经历的书，包括《一个女子在落基山脉的生活》（*A Lady's Life in the Rocky Mountains*）、《在桑威奇群岛的六个月》（*Six Months in the Sandwich Islands*）、《长江峡谷》（*The Yangtze Valley and Beyond*）。其中最后一本书记载了她搭乘舢板尽其可能前往河流上游的过程。她很少抱怨，总是对不适和危险的环境不以为然。

然而，她在《黄金半岛之路》（*The Golden Chersonese and the Way Thither*）中提到新加坡的天气时，称热带的高温让她想要"脱掉身上的肉"（她的肉的确不少）"只剩骨头凉快凉快"[59]。她总结了她眼中的新加坡："有排山倒海的绿色植被，由千变万化的色彩构成，是华人主导的社会，处处洋溢着好客之情。"她受到了外国常驻社区的热烈欢迎；对于这个旅居他乡的小小社群，生面孔总是让人感到新鲜。

虽然勇敢的伯德小姐享受异国情调，但那个时代大多数的旅行者宁可选择熟悉舒适的环境，也不愿意尝试令人振奋的新鲜事物。这种态度延伸到航程本身。一位名为 W. S. 凯恩（W. S.

Caine）的作家便奉劝大家"抵制一切不悬挂英国国旗的轮船，不要受之诱惑。他们与我们不是一路的"。[60]

大西洋世界的旅行者写的东西大多不局限于某个特定地区。有些书中提供了很多具体的指导。1887 年，托马斯·W. 诺克斯（Thomas W. Knox）在他的《如何旅行》（How to Travel）中建议读者不要过多顾虑海上事故的可能性，因此也无须穿着救生衣睡觉。他说，如果被迫进入水中，女士应该脱掉束胸衣，而长裙，即便能提供临时的浮力，最终也将严重妨碍游泳甚至漂浮。

诺克斯警告他的读者，在浪涛汹涌的恶劣天气里，船的螺旋桨将周期性从水中升起，其振动可能会撼动整艘船，这让人害怕，但并不危险。他还建议，最理想的船舱是位于中段的船舱，因为这个位置既远离上下起伏的船首，也远离有螺旋桨震动的船尾，因此在海况不良时晃动不那么明显。

在风帆时代，明智的乘客会携带包括衣物在内的大量行李，因为航行时间不可预测，海上条件也可能很差。但在蒸汽时代，亚洲港口可以为旅行者提供他所需的任何服装。他或她想要的衣物都能够迅速且便宜地获得，虽然旅行指南告诫道，衣服可能不如伦敦或纽约做得那样合身。帆船时代，旅行时间往往不可预测；但乘坐轮船时不需要担心食物和水供应不足，所以乘客不必自备给养。

半岛东方航运公司的木制明轮船"玛丽伍德夫人"号（Lady Mary Wood）是首艘承运与新加坡之间的新合约邮件运输服务的汽船，于1845 年 8 月 4 日抵达新加坡，"马六甲海峡对此非常满意"。小说家萨克雷（William Makepeace Thackeray）在早前的另一个场合曾搭乘同一艘船，他形容船上的厨师"胳膊布满文身，在厨房挥汗如雨,(温馨地)为我们在汤里贡献几撮毛发"。[61]但自萨克雷的时代以来,情况已经得到了稳步改善。

半岛东方航运公司供应的食物量足而简单,反映了乘客绝佳的胃口,以及"准确无误地展示着传统英国特色"[62]。菜单通常会包括很多肉类,蔬菜较少,也供应各种汤、咸鱼、烤羊腿肉、白灼肥牛、烤家禽、卷心菜和土豆,以及甜馅饼和布丁。为解决乘客口渴的问题,船上一直开放酒吧,供应葡萄酒和烈酒。但1874年这些服务开始收费。

所有人都会同意,晕船是最令人讨厌的毛病,使许多人受尽苦头,而吃得多无疑会更难受。饭后,服务生必须立刻往船舱内送脸盆。一个旅行者冷漠地写道,没有能缓和晕船的药方,唯一的办法就是去睡觉,让身体自行熬过"这可怕的过程"[63]。观察到吃东西和恶心之间的联系后,诺克斯不赞成在岸上或甲板上举办的欢送派对(后者更糟),尤其反对举办任何大吃大喝的活动。

一个医生建议容易晕船的人登船后立即入睡,在铺位安静地休息几天,可以放开胃口享用美食,但尽可能地保持平躺姿势。这意味着,乘务员需要把肉切成小块,这样吃饭时就可以尽量少抬头。医生还开了泻药,要求晕船者系紧腰带,在肚子上贴一块芥末膏药。但如果这些都不管用的话,出于对乘客的礼貌,也为了最大限度地维持自己衣服的干净,吐的时候一定要去船的下风侧,而不是上风侧。

环球旅行者和旅居者不只是将自己的经历写出来,有时他们也会在正式的讲座和非正式的谈话中讲出来。作为特权阶层的一员,他们有能力塑造舆论,甚至发挥更大的影响。正如历史学家菲利普·柯廷(Philip Curtin)对我们的告诫,不能简单地以阅读外交公函的方式来理解一国针对另一国的政策。公函之外的世界充满假设。对于这个世界而言，环球旅行者发挥了相当大的影响。

苦　力

　　危险而条件艰苦的航海生涯使人们闻风丧胆，因此吸引不到充足的劳动力。在风帆时代，英国皇家海军强征兵员的行为成了港口生活臭名昭著的一段"黑历史"。故事往往这样展开：一个倒霉的无辜者被引到一个酒馆，被人下药，第二天醒来时，才赫然发现自己已经在海上了，不管愿不愿意都只能当新船员了。

　　在19世纪的中国沿海港口，这个故事衍生出了新版本。对一个华人而言，天黑之后独自沿着海滨散步并不是一个好主意。英语中的一句短语"to be Shanghaied"的意思便是形容这种绑架，不过这不是为了供应海上劳动力（除非是海盗急需人手），而是为了供应岸上劳动力。船单纯是用来将受害者带去新人生的工具而已。他将作为合同工前往一些海外的目的地，实际上很多时候就是奴隶，而新加坡有时也会成为目的地之一。

　　习惯上，中间人通常不会采取绑架行为。相反，他们会用各种各样哄骗与威胁的方法搞到猎物。每将一个受害者送到奴隶集中营，人贩子就能得到一笔钱。实际上，奴隶集中营的英语称谓"barracoon"最初形容的是非洲的黑人奴隶贸易营地。那些跨越整个太平洋的华人在航程中的境遇与穿越大西洋中部的非洲人一样苦不堪言，许多人在航海途中失去性命。到新加坡的航程条件虽然也很差，但归根结底，航行时间还是短得多，因此死的人也没那么多。

　　当时的华人一般把这些劳工称为"猪仔"，而猪仔运上船之前聚集的营地则称为"猪圈"。外国人则称之为"coolie"，这个词似乎起源于印度，用于形容身份卑微的劳动者。在中文里，"coolie"发音类似"苦力"，渐渐地，华人也开始广泛使用"苦力"这个词了。

一位广东居民曾被押下一艘小船，来到澳门的一个苦力集中营。后来，他得以幸存，忆起这段经历时，他说："被送走之前，所有人都聚集在一间大屋子里。守卫大叫，想走的站到一边，不想走的站到另一边。然后，不想走的那群人便被重重地鞭打，打到同意走为止，我自己挨打了……有些绝望的人吞鸦片自杀，还有人上吊。"[64]

在苦力集中营里，人们必须经过一个粗略的体检，如果通过体检（这个可能性极大），他就会得到一份合同，上面注明所需工作的年数和每年工资总额。英国派驻香港的第 4 任港督宝宁爵士（Sir John Bowring）亲眼目睹全程："数百名苦力聚集在集中营里，他们一丝不挂，胸脯上印着或涂上代表古巴的字母 C、代表秘鲁的字母 P，或代表桑威奇 – 夏威夷的字母 S。"[65]他们要被关到准备接他们的船只到港为止。有些人成功逃离，据宝宁爵士记录，这些人往往"通过卫生间的开口钻进河流的淤泥或水中"，这对于会游泳的人来说意味着逃出生天。

在贫困的驱使下，当时也有许多华人自愿离开祖国。1849 年加利福尼亚的淘金热吸引着向往繁荣的新生活的人们。东南亚的矿山和种植园则向其他人招手。新加坡华人的待遇要比其他国家的华工稍好一些。这些华工大多数都是男性，而前来的少数女性，往往是被绑架或受骗而至，在男性主导的社会中充当妓女，提供他们渴望的性服务。

从中国沿海地区到东南亚的海路移民掌握在华人人贩子手中。无论是自由移民还是被贩卖，清政府的官方态度和对鸦片贸易的态度差不多。许多权威人士谴责这种行为，但没人持续采取行动对其加以阻止。许多地方官员甚至从中获利。

那些前去马来亚做矿工的人，生活再艰苦，也比跨越太平洋的华人幸运多了。在太平洋彼岸，这些华人要么在秘鲁沿岸一座没有树木遮阴的孤岛上顶着烈日，夜以继日铲着味道刺鼻、被视作珍贵肥料的海鸟粪；要么在同样艰苦难熬的古巴甘蔗种植园中辛勤劳作。马来亚的锡矿工人通常能在完成一份工作合同后，找到更好的工作。

对他们来说，新加坡是一个聚集点，是将人与物件迎来送往的自由港。与很多其他国家不同的是，新加坡对华人移民持欢迎态度，而这些华人移民当中，大多数都是契约劳工。他们途经新加坡，前往周边亟须劳动力的固定产业务工。留在新加坡但未能致富的人则大多成为人力车夫，或在码头扛大米，在热带的高温下每天工作很久。直到 20 世纪，移民中男性都占绝大多数。1918年第一次世界大战结束后，女性移民开始增加，家庭生活自此出现，这使移民社区发生了转变。

都市文化

苦工维系了许多人的生计，而环球旅行者和苦力的流动，以不同的方式，丰富了新加坡社会迅速变化的特性，也促成了新加坡潜在的都市文化。在新加坡，文化的多样性在物质上就随处可见。简朴威严的圣安得烈大教堂周围就是华人寺庙和马来清真寺。

新加坡的公共建筑仿佛是穿越空间而来的，它们不太像典型的马来亚城镇建筑，反倒更像香港或新德里。它们全都依照英国皇家建筑风格而建，以此作为秩序和力量的宣言，有人将之描述为"砖石和钢铁的英国风"。[66]这种经典的希腊-罗马式风格遍及整个第二大英帝国，但在新加坡，受制于热带气候，它们带有浓重的亚洲（印度）影响。新加坡最早的公共建筑便洋溢着加尔各答的气息。不出所料，这栋楼房的建筑师 C. D. 科尔曼（C. D. Coleman）在来新加坡之前，曾在加尔各答工作过一段时间。[67]

莱佛士仔细地规划了这个城镇，并划定了各个群体的居住空间。新加坡的店屋和街道网络构成了所谓东南亚首个有规划的商业城市。[68]在分配店屋及城市空间的所有权时，莱佛士首先照顾的是欧洲居民，他把华人安排在商业区，印度人则与华人相隔不远。

20 世纪初，运输港口货物的牛车沿着未经整修的马路行走，这时的新加坡岛大部分仍是未经开发的荒野，有红树林沼泽、茂密的丛林。已开发的土地大部分仍是乡村，散布着规模很小的胡椒或儿茶种植园。这里居住着马来人、印度人和一些华人，形成了一个由不同种族、语言和宗教交融组成的社会或社会复合体。在这个社会里，棕榈叶屋顶的高脚屋经常紧紧挨在一起，底层是刨土啄食的鸡，肥猪在路边泥泞的沟渠里打滚。今天，这些景象都已经被时髦的高速公路和高楼大厦所取代，成为一个混凝土、钢铁和玻璃主导的世界。

新加坡的欧洲居民绝大多数都是英国人，也有来自其他欧洲国家的小群体，如德国人、法国人、荷兰人、美国人和其他有着自己圈子的群体。经济收入和族群属性决定了他们生活的方式。富有的华人商业阶层过着和西方世界的精英一样的舒适生活，住在一样令人惬意的地方。

殖民统治阶级住在郊区宽敞通风的洋房中，形成了一个小社群。早期，这个阶级的成员大多是公立学校的毕业生，他们趣味相投、背景相似，"人人都认识彼此"，至少都打过照面。这个情况在整个殖民地时期并没有发生太大的变化。僵化的内部等级制度使港务局的普通雇员在社会和地理上都处于边缘化的状态。港务局的管理人员、工程师、机械师、码头管理人员在欧洲群体之外过着自己的生活，在自己的地盘有自己的俱乐部和各种各样的活动。一名普通记者大概永远也不会被邀请参加年度的总督舞会。

在欧洲殖民者眼里，绝大多数新加坡人只是作为"背景噪音"而存在，他们把黄皮肤、棕皮肤、黑皮肤的人统称为"亚洲人"，通常也只在办理业务时才和这些人打交道。

在这个社会里，欧洲人通常不带钱，而是字迹潦草地打欠条。这种付款方式被广泛接受，甚至出现在星期日大教堂的募捐盘里。作为殖民地的统治者，英国人在这个白人居于上层的多元种族社会里握有绝对的权威。他们相信自己比其他族群优越，而许多被统治的人也接受了这种假设。

欧洲人看不起为数不多的欧亚混血。一位欧洲人嘲讽道："（欧亚混血）无论是体质或精神士气上都不能令人满意。"[69] 种族隔离是常态，白人有自己的俱乐部，通常只在商业或体育领域和其他族群的人交流。一个英国人称，"体育是英国人与混血儿平等的一个领域"。[70] 体育在欧洲人的生活中发挥着巨大的作用。英国人在城镇中心的大草场上玩橄榄球和板球，尽管天气很热，但他们还是认真地进行竞技。虽然亚洲人似乎不太受热带气候的影响，但曾有一位英国人将新加坡的天气形容为"一个刚浇完水的温室"[71]。

华人没有参加体育赛事的传统，也没有欧洲人对体育运动的那股热忱。孔子提倡以舞蹈作为一种君子的礼仪，但那已是中国古代思想家对人们行为做出的最大胆的提议了。欧洲人对华人态度的反应更多是困惑，他们普遍认为"华人不像英国人，不需要通过运动来维持身体健康"。[72] 然而，赛马作为观赏性的体育活动开始流行，华人与欧洲人都很喜欢这项运动，也都喜欢借此赌博。

由于苏伊士运河缩短了欧洲和新加坡之间的航距，轮船也使航行时间得以减少，因此更多欧洲妇女来到新加坡。新实施的、人们热切期盼的探亲假，也逐渐成为一种习惯。轮船也对中国产生了类似的冲击，更多华人妇女前往新加坡。这些变化使新加坡不再是一个充斥着单身男人的社会，反而更像是一个家庭社区。

在19世纪末、20世纪初，按亚洲标准来看，约有30万居民的新加坡仍然是一个相对较小的地方。尽管与其他热带城市相比，新加坡的卫生条件算是不错的，但疟疾、肺结核和痢疾等热带疾病仍旧流行，而非欧洲裔的新加坡居民则有很多染上了鸦片烟瘾。

但亚洲菜肴比欧洲菜肴更健康。在西方社群里，除了非常富有的人之外，饮食选择十分有限，而且食材质量普遍较差。大多数食材都依赖进口，供应给外国人的新鲜蔬菜很少，而比普通牛肉差的水牛则是红肉的主要来源。

当时人们用的都是使用冰块冷却的冰柜和煤油灯，只有极少数有轨电车是用电的，交通工具还是以人力车和舢板为主。[73] 由于没有下水系统，作为肥料收集起来的人类粪便散发着刺鼻恶臭。对外人而言，其他充满异国情调的热带气味也弥漫在空中，在港口萦回不去，如发霉的难闻的橡胶气味。被誉为"巨型建筑的大师"[74]的荷兰建筑师雷姆·库哈斯（Rem Koolhaas）回忆起1952年，自己八岁时来到新加坡闻到的气味时称"甜蜜和腐烂的气味杂糅在一起，两者皆具压倒性"。[75] 但如果不是用今天的标准来看，新加坡的这些缺点不算突出，和当时的其他亚洲港口没什么区别。即便到了20世纪，全世界大部分的城市也仍然十分肮脏、臭气熏天、疾病肆虐。

"巨大的可能性"

1914年8月，随着欧洲战争爆发，英国的海洋实力从它的鼎盛时期逐渐滑落。在一个迅速变化的世界中，一些人对英国的前景并不感到乐观。上海一名码头装卸工人的主管忆起1914年那段时光："货物……变化真大！25年前只有棉织品，现在你能想到的东西应有尽有。我看着堆放在码头边和棚子里的货物，还是无法想象远东人民在如此短的时间内，取得如此巨大的进步。"[76]。

他对上海的形容也适用于新加坡。同一年，英国海事历史学家亚当·柯卡尔迪（Adam Kirkaldy）评论说："世界正处于爆发无限可能的前夕，其中最大的可能性便是东方的觉醒。"[77] 他具体指出，中国钢铁已经"可以与欧洲和美国直接竞争"。在中国生产钢铁，劳动力成本只有美国匹兹堡的十五分之一，但效率几乎是一样的。"有朝一日，不仅中国生铁，就连中国结构钢都能入侵美国市场……不知道中国出口的东西会不会由美国船来运。"[78]

大多数人都没能提前预知这个巨大的转变。针对大英帝国的悲观论调只引起了极少英国人的关注，自满的情绪持续洋溢在英国社会中，而许多英国人也忽视日本在海事和商业上取得的成功。1922年，出版过多部关于海军的专著的作者阿奇博尔德·赫尔德（Archibald Hurd）说："无论是对海洋的探索和掌握，还是在大规模开发和维护远程贸易方面，东方人的思维普遍跟不上。"[79]

现实生活中，大英帝国和中华帝国一样逐渐式微，尽管很少人愿意做出这种比较。一位咄咄逼人的帝国主义者塞西尔·罗德（Cecil Rhodes）曾说："英国政客缺乏远见，这是英国政治的一大诅咒。他们认为英国将永远是世界制造业的中心。"[80] 德国已于19世纪末迅速崛起，况且生产统计显示，当时美国也已超过英国。

这种变化也体现于20世纪初新加坡与美国的贸易首次超越新加坡与英国的贸易额，主要原因是橡胶的需求和美国汽车工业的兴起。但这也反映了英国作为世界上最重要的工业强国的衰落和美国的崛起。在商业领域，美国相比英国，是新加坡更重要的贸易伙伴，尽管英国仍然是这块殖民地的统治者。

贸易总额的增长使新加坡取得繁荣，成为区域范围内的主要海港。新加坡不仅是个东南亚的港口，也正越来越成为全球大港，但这却使新加坡更容易受全球经济波动的影响（尤其是橡胶市场的剧烈波动带来的糟糕影响），也使之不得不面对无法控制的经济民族主义浪潮。[81]

除了经济问题，殖民地背景也给新加坡造成了原始创伤，使之缺乏安全感。最开始的几十年里，海盗一直困扰着从事合法海上贸易的商人，但内部纷争也时常加强人们心中的不确定感。街道上，华人方言群体之间以及私会党之间的纷争不时爆发骚乱，威胁法律和秩序。英国当局束手无策，甚至一度讨论设置一条紧急撤离通道和躲避暴乱的堡垒，以备紧急状况。可见，来自内部的威胁有时和外部威胁一样，令殖民当局担心。

对于加尔各答的殖民当局，或1867年新加坡作为海峡殖民地成为英政府直辖殖民地之后的伦敦当局而言，这个岛子是帝国国防面临的众多问题之一。全球海上航道的安全对商业生活至关重要，因此是英国最重要的考量。必须保卫加煤站。那么如何保卫？究竟是使用海上的船舶，还是利用沿岸工事进行陆上防卫？无论是哪一种情况，伦敦都认为当地人至少要协助进行自卫，但当地人却拒绝为此而花钱。

整个 19 世纪，英国都面临着俄国的潜在威胁。英国人害怕再来一次 1878 年的那场战争[82]，同时，美国南方邦联"阿拉巴马"号（Alabama）取得的成功让英国人担心俄国也会派一艘类似的袭击舰前来。早在 15 年前，"阿拉巴马"号在它那辉煌的大搞破坏的生涯末期曾短暂停泊于新加坡，当时它在马六甲海峡干掉了数艘北方联邦的船。英国人担心他们的商业活动在面对这类潜在的战时破坏的时候显然也会同样脆弱。

区域性国际事务日益复杂；作为海洋殖民地大国的英国、法国和荷兰扩大了对东南亚的领土控制，英国活跃于马来半岛、法国活跃于印度支那、荷兰则活跃于东印度群岛。荷兰人在历史上首次统一了东印度群岛，建立了今天的印度尼西亚的基础。但会让莱佛士感到十分欣慰的是，在亚洲，荷兰人的影响力只限于东印度群岛，而即便是在这里，荷兰人留下的文化印记也远不及英国在新加坡留下的多。

日本和美国在亚太地区崛起，成为该区域的新政治势力。日本于 1895 年占据中国台湾，美国于 1898 年占据菲律宾。两者迅速成长为新加坡的两大经济力量来源。1899 年至 1902 年的布尔战争也表明英国势力的衰落；在新加坡，印度军团逐渐取代英国军队，成为常驻的护卫部队。

直到 1939 年爆发规模更大的第二次世界大战以前，所谓的"大战"指的是第一次世界大战，这是英德两国两次重大交锋中的第一次。这场战争使全球势力开始向太平洋转移，部分原因来自欧洲内部的自相残杀。战争大规模地扭曲了现有的船运模式，随着各种强制造舰计划以及许多船只在战斗中严重受损或沉没，市场贸易受到干扰，航线发生变更。

美国人很快就建造了一个规模庞大的货轮舰队。德国商船从世界海上航线销声匿迹，而德国商人也从国际市场上消失。新加坡拘留了所有的德国居民。许多年轻的英国人从新加坡返回家乡参战。[83] 德国袭击舰遍布世界大洋，极大地动摇了英国的信心；其中一艘巡洋舰"埃姆登"号（Emden）便在槟城港口击沉一艘法国军舰和一艘俄国军舰。"埃姆登"号制造了恐慌，但没有德国船袭击新加坡。最令英国人坐立不安的事件发生在1915年初，当时本应保卫新加坡的印度旁遮普士兵发起了一场兵变。

1915年2月15日，当庆祝春节的鞭炮声响起时，第五印度轻步兵团（大部分由穆斯林组成）杀死他们的英国军官，接管军营，并释放德国战俘。四十名英国人被杀。来自印度本土的印度民族主义者为了谋取印度独立策动了起义，他们的实际目标更大，本打算策动全大英帝国的印度人全都起义，然而新加坡却是唯一一个真正发生暴力冲突的地方。

这些兵变者毫无组织，没有明确的战略，很容易被镇压。他们并没有成功激起任何针对英殖民者的大规模运动。仆人非但没有卷着银两跑路，而是照常为英国人送餐。英国人审问了200名有同谋嫌疑的印度人，然后处死了当中的40人，数目正好与英国死亡人数吻合。数千人观看了这场处决。

战争粉碎了伦敦作为转运中心原本享有的安逸地位。以前，伦敦港通过运费、码头停靠费、仓储费、保险费，以及所有与处理、分类和转运货物相关的费用，累积了大量利润。现在，成本因素和战争的破坏结束了英国这一强而有力的地位。自此，反映着美国新兴工业实力的纽约，作为全球性海港已经能够与伦敦平起平坐。

第五章

乌云、雷电、暴风雨（1918—1942）

石油崛起

美国从 19 世纪末、20 世纪初的船运业变化当中获益最多。到了 1914 年，机械推动和电力输送已经成熟，带来新一轮海洋革命。无线电作为电缆的补充开始出现，石油取代了煤炭，成为首选燃料。这两种现象都对英国不利。

英国是以蒸汽和钢铁为代表的第一波新兴工业技术的先锋。虽然英国长期掌握全球优势，但随着推进技术的大变革，石油储量丰富的美国在战略与经济层面上获益匪浅。英国在欧洲纺织品制造业中独领风骚，也制定了旧式棉制品的业界标准，但在汽车、机械和电器等新产品领域，美国则与英国展开激烈的竞争。

从 20 世纪的第一个十年开始，初级能源从煤炭转为石油，加速了大英帝国的没落。煤炭的重要性降低和英国矿产量下降意味着英国失去了煤炭这个高价值的出口产品。此外，英国必须在世界市场上购买新的初级能源，并确保其船队和工厂能够获取这些能源。

内燃机越来越重要，使人们对石油的需求大增。英国需要一个崭新的全球战略，把原本不受关注的波斯湾推向世界舞台，并对地中海和苏伊士航线给予更迫切的关注。1912年到20世纪20年代早期，全球对煤炭的需求大幅下降，尤其是在航运方面。柴油开始成为越来越多船只的燃料。

1918年第一次世界大战结束后，美国成为世界第二大海商势力。大多数美国商船都是崭新的，而美国海军也挑战着英国的全球海洋霸主地位。尽管英国人仍从大英帝国广泛的贸易网中获利，但美国人不再需要通过伦敦获取来自亚洲的进口商品：橡胶直接从新加坡运往纽约、澳大利亚羊毛直接从悉尼进口。德国在北大西洋的潜艇攻击行动促使各国积极开辟新航线、寻找新的运输途径。此外，1914年开放的巴拿马运河也为全球航运提供了新的选择。

战争结束后，英国依然保留着强大的帝国野心，领土面积甚至有所增长。然而，这场战争大量消耗英国的财富，也夺走了许多英国人的性命，使英国本土国力明显减弱。从伦敦延伸到横滨的海上航线是大英帝国的命脉，这条航线仍然是英国最重要的商业和战略考量，只不过英国人越来越缺乏保护利益相关的遥远据点的手段。10年后，1929至1932年间的大萧条加剧了这个问题，在使得欧洲大陆的法西斯主义加强的同时，削弱了自由贸易和移民。

因此，大英帝国的生命线不再是力量的来源，反而成为英国的软肋。第一次世界大战的结果表明，假如出现一场危机，英国的重点保护对象是从新大陆穿过大西洋向英国提供食品和原材料的航线，而非通往亚洲的航线。战争再次向英国证明，拥有一支强大的海军至关重要，因为船只运回英国的物资攸关国家的生存。

与煤炭相比，石油的存储空间小得多，装船速度也快得多。在海滨，再也看不到用扁担和柳条筐装着沉重的煤炭的大汗淋漓的苦力。对于普通船员而言，生活也得到改善：船上的生活空间更大、新制冷科技带来更新鲜的食物，以及更丰富的设施。燃油也减轻船员的负担，他们再也不必进行令人难受的装煤、添煤作业了。对所有人来说，船上的生活变得干净许多。一名水手写道："那天晚上我自己单独洗了个澡。这是我多年以来梦寐以求的。以前，我和其他人挤在一起洗澡，三人共用一个水桶。澡堂实在太拥挤，我从来都不知道自己在擦洗着谁的腿。"[1]

新加坡接近加里曼丹岛和苏门答腊岛的油田，因此开始以石油港口的身份崛起，如今也在争夺世界最大石油港口的宝座。1918 年，身为殖民地的新加坡走出战争，贸易额逐渐增加。战争中大量船只破损，亟须修复，也为战后新加坡的修船业带来生机。然而，此时的新加坡并未实现经济的快速增长。虽然橡胶是新加坡主要的贸易货物，但价格常剧烈波动，其需求取决于变幻莫测的国际市场，尤其是美国的汽车制造业。

尽管如此，新加坡大大受益于优越的地理位置和广泛的服务范围，是东南亚所有其他港口无法匹敌的。地区内的华人网络是关键，庞大的海外侨民网络提供了信息和信任的网络。新加坡可以为商家和顾客提供最优惠的价格和最广泛的选择。对新加坡而言，华人是通向东南亚地区的金钥匙，欧洲人则提供了与伦敦这个长期以来的全球贸易集散港口的关键联系。

新加坡继续致力于自由贸易，为东南亚地区提供港口、贸易及金融服务，为支配新加坡经济生活的三大原材料锡、橡胶和石油提供服务。这三种商品大多流向美国、英国和欧洲大陆等发达经济体。传统的区域贸易依旧持续；当地华商负责生产热带地区的粮食和传统农产品，如大米、鱼干和白糖。

由于东南亚的锡矿石供应逐渐枯竭，锡开始淡出历史舞台，而石油对新加坡的重要性日益显著。新加坡的近海岛屿远离人们工作和生活的场所，因此可用于储存货物，并进行冶炼金属、精炼石油等肮脏且令人不适的活动。与新加坡本岛相隔的距离也减弱了处理石油产品和其他挥发性物质（如煤油、燃料油和汽油）所带来的潜在危险。

在海岛上进行石油加工，进一步表明了这里与当地经济发展的脱离。新加坡虽然是石油集散地，但除了把石油卖给停靠在港口的船舶以外，并没有大量使用石油，或试图向周边国家销售石油。新加坡因其地理位置、较深的锚泊区和免除监管及税收的制度，吸引了许多国际石油公司。此外，精炼和掺配石油所需劳动力不多，使石油加工成本保持适中。石油贸易使新加坡习惯与跨国公司合作，这在第二次世界大战结束后变得非常重要，并最终将新加坡领上独立之路。

新加坡面积虽然比荷兰小得多，但正如全盛时期的荷兰，新加坡把自己标榜为一个收集和重新分配原材料和成品的国际中心，包揽分拣、分级、加工、包装等业务。1933 年至 1934 年间，一个以新加坡为基地的贸易委员会报告称，"没有任何限制，商家可以以最好的价格卖出货物，并按照本国市场需求购入任何当地货物。新加坡在以下几个方面与伦敦很相似：一是当地企业和商人经验丰富；二是沟通方便；三是人们能为任何货物找到市场需求。"[2]

进口制成品的分销使新加坡经济生活变得更多样化、涉及领域也更广泛。欧洲商人不再主宰商贸领域，新的竞争对手包括华人和印度人。在两次世界大战之间，日本商人群体也逐渐崛起，进入新加坡的商贸领域进行角逐。日本商人主要关注的是纺织品贸易，但也不完全局限于此。华商除了大米贸易外，也逐渐转向罐装菠萝和小规模的橡胶种植。他们最了解其他华人的喜好。

新加坡的本地零售市场又称"集市贸易"，仍占据重要地位。在这里，日本人与华人、印度人竞争激烈，在消费品上击败了英国。第一次世界大战破坏了传统的商贸网络，为日本人制造了竞争优势。日本商品廉价，往往由年轻妇女等低成本劳动力生产。相比之下，英国商品价位高、市场营销策略不佳，未能迎合当地喜好，不仅交货速度慢，服务质量也差，因此逐渐淡出市场。[3]

东南亚地区缺乏公路和铁路网，依靠海洋进行运输，新加坡为周边提供了关键的运输服务。新加坡船只为锡冶炼厂、橡胶厂、制糖厂、稻米和椰子油加工厂开辟了更加广阔的市场。新柔长堤直到1923年才建好，此前新加坡岛全靠海上交通来维持岛上生活。城里的小工厂兴起，生产专利药物、饼干、衣服、家具、瓷砖和红砖等技术性较低的产品。有远见的企业家利用生胶制造软管、插头、皮带、铁路机车制动配件，以及帆布鞋胶底等物品。[4]

相对于欧洲人，华人更喜欢把钱投入这些行业，有些人因此变得非常富有，他们倾向于在本地投资。按理说，华商本可在中国境内进行消费或投资手上的余钱。但中国国内局势日渐混乱，许多新加坡华人选择投资本地经济，打造集房地产、工厂和航运业于一身的大财团。这振兴了华人银行业，也反过来培养了更大的讲英语的华人专业人士和华人经理阶层。他们对旧时海峡华人在新加坡的早期商业生活中扮演的角色形成了重要补充。

当时的新加坡远不是金融中心，也没有股票市场。缺乏商业关系的亚洲企业家无法在伦敦贷款。虽然许多欧洲银行的分行为新加坡企业家提供融资贸易服务，如汇丰银行，但这些分行并非发起者，它们只是追随市场的脚步。金融领域的大型动议大多仍由美国和欧洲发起，新加坡更多处于被动而非主动地位。

其他国家也决定了世界航运的规律。全球主要的海运航线延伸至苏伊士运河、好望角和印度的诸多港口。马六甲海峡以东的航线延伸至澳大利亚和新西兰、东南亚半岛和群岛，以及东亚各国。新加坡在风云变幻中保持着关键的地位，但世界经济状况仍决定着贸易往来的密度，也决定着新加坡经济是否能够继续健康发展。

高高在上的殖民者

新加坡的欧洲人主要是英国人，他们往往自鸣得意、自我封闭，不愿意与其他族群交流。对大多数欧洲人来说，简单的"洋泾浜式"马来语是他们与外界沟通的唯一方式。大多数欧洲人甚至从未到访地平线另一侧的马来亚大陆，理由仅仅是那里很"遥远"。但他们的家乡也很遥远。英国政府规定只有在前往外国三年或更长的时间后，才能返回英国。1923 年 3 月 29 日在伦敦寄出的一封信，在 4 月 22 日抵达新加坡。电报信息的费用按字数计算，使人们在沟通过程中不得不省略细节，追求言简意赅。这意味着完整的信息只能以轮船的速度传播，而深度报道的新闻传播速度缓慢，使新加坡对世界形势的具体细节知之甚少。有时候，记者甚至觉得自己有义务利用想象力来修饰、丰富一个故事。这一切使得新加坡的欧洲居民生活在一个紧缩的、消息不流通的无根的世界里。

　　尽管如此，生活设施却得到了改善。一名英国游客注意到，20世纪30年代中期的新加坡已与大战前夕大不相同。汽车、制冷和电力改变了人们的生活方式。妇女人数多了许多，妇女组织的社会生活也发生了显著的变化。妇女内部强调阶级分化的意识使一位男性游客脱口而出："白人妇女生活在东南亚热带地区，这本身就是一个棘手的问题，至今还没找到合适的解决方法。"[5]但没有她们的话也会带来问题。由于当时社会风气较为保守，无法接受交友活动，于是孤独的单身汉在妓院中寻找慰藉，并委婉地称之为"沿着队列一个一个往下挑"（going down the line）。不幸的是，妓院往往缺乏医疗检查服务，使顾客和性服务提供者患上传染病的风险大大提高。

　　廉价的仆人到处都有。正如美国作家埃米莉·哈恩（Emily Hahn）所说，"男仆是热带地区著名的诱惑"。[6]就连地位最低的寄宿在新加坡的外籍商人都能请得起私仆。有了这样的廉价劳动力，一些妇女担心她们除了等丈夫下班回家之外无事可做。但她们至少可以陪男士们打打高尔夫球、网球或桥牌。况且，她们还有许多聚会可以参加。

　　收入不高的底层员工一整天都要辛勤劳作。"Tiffin"（印度对"午餐"的称谓）往往是一盘咖喱，员工在办公桌上吃完后转身又投入工作。但高级外籍商人或政府官员确定了社区的基调。他们可能选择在傍晚时分放松身心，享用一杯"pahit"，这是一种加了比特酒和水的杜松子酒或威士忌酒，装在高脚杯里享用。"这可比美国的鸡尾酒干净、健康多了。"一位英国人评价道。[7]小酌之后的富人将迎来一顿"晚晚餐"。拜制冷科技所赐，各式食品都能存储更长的时间，主食菜单也不再只是罐头汤或瘦巴巴的鸡。相反，几道主菜，加上与之搭配的葡萄酒，成了餐桌上的常态。餐食理应完全复制上层人士在家乡的饮食习惯，这样会导致人们摄入过多的蛋白质和碳水化合物，而摄入的水果和蔬菜不足。晚饭后，人们基本上没有其他活动，但女士们还是坚持跳舞。很少有人对现状提出新的想法，对他们而言，安逸的状态才最重要。莱佛士当年白天苦干之后晚上还会拨出时间刻苦钻研新知识，但他之后的英国官员基本上已经没有这种追求了。

在两次世界大战之间，新加坡的传统习俗被进一步削弱。欧洲服饰取代了传统民族服饰。华人剪掉了辫子，泰米尔人不再穿缠腰布，马来人则舍弃了他们的纱笼（sarong）。就连传统的、必不可少的欧洲白色棉套装也不再必不可少。在莱佛士酒店，四处可见穿着短裤、无袖衬衫、白色的长筒袜或短袜的人。对莱佛士酒店的长期住客而言，这种穿着实在是太随便了，不堪入眼。一位访客质疑道，这种殖民地精英着装习惯的改变是否妥当？毕竟"将舒适置于体面之前，对一个住在东方城市的白人而言，似乎（是）很合理的做法"。[8] 老前辈警告年轻人即使在晚上也不要穿纱笼，以免"入乡随俗"。他们建议应坚持穿睡衣，但老前辈似乎并不知道，睡衣正是源自东南亚。[9]

经济大萧条甚至使一直享有特权的人也面临经济困难。有些欧洲妇女为了省钱，开始到集市上采购生活用品，这种做法被认为极不稳妥，有失身份。一些妇女的丈夫失去了工作。两个迫于生计的英国人摆了一个擦鞋摊，但当局迅速将其关闭，理由是"在东方鞋子岂能轮到白人来擦拭？"[10]

形势的转变引起了一些人的恐慌；他们无法确定未来的发展形势，并为此感到焦虑。在 20 世纪 30 年代中期，一位名为布鲁斯·洛克哈特（R. H. Bruce Lockhart）的记者、外交官和间谍评论道："第一次世界大战的爆发、1915 年的兵变，以及最为重要的东方的政治觉醒已经形成一股令人不安的趋势，动摇了 1914 年以前的美好的国际社会安全局势[11]……白人之所以能统治东方，是因为当地人认可其体力和智力上的优越。战争导致在东方国家的白人的威望以惊人的速度下降。在过去 25 年发生的所有变化中，这才是最主要的，影响也最为深远。"[12]

洛克哈特继续道："新加坡不像利物浦。除了西方在工业领域的影响、几千个白人在当地社会的势力，以及英国的海洋实力带来的一层薄薄的西方文明的表皮之外，新加坡和欧洲再无相似。"他认为，他认识的那个新加坡存在时间很可能不会太长，正如早期的"Sincapura"被外人摧毁一样，这座港口城市很可能也会回归原始丛林状态。[13] 至于利物浦，这个英国人一定想象不到，曾经如此伟大的海港衰败至此，柏油路就是它的丛林。

日本人登场

新加坡的英国人发现来自欧洲的竞争对手已经大步跨上国际舞台，其中包括荷兰、法国和德国。现在，又轮到日本这个东方国度迅速崛起，往西、往南发展。日本先是被视作商业威胁，后来又变成战略威胁。这个不断扩张的亚洲国家位于旧帝国生命线的最东端，在 1902 年至 1922 年间与英国结盟。但日本与英国的盟友关系十分薄弱，使日本更多地成为英国的竞争对手，甚至是潜在的敌人。日本对英国在中国海域的商业利益造成威胁，甚至还影响着英国与印度的贸易。日本的棉纺织品和航运生意削弱了英国在这些领域的领导地位。日本强大的海军在 1904 年至 1905

年战胜俄国，这引起了澳大利亚的不安，就连英国也开始担心自己在印度的地位不保。

日本人在新加坡商业界的参与度越来越高，竞争力强，标志着一个令人不安的变化。令英国人感到懊恼的是，虽然日本入侵中国引起中国市场抵制日货，但日本正逐渐占据越来越大的市场份额。日本作为新兴工业国家的商业成功及其与新加坡的新经贸往来使得新加坡对英国和欧洲的依赖度降低。欧洲国家无法从大战中脱身，这为日本的国际贸易制造了新机遇。日本人在战争结束后，也继续把握这股优势。欧洲人再也没有重新夺回他们在世界市场上的领先地位。

日本人效率如此之高，以至于其他国家开始担心他们将接管全套的生产、运输和销售链。一位英国人埋怨道，"几乎之前英国供应商供应的每一类货物"，日本人都能成功竞争。[14] 日本政府鼓励企业家向南发展业务，首先是鼓励有拼搏精神的日本人在新加坡设立公司。逐渐地，新加坡的日本企业家开始合作，有组织地发展企业，而英国人和其他人几乎没有注意到。人们确实注意到日本人对素描、记笔记和摄影的热情，但不知道原来这是一个有组织的集团性行为。日本政府鼓励日本旅客收集信息，并孜孜不倦地通过当地的俱乐部和协会从日本居民中收集情报。

新加坡的日本总领事办公室兼作情报机构使用，负责搜集和分送攸关商业利益的信息。这种搜集信息的方式极易扩展到潜在的军事领域，而事实证明，这对制订并最终执行入侵马来亚和占领新加坡的军事计划至关重要。

有传闻指出，日本可能出资建造克拉运河，这使人们担心新加坡将会被排除在全球贸易的主流之外。若真如此，马来亚的橡胶和锡可能找到新出口，而英国皇家海军再也不能以新加坡为基地封锁东西向交通。时任荷属东印度群岛总督指着一幅克拉地峡的地图，向一名英国记者警告道："总有一天，暹罗将放弃这里的地段，让日本在此建一条运河，或是用日本资金在此建造运河……那个时候，新加坡差不多就能告别世界舞台了。"[15]

因此，尽管英国人1902年与日本建立军事联盟，但来自日本的竞争压力越来越大。同时，澳大利亚和新西兰的安全联系也让英国人越来越急躁。他们最担心的是，与日本的协议可能会使英国与美国发生冲突。英日联盟于1922年结束时，这种恐惧也随即消失。但在20世纪30年代，没人知道日本的野心究竟有多大，只知道日本越来越咄咄逼人。不确定性加剧了焦虑。

越来越不安

大英帝国传统的生命线横穿地中海，直抵欧亚大陆最东方。这条生命线使英国变得富裕，据信也维护庞大的帝国。英国工厂依靠外国原材料进行生产，也通过外国市场销售产品。只有海洋才能为这些物质流动提供必要的媒介，因此英国的经济是否能蓬勃发展取决于全球海上航道的安全。

除了为工厂提供原材料，第一次世界大战也说明了粮食进口对喂饱人们的重要性。安全的航道可以确保新西兰羊肉、加拿大小麦和阿根廷牛肉能送上英国餐桌。但是美国也为全球提供了大量的食品。没有了它，英国就会挨饿。大战表明，横跨北大西洋的航道保障了英国的生存，切切实实地成为英国的命脉。

因此，海上贸易不再只是一个经济问题，更是一个关乎国家存亡的战略问题。在战争时期，海洋战斗和陆地上的大战一样重要。事实证明海洋封锁和潜艇战更有决定性得多。政治家们对此有所耳闻，但没能充分吸取教训。

两次世界大战之间，过时的战列舰依旧受到英国海军的青睐。尽管潜艇在第一次世界大战中发挥了强大的作用，也被称为"海上航道公敌"，但却始终未能像战列舰一样吸引英国海军的注意。1918 年大战结束时，新型护卫舰得到研发，而水下声音探测科技也得到提升，这似乎给潜水艇带来了灭顶之灾。此外，空中也成为战争的新维度。1918 年之后，海军航空兵大量占据英国、美国和日本的战略预算，成为战略发展的新重点。

战争期间被突袭的恐惧感使得长途船运业者不得不避开传统的地中海和苏伊士航线。这使太平洋地区和新加坡在商业领域的重要性陡然增加。橡胶和锡是世界市场上的新战略商品，即使最终运往英国，也得先从新加坡往东驶向太平洋，而不是往西穿过地中海。20 世纪 20 年代，新加坡得益于世界贸易的全面增长，巴拿马运河的通行亦为之带来新的贸易客源，同时日本经济的崛起再次激起人们对太平洋地区的关注。

新加坡在商业知识和贸易经验层面极富声誉，而这个声誉也为新加坡争取到了不少机会。新加坡为马来半岛各州的橡胶种植者提供资金，而在本地，即使没有关税保护，小规模工商业也继续出产更多的菠萝罐头、帆布鞋和板砖等商品，这些东西平平无奇，但既有用又有很高利润。

大萧条是战前、战后的一条分水岭。大萧条导致世界贸易大幅滑落。橡胶和锡市场几近崩溃，对航运业和新加坡经济造成严重影响。但对殖民地主人而言，新加坡有一股新的吸引力。

如果说英国人一开始对新加坡感兴趣只是因为其海运贸易及

经济前景，那么在 20 世纪，新加坡带来了新的战略价值。这是帝国命脉上最重要的一站，是连接澳大利亚、新西兰以及亚太地区的海洋据点。然而，英国皇家海军并未在新加坡或马耳他以东的任何地方设置大型船厂。尽管英国人刚刚打赢所谓"终结所有战争"的第一次世界大战，但在远方的一个亚洲国度设置海军基地立即成为下一个人们关注的议题。许多人认为这么做有好处，也很有必要。

新加坡似乎是这个目标的合理选择；她拥有远离台风的深水港，地理位置也很有战略意义，整个岛屿也不难部署防御体系。新加坡和日本有一段距离，这可以保护那些对帝国利益至关重要的海上航道。新加坡位处海上交通要道的边缘，是或成或败的关键地带。马六甲海峡最窄的通道即通向南海的菲利浦海道，该海道不及一英里宽。

对担心日本崛起的英国人而言，新加坡的基础建设似乎非常匮乏。新加坡只在 19 世纪 80 年代建过一些真正的工事，那已经是很久之前了。那个时代的枪炮和船只一样陈旧，早已弃于废铁堆之中。敌人若要切断重要的海洋动脉，选择新加坡下手再适合不过。从反面来看，这也意味着新加坡的地理位置适合建立海军基地。但是，建造海军基地需要永久防御体系、资源补给体系、修理补给船只的资源。最重要的是海军基地必须拥有一支舰队；毕竟，这才是建造基地的核心目标。对历史稍有了解的人不难忆起，早年葡萄牙人并未在他们的法摩沙堡部署军舰，这导致马六甲最终落入他人手中。

大战后的几年间，英国在苏伊士以东的地区所实行的外交和国防政策只能以"混乱"二字来形容。地区安全局势充满了不确定性；日本既是前盟友，又是潜在的敌人。巡洋舰"音羽"号（Otawa）带来的日本海军陆战队协助平息了新加坡1915年的印度军队起义。这场干预当时帮了大忙，却也让人对未来心生不安。而且，如丘吉尔所言，美国海军也是一股"险恶的力量"，而美国也有可能参与本地区的军事角逐。

英国战略家认为，英国应准备一支远东舰队，用于对抗日本帝国海军和美国太平洋舰队。舰队的目标很简单：保护大英帝国和帝国赖以生存的交通线、帝国的贸易以及成功保护这些东西所能带来的帝国声望。为满足这一点，英国需要维持一支强大的海军，而这支海军，至少从理论上来说，必须具有全球范围的打击能力。海外殖民地、国际贸易和英国的威望都依靠这支海军。英国人必须让全世界相信，他们有能力保护好整个帝国。

然而，现实局势却异常严峻：战争耗尽了英国的国库。但这似乎不能阻止领导者将虚幻的战略进行到底。英国领袖拒绝正视现实，一味按照他们的臆想行事，最根本的出发点就是错误的。我们或许可把英国的政策描述为一厢情愿的自满。正是这股自满引致更多的倦怠和优柔寡断。

而在国内，造船业的生产基地仅靠短期资金维持，却必须聘用有经验的设计师、工程师和工匠来维持造船厂的运作。这一切都对预算紧张的海军形成挑战。这些工匠并非不可替代，但问题在于，英国不能在一夜之间就建好一支有实力的海军。预算限制了决策，更重要的战略问题则被人们抛之脑后。最终的决策权掌握在财政部而非海军部的手中。[16]海军部一直想建造更多船舰，财政部则想削减开支。大萧条带来的经济衰退以及未来爆发新战争的可能性加剧了海军部和财政部之间的紧张对立。

海军部最理想的解决方案，是让所属殖民地为即将驻扎在亚太地区的新舰队买单。这支舰队将与驻守英吉利海峡和北海的舰队形成平衡。而这两大舰队自然都应该在海军部掌控之下。推崇旧式思路的英国海军部仍然认为世界海洋在伦敦的庇护下，也认为伦敦是世界海运业和整个大英帝国的中心。可以理解的是，殖民地不准备接受这个说法。

作为该计划的一部分，海军部派遣海军上将约翰·杰利科爵士（Sir John Jellicoe）远行亚洲，进行一场为期两年（1918 年至1920 年）的考察。杰利科在 1916 年日德兰海战中扬名，当时英国对抗德国公海舰队时的表现远不如之前的期待，但至少挫败了德国的目的。也许杰利科最为人所知的，就是丘吉尔对他在日德兰海战时的评价："唯一一个能在一个下午便输掉整场战争的人。"[17]

杰利科极度专制，高度自信，很有主见。考虑到他的新任务需要一个擅长圆滑处事，口才较好的外交型人才，杰利科不能说是理想人选。杰利科对英国在印度洋和太平洋的战略有一个全面的认知。他非常坚定地认为，这个辽阔的区域正是帝国的重心，而新加坡"无疑是英国在远东地区的海军枢纽"[18]。因此，在英国人眼里，新加坡这个殖民地开始有了新身份。

杰利科建议在新加坡建立一个军事基地，并建设一个规模巨大的新英国亚洲舰队，由八艘战列舰、八艘战列巡洋舰，以及数量适当的小型支援船组成。简言之，这支舰队的规模将比整个日本帝国海军还要庞大。杰利科的计划既昂贵，也太庞大，完全不切实际，而且还具有侵略性。

杰利科开始认为与日本之间可能爆发一场战争。外交部对此坚决反对，更倾向于维持英日同盟，随后开始了讨论。相比日本的扩张主义，外交官们更担心的反倒是中国的民族主义和俄国的布尔什维主义。一名国会议员宣称，海军部抢劫了一个老敌人（德国人），却"不得不在某处寻找一个新的威胁，最终很开心地在太平洋发现了日本"。[19]

杰利科的报告不仅完全有违时代潮流、也有违和平主义和裁军倾向，更与日渐崛起的、渴望提升生活水平的英国工人阶层群体相悖。单从财政来看，新舰队的构思就是完全不切实际的。1922 年的华盛顿裁军会议决议限制战列舰吨位，排水量不能超过35 000 吨，美、英、日各国的总吨位按照 5∶5∶3 的比例计算。这样一来，杰利科设想的舰队就不能成立。作为协议的一部分，英国放弃了它的"两强标准"（"两强标准"是指英国海军必须至少等于排名第二和第三的两个海军强国相加），而接受与美国同等的地位。根据会议达成的条约，英国也终止了与日本的同盟。

此后，人们更多讨论的是：若亚洲水域发生紧急状况，战船应该从哪里来、需要多少。除了建立一个基地之外，杰利科的建议全被否决。这就是当时的妥协：华盛顿会议冻结了签字方的主力舰数量，但理论上允许在新加坡建造基地。

更深层的问题是如何捍卫殖民地。澳大利亚和新西兰究竟应该各自发展自己的舰队，还是共同发展一支帝国舰队？倘若英国无法保护澳大利亚和新西兰的领土安全，那么它们很有可能投靠美国，进而破坏整个帝国。

如果战争爆发，皇家海军就需要向亚洲引入一支舰队。但是英国在三大洋（大西洋、印度洋和太平洋）中或邻近区域中皆有潜在的敌人。英国在亚洲地区关注的最远地区是中国海域，这里逐渐成为日美英三大国利益冲突的集合点。英国和美国逐渐靠拢，日本则处于敌对阵营。在亚太，英国虽已成为三大海洋强国中军事实力最弱的一个，但却是唯一一个正在承担全球责任的国家。

能否成功捍卫亚洲前哨取决于通往亚洲的航道是否安全。尽管埃及1936年摆脱英国保护统治，但英国还是拥有苏伊士运河。然而，运河仅是漫长的帝国命脉中的众多节点之一。遍及这条命脉上的责任和资源之间的失衡使它几近崩溃。

因此，英国不得不面对痛苦的优先顺序选择。陆军将军兼军事记者弗雷德里克·莫里斯（Sir Frederick Maurice）爵士指出，虽然媒体称苏伊士运河为"帝国的重要动脉"，但这不过是一种"夸张……大英帝国早在苏伊士运河之前便已存在。即便运河今天消失了，大英帝国也不会因此而崩塌"。[20] 依他之见，地中海的地位目前仅次于本土和英吉利海峡，但其实它的重要性无疑不及马六甲海峡。

新加坡可成为英国在海外令人放心的前哨站，不仅是连接中国的关键点（英国在中国仍有大量商业利益），也是连接澳大利亚和新西兰的关键点。自此，新加坡在英国眼中已经从商业前哨一跃成为重要的战略资产。

"无底的战舰"

在东海，上海是英国在中国沿海的一个贸易节点。尽管英国人在上海的存在感较强，但上海毕竟不是英国殖民地，不适用于军事。再往南走，英国实行殖民统治的香港是海岸防卫部署的关键，也是一支分舰队的总部。香港极易受到来自内陆的攻击，在水资源和粮食方面也极度依赖内地的供应。新加坡虽然也有自己的局限，但作为主要海军基地还是要更合适一些。

英国通过马六甲海峡为亚太地区提供军事支持。在海峡停驻的军舰会受热带高温高湿的不利影响，尤其是在空调还未被发明前对人员和机械特别糟糕。考虑到气候问题，有人提出或许可以考虑将悉尼作为军事基地。但悉尼距离实在太远，需要很长的航行时间方可抵达任何军事行动领域。在这种情况下，距离的远近比气候的考量更为重要。

对英国经济而言马来亚十分重要，这也使新加坡成为军事基地的不二选择。马来半岛的气候对于橡胶生产而言很理想，因此世界上近一半的橡胶产自这里，此外这里还产出了约占世界三分之一的锡。这两种原材料都通过殖民地港口运往海外，不仅运向英国工厂，也运向世界各国。即使伦敦不再直销这些商品，其他买家仍然能在交易时提供英国亟须的外汇。在财政紧缩之时这尤其重要。

1921 年 6 月，英国政府同意建设所谓"世界上规模最大的堡垒"[21]。基地选择在三巴旺开始建设，位于新加坡岛朝向内陆的一侧，躲开了公海。三巴旺直面马来大陆和柔佛海峡，而柔佛海峡最窄处不及一英里宽。决策者认为三巴旺的地理位置极具优势；它与商业航线保持了一个舒服的距离，岸防炮和飞机也可以避免敌军登陆。决策者想到的更多是敌军从海上进攻，而不是陆上进攻。他们认为马来亚丛林不可通行。

三巴旺水深足够，锚地充足，码头足以容纳最大的战舰。三巴旺周围有一片面积较大的沼泽区，可开发面积共达五平方英里，足够储存舰队所需的石油燃料。由于石油在战后已成为船舶的常用燃料，它的储存问题就变得尤为重要。石油的可获性决定了舰队指挥官的作战选择。

建立海军基地绝非一项简单的任务。先是准备场地：清除丛林植被、为红树林沼泽排水、平整地面和修筑道路。三巴旺需要干船坞、码头、起重机；燃料、粮食、水和弹药的储存仓库；公路和铁路；发电站、飞机库、车间；医院；兵营和军人家属的住房。此外还有防御设施，如地雷区；探照灯；岸防炮和高射炮；混凝土掩体；巡逻艇；最后是所有这些东西须配备的人手。

海军兵营直到1933年才竣工，它按照英国皇家海军的一贯传统，以一艘船只命名。该兵营名为"恐怖"号（HMS Terror），这是第9次使用这个名字。在海军中，该兵营以豪华而闻名，兵营里有游泳池、电影院、运动场和类似陈设讲究的乡村俱乐部那样的设施。新加坡军事基地庞大且复杂，就像是只服务于军事目的的一整座城市。

在伦敦，建立三巴旺军事基地的决定引起争议。首位工党首相拉姆齐·麦克唐纳（Ramsay MacDonald）将其描述为"一场胡作非为的恶作剧"[22]。另一名同事补上一句，称这是"在道德粪坑中的一场胡作非为的恶作剧"[23]。这为在新加坡工作的记者提供了一些乐子，但新加坡在国外的声誉不佳，被人称为"罪恶的集中营"（Sin Galore，与新加坡谐音）。这个秉持开放原则的19世纪海港在航海界最被人津津乐道的是它的喧杂。[24] 反对在新加坡建设基地的其他人也指出，这项决定不只昂贵，还具有挑衅性，也没什么必要。他们看不到任何军事威胁，不认为新加坡面临任何敌人，反而问道，日本人若看到我们建军事基地会做何反应？

与此同时，英国经济面临贸易萧条和大量失业，政府则面临不断膨胀的国家债务带来的沉重国债利息。对彼时的英国政府而言，他们担心的更多是经济，而不是军事战略。一位国会成员提议将钱花在"能让我们的生活比现在更光明和幸福一些的事情上"[25]。他一语道破许多英国人想要的东西：养老金、医疗，更好的住房。

另一方面，澳大利亚媒体斥责一切认为没有必要建设海军基地的观点。代表英国在马来亚和中国的投资和商业利益的利益集团加入澳大利亚的阵营。他们强调英国皇家海军对保持海上航道畅通无阻的责任，也强调贸易是国家的命脉。

如何在福利国家和帝国利益之间进行取舍、如何平衡各方愿望，这成为母国需要解决的最大难题。

三巴旺使得新加坡的武装力量得以与任何英国军事基地相媲美。最让人叹为观止的是五门15英寸口径的大炮，与战列舰上的舰炮一样大。此外也有许多口径较小的枪炮。尽管总有传闻宣称这些炮只能向一个方向射击，但这并不正确。几乎所有的炮都有360度的射界，只有少数射界受限。大多数火炮可以向北开火打到大陆上，当时人们判断敌人不会从这个方向来，但最后的确是从这个方向来的。所有火炮都可以向从东方或南方来的敌船开火，这两个方向是当时人们预计的敌袭方向。[26]

实际上，弹药是比枪炮更为棘手的问题。这里储存的弹药大多是为射击装甲战舰而设计的穿甲弹，而不是高爆弹。这些炮是日本人不从海上攻击的原因之一。他们选择从陆地进攻，而英国人毫无防备。最大的讽刺是，这些后来饱受批评的大炮事实上的确达到了威慑的效果。[27]

准确来说新加坡是个强化的基地。尽管常被称为"要塞"，但它周围并没有环绕工事，所以事实上并非如此。丘吉尔担任英国首相不久后，便称"在我脑海中，缺少陆地防御力量的新加坡简直就像一艘没有底的战舰。"[28]

　　舰队需要各种各样的物资补给。作为海军基地，新加坡最大的缺陷在于它既不是生产中心，也不靠近任何能轻松提供所需物资的地方。若要满足海军需求，就必须从很远的地方进口所需物资。在战时，这将构成一个很大的问题。然而，与此同时，新加坡就近寻找物资的尝试极大地刺激了当地经济，带来了政府采购额和就业率的提升。

　　三巴旺海军基地于1938年2月正式开幕，时任皇家总督的珊顿·汤姆斯爵士（Sir Shenton Thomas）宣称，三巴旺"象征和平的伟大事业……海军基地的目的不在于引发战争，而是为防止战争而设……它象征着英国对人民的体恤和在所须之时对他们进行的保护"。[29]新加坡《自由西报》（Free Press）表示殖民地已经成熟；"此前，新加坡作为世界著名的贸易中心而闻名遐迩……从今以后，新加坡将作为伟大的海军基地而更加闻名。"[30]

　　对日战争就如18世纪英国与法国进行的长期斗争一般需要动用全球范围内的力量。但20世纪的后勤工作复杂得多，主战场与英国相隔8000英里，这带来了更大的挑战。在杰利科将军大战后执行赴东亚任务的时候，从理论上来讲英国能打赢日本，但只要同时面对一个欧洲敌人就不可能打赢了。战后初期英国至少还拥有一批战舰，尽管它们在日德兰海战中的表现让人不由质疑其水平究竟如何。

　　因此，在20世纪20年代初期，战略计划至少大致上仍和战略现实吻合。帝国中心事实上在印度洋，而非大西洋。但是到了1940年英国自身难保的时候，这个事实发生了改变。在杰利科的时代，英国虽无设备先进的亚洲基地，但仍然有一支规模还可以

图 9 时任海峡殖民地皇家总督珊顿·汤姆斯爵士（摄于 1940 年）。照片由维基百科用户 Flixtey 提供，照片经过修复

的舰队，但等到 20 世纪 30 年代，英国人有了基地时，却再也没有舰队来使用它；"没有基地的舰队成了没有舰队的基地"。因此，新加坡可被称为"帝国的象征，而非工具"[31]。

1940 年的英国命运极为悲惨。纳粹德国碾压法国军队后，意大利继而宣战，剩下英国在欧洲孤军奋战。在中国海域，日本稳步推进，要求英国军队和军舰离开中国。日军占领了中国所有的主要港口，完全切断了中国与外部世界的海洋联系。1939 年，日本军队占领了位于南海的南沙群岛，于 1940 年进军印度支那北部，同年与德国和意大利签署三国同盟条约。

然而此时的新加坡却夜夜笙歌，人们每晚都聚集在莱佛士酒店跳舞，仿佛正常生活永远不会发生变化。常被形容为"英国最美丽的女子"[32]的戴安娜·达夫·库珀夫人（Lady Diana Duff Cooper）是英国首相丘吉尔的特使达夫·库珀（Duff Cooper）的妻子。库珀夫人同丈夫访问新加坡时，只对当地的英国领导层留下了尖锐的批评，指责白人群体虚张声势，谴责其惰性，并认为他们多年自我放纵，早已虚弱软化。同样的，库珀先生也形容驻守新加坡的皇家空军高级军官"处于一种不可理喻的疯狂状态，基本上从晚餐时间开始他们就没什么事了。"[33]白人社区不甘示弱，在一篇报道中带有恶意地嘲讽库珀夫人此行带了近 100 件行李。[34]

三巴旺海军基地继续维持着"轻松而简单"的生活节奏。一位名叫 Yee Lai 的华人锅炉修理工回忆道，泰米尔人干的是体力活，华人干的是技术性较强的工作，英国人则担任监督。工作时间早上 7:30 开始，下午 4:30 结束，但白人往往提早下班踢足球或从事其他运动。[35]当时还是学生的李急麟（Lee Kip Lin）说："没人想到日本人真的会进攻。我们都以为他们只是在虚张声势。"[36]

1941 年 12 月 6 日在新加坡政府大楼（Government House）里，总督珊顿·托马斯爵士来到译电员莫莉·蕾利夫人（Molly Reilly）的办公室，郑重地说：

> "蕾莉夫人，我有一则坏消息要告诉你。我们开战了！"
>
> 她说："我们很久以前就预料到这一天了。"
>
> 他说："是的！但你没有问我英国要和哪个国家开战。"
>
> 她回答说："还用问吗？您指的当然是日本。"
>
> 他笑着说，"哈！我就知道你会猜错，我们和芬兰开战了。"
>
> 他笑着扬长而去，而我在他身后喊道："我以为您此次前来，是要让我做好日本炸弹随时掉在我头上的准备。"他转身走回来，说："你说什么？日本轰炸新加坡？我向你保证，日本永远也不会向新加坡扔炸弹，也永远不会有日本人涉足马来亚。"[37]

两天后的清晨 4 时，炸弹开始落下。

英国人认为日本军队的作战水平和意大利人差不多；有勇无谋，不善于操作机械或坦克和飞机等构造较为复杂的武器。英国人认为他们那低性能的费尔雷剑鱼式双翼鱼雷轰炸机和笨拙圆胖又丑陋的布鲁斯特水牛式战斗机足以抗衡日本的零式战斗机。英国人高估了自己的能力，低估了日本人。

1939 年 9 月，大战正式改名为第二次世界大战。新大战涉及的地域范围更广，围绕太平洋和大西洋这两个海洋中心展开（包括地中海）。作为大西洋战斗的延伸，北冰洋也成为交战海域。战争的舞台比以往任何时候都大得多，极大延长了关键航线的长度。

因此，此次冲突比1914年至1918年的那次战争更配得上"世界大战"的名号。德国还是未能成功占领任何海上阻塞点或控制任何一条全球航线。日本作为德国名义上的盟友，最初在海上获得胜利。在日本巅峰时期，它在西太平洋没有敌手，也控制着印度洋的东部入口。但日本的最高决策者和德国一样未能充分认识到海上航线的战略意义。对于德国人而言，航线是能够让他们取得胜利的关键；对日本人而言，他们能利用航线捍卫新攻下的海外殖民地，并避免在战争中败给敌人。

事实证明，德日同盟比英美联盟效率低得多。互不信任和种族歧视在双方表面和睦的关系下暗流涌动。虽然没有公开表示，但却阻碍了双方形成亲密关系。德国海军规模比日本帝国小得多，想学习日本的作战经验和计划；日本则渴望获得德国的先进科技。双方都打着自己的如意算盘，思量着对方能为自己做些什么。

德、日两国的国家战略混乱，也没有制订协调两国的长期计划。他们并未提出一个联合的新世界秩序，根本不能与盟国同日而语。战争一开始的几个月里，德国的决策者曾怀着乐观的心情，幻想着在印度洋与日本人大会师。他们设想了两条形成巨大钳形攻势的进军路线：一是经高加索、伊拉克到波斯湾；二是经埃及和苏伊士运河抵达红海。德日同盟以东经70度线划定双方的职责范围，贯穿西印度洋以北地区，穿过当时印度远西省份，即今天的巴基斯坦。

这是自15—16世纪西班牙和葡萄牙试图将世界切分为两大块以来第一次有国家产生类似的想法。但德国和日本没有在任何文件中提到这则先例。他们对世界的划分只包括欧亚大陆南部及其周边岛屿，忽略了北半球的大部分地区。

德国纳粹和德意志第二帝国不同，一点也不关心太平洋地区。他们乐于将这里交给他们在亚洲的盟友。而印度洋距离两国最关心的地区都较远。划定两国势力范围的协定将印度洋视为一个流动的空间，双方皆可"根据形势采取行动"[38]。还有比这个更模糊的界定吗？

除了低估日本的军事实力之外，在马来亚和新加坡与日本作战的英国人始终被幻觉遮蔽双眼。英国人不仅认为，任何入侵马来亚的军队都难以穿越丛林；还认为季风将使马来亚丛林变得更加不可逾越。不仅如此，他们还认为美国人无论如何也会前来营救他们。

英国在太平洋地区的目标纯粹是防御性的。他们认为香港已经保不住了，因而试图保护好新加坡，一旦未来战争进程有需要就能随时派上用场。对新加坡而言，与日本人的武力冲突始于12月8日的夜间空袭。从一开始，英国人就已经在马来半岛内地的战斗中处于下风，尽管他们在人数上远超敌人。

"战争中最糟糕的一天"

战争迫在眉睫。1941年12月2日，英国两艘不可替代的主力舰"威尔士亲王"号（HMS Prince of Wales）和"反击"号（HMS Repulse）抵达三巴旺海军基地。英国讨论了很久派出来对付日本帝国海军的"舰队"只有这两艘主力。丘吉尔下令将两艘战舰送往新加坡，但没有按照原计划，为它们安排随行的航空母舰提供对抗空袭的掩护。库珀夫人看到停泊在三巴旺的两艘战舰时写道："令人愉悦的景象，只可惜规模不大。"[39]

"威尔士亲王"号是十年内英国建造的首级五艘战列舰中的一艘。"威尔士亲王"号造价不菲，同时需要消耗大量极度稀缺的原材料，这些东西都是 20 世纪 30 年代世界大战山雨欲来之时为了重新武装英军而迫切需要的。"威尔士亲王"号于 1941 年 2 月在伯肯黑德（Birkenhead）完工。一个世纪之前，"复仇者"号正是在这里下水。但和"复仇者"号一样，"威尔士亲王"号也有一些问题。它离开码头时就遭遇机械故障。尽管还没为战争做好准备，而造船工人大都仍在船上，"威尔士亲王"号还是在 5 月参与了击沉强大的德国战列舰"俾斯麦"号的行动。

随后丘吉尔浮夸地把"威尔士亲王"号当作私人"游艇"使用，远航前往纽芬兰与罗斯福会面，签署"大西洋宪章"。9 月，"威尔士亲王"号在地中海承担护航任务；10 月，它绕过好望角前往新加坡。

"反击"号是一艘令人敬仰的战列巡洋舰，1916 年 8 月竣工，恰好及时加入舰队与北海的德军作战。1917 年 11 月，它成功击中一艘德国巡洋舰。这也是它整个职业生涯中唯一一次成功击中敌人。[40] 战列巡洋舰和战列舰一样大，速度更快，但装甲很薄，牺牲装甲防护以确保速度。"反击"号的 15 英寸炮火力强大，但它缺乏防空能力。毕竟，这艘船是设计用来炮战而非防空的。"反击"号建造时，飞机还是一种很简陋的武器。现在，在"反击"号最需要派上用场的时刻，它的状态却并非最佳，其引擎已经磨损，整艘船也早该彻底大修。

毫无疑问，"反击"号的锋芒被年轻且性能更高的"威尔士亲王"号压了下去。新加坡新闻界基本上将它忽视，以至于它的船员开始称它为"匿名"号（HMS Anonymous）。尽管这艘战列巡洋舰已不再年轻，舰员还是为其"漂亮的线条"和它仍能达到 29 节的航速感到自豪。海军部将两艘主力舰编为"Z 舰队",由代理海军上将汤姆·菲利普斯爵士(Sir Tom Phillips)进行指挥。菲利普斯身材矮小结实,待人处事姿态严谨。舰员虽称他为"拇指汤姆"(Tom Thumb),但还是十分尊敬他。菲利普斯虽然是个好参谋,但没有太多指挥海战的经验。保守点说,他对海战的看法实在是"传统"。他以为火炮的威力不亚于飞机,因此愿意在没有空中掩护的情况下出海。这是他的一个致命的错误。

日本打造了世界公认十分卓越的海军航空部队,武器装备和人员配置皆为上等。世界上最好的鱼雷就是日本工厂生产的。日本著名的舰队司令山本五十六,被问及"战列舰和大炮对垒鱼雷轰炸机,孰将胜出"的问题时,总喜欢引用"再凶猛的蛇也会败给一群蚂蚁"[41]的格言作为回复。

丘吉尔称 1941 年 12 月 10 日是"战争中最糟糕的一天"。那天,他负责向议会报告,Z 舰队(即两艘主力舰和一些小型辅助舰艇)驶离新加坡港口,遇上了日本轰炸机。于是,"反击"号成为史上唯一一艘在海上航行时被飞机击沉的主力舰。这个头衔它只拥有了一会儿,不久后,"威尔士亲王"号步其后尘。

皇家海军损失了两艘巨舰、数百名勇敢而有经验的水手,其国际威望也大受打击。这简直就是珍珠港的后记。水面舰艇的脆弱性再次暴露无遗,无论火炮多好、指挥多么得当,依然难逃飞机的打击。英国皇家海军为新加坡派出的这支舰队战略意义太重要,但生存能力却太有限。

这场灾难成为一个隐喻,走投无路的英国努力维持着帝国的幻象,然而却没有能力来维持它,也越来越缺乏意志。大西洋的状况使英国不得不将自身的生存摆在最优先。母国最重要;苏伊士运河作为通往印度必不可少的节点，重要性名列第二。

澳大利亚和新西兰把新加坡视为自身防御的支柱，它们把部队派往大西洋地区助战，以此作为回报。1942 年 1 月 24 日，时任澳大利亚总理的约翰·卡廷（John Curtin）给丘吉尔发了一封电报："根据英国多次向澳大利亚做出的保证，撤离新加坡的行为将被澳大利亚和其他殖民地视作不可宽恕的背叛。"[42]丘吉尔认为如果有必要，他不得不下令让英国军队拼死一搏。在大街上打一仗至少能够挽救英国人的面子。无论如何，新加坡都不可能成为第二个敦刻尔克。这里既没有救援船队，海的另一边也没有安全的家园供其撤退。一旦失败，军人将无处可去。

英国人认为，季风带来的巨大涌浪将阻止日本登陆马来亚海滩。这个愿望蒙蔽了人们对实际情况的判断。从一开始，日本人就抓住了主动权，并在几天之内掌握了制空权和制海权。他们成功完成登陆。尽管季风降雨猛烈，仍有数千日本兵骑着自行车，迅速沿着半岛前进。与此同时，英国军队则在橡胶树下避雨。

日本人于 1942 年 2 月 8 日抵达新加坡，速度之快让毫无组织的英国守军不知所措，其中一些守军放弃阵地企图逃跑。在布满垃圾的街道上，日军的炸弹引发无数失控的烈火和滚滚的浓烟。燃烧的石油和橡胶散发的恶臭与腐烂的尸臭味一起弥漫在空气中。但相对而言，投入大量资金且被委以重任的三巴旺海军基地却未受影响。李光耀后来评价，这证明三巴旺对英国人来说"在第二次世界大战中并没有多大帮助"，这句话讲得太保守了。[43]

这座"堡垒"一艘船都没有，但囤有大量的食物、燃料、武器和设备，大大帮助了日本人。英国担心，若在撤离时烧掉这些物资、什么都不留下，将使守军感到气馁，并助长失败主义情绪。

于是这些物资就原封不动地落入了日本人手中。

日本的战地指挥官山下奉文将军后来承认:"我对新加坡的攻击其实是虚张声势的。我有 3 万士兵,但不及英军的三分之一。我每时每刻都很担心英国发现我们人数很少且缺乏补给。"[44] 山下奉文可能是同辈当中最具谋略的,后来被称为"马来亚之虎"。至于由英国军官指挥并占整个多种族部队人数一半的印度军队,山下将军说:"我唯一能说的好话就是,他们一看到我们,就消失在丛林中。"[45] 许多印度人主要关心的是祖国的独立运动,而不是抵抗日本。另一方面,被派去保卫新加坡的马来军队则决心战斗到底。

在马来亚的英国军队面临指挥更替频繁、个性冲突、军官无能、命令不一致和新兵训练不足等难题。英国皇家空军的飞机太少太旧,可以给予地面部队的支持简直少之又少。舰队也没了。简言之,一场灾难该有的条件都已经有了。

希特勒评论新加坡的陷落时说:"这是一种巨大的解脱,也是历史上的一个转折点。这意味着整个亚洲大陆都丢了。欧洲人可能会后悔,因为白人是失败者。"[46] 第 8 澳大利亚师的肯·哈里森(Ken Harrison)中士说,"新加坡沦陷之后,整个亚洲格局都变了。英国再也无法回到从前"。[47]

当日本军队命令数千名战俘沿街步行至监狱时,新加坡居民们惊讶地看着他们的前殖民主人脏兮兮地穿过城市街道,这真是特别的场面。新加坡的投降是英国历史上最严重的军事灾难。这场灾难摧毁了英国的威望,使之永远无法完全恢复。对日本人而言,史诗般的英雄气概和军事实力为他们赢得了巨大的胜利。此后,茫然的新加坡人睁开双眼面对新世界。

盟友间暗流涌动

新加坡只是大战中的一小部分。没有任何一支武装力量能够像日本在太平洋战争的头几个月那样，迅速而全面地取得成功。日本迅速席卷整个西太平洋，然后将触角深入印度洋海域，胜利无所不在。日本制造了全球历史中规模最大的战场。

1942 年 4 月，日本取得初次胜利的 6 个月后，在曾指挥偷袭珍珠港的海军中将南云忠一指挥下袭击了科伦坡和位于斯里兰卡（锡兰）东海岸的亭可马里海军基地。日本派出了 4 艘战列舰、5 艘大型舰队航空母舰及 400 余架飞机组成的强大阵容。南云忠一的舰队击沉了两艘英国重巡洋舰，迫使英国海军暂时退出印度洋海军基地，并击沉 31 艘商船。然而，日本在当地缺乏军事或海军资源，离位于太平洋的本国又远，无法立足。

日本海军制订了一个占领斯里兰卡的计划，但在东京，陆军的人却认为这是过度扩张日本的力量，全盘否决这项计划。让日本陆军真正感到困扰的是附近源自苏联的威胁和在中国境内无休止的战争。日本的确占据了新加坡以西不远处印度洋的安达曼群岛和尼科巴群岛，但那已是日本陆军所至的最远处。

1942 年 5 月，日本在珊瑚海战败，一个月后在中途岛战败。这意味着日本帝国海军不再有能力切断英国从好望角到苏伊士运河的航线，也意味着轴心国将无法实现大型的合作计划。轴心国将印度洋海域的军事行动降级为潜艇骚扰。德国人未能越过高加索山脉抵达伊拉克和波斯湾，或越过埃及西部到达苏伊士运河和红海。在"虚有其表"[48] 的轴心国联盟中，没有一个伙伴国积极实现在印度洋会合、瓜分欧亚大陆南部海洋地区的梦想。

论地理位置，日本与德国和意大利相隔甚远，再加上文化差异，使这三个国家即便强烈希望合作也不可能像美英一般密切地合作。由于没能控制可以让它们的领导人从欧亚大陆的一端安全穿行到另一端的海上航道或空中航线，无法召开轴心国首脑会议。这使轴心国失去登上新闻头条的机会，无法像盟军一样激发人民作战的积极性。

无论是日本首相东条英机还是他的继任者，都从未会见过希特勒或墨索里尼。即便是德国和沦落为二流帮手的意大利之间也未能成功协调战略。但毕竟这两个国家地理上具有合作优势，至少可以联手攻打其他西方国家；而远在东方的日本必须靠自己。日本人甚至没告诉德国人他们打算在 1941 年 4 月 13 日与莫斯科签署一项中立条约，也没告诉轴心国的合作伙伴他们即将在 12 月对珍珠港展开袭击。针对珍珠港事件，希特勒和墨索里尼比丘吉尔和罗斯福更加惊讶。而德国人则没有告诉日本人他们打算在 1941 年 6 月 22 日进攻苏联。

纳粹的大陆帝国不像日本的海洋帝国有那么多关键原材料，获得这些原材料可以使日本获益匪浅。倘若日本能够建立安全的海上通道，将新到手的海洋帝国连接起来，并将位于温带的母国和征服的热带地区连在一起，那么日本就会比德国更难对付。当时的印度尼西亚生产的石油作为主要能源足够支撑日本的战争机器。事实上，日本未能维护其关键海上航线的安全，这是日本人民遭受苦难的原因，也是导致整个国家最终失败的主要原因。

"在家是绵羊，在外是恶狼"

日本人甚至在横渡柔佛海峡之前就开始炮击新加坡。炮击造成了数千人伤亡，主要是因为炮击引发火灾，烧毁了这座城市大多数木造建筑。公共设施逐渐停摆，先是电话，然后是水，最后是电力。断了的电线散落在大街上。随处可见的是垃圾、混乱、废墟。1942 年 2 月 15 日，英国人在新加坡的福特汽车公司大楼投降。如今，每年的 2 月 15 日被新加坡政府设立为"全民防卫日"，旨在提醒每个新加坡公民，他们有责任确保国家安全。[49]

英国人的投降使所有人感到震惊。他们惊觉英国军队的无能，也感到遭到了英国人的背叛。日本人驱散、击沉了许多以新加坡为基地的船只，但有一些船只及时逃离，并载上极少数幸运儿。但大多数英国人仍然滞留在城市中。许多人最终死在集中营里。男人则可能被迫在恶劣的条件下进行劳动。他们被运往日本矿山、钢铁厂、造船厂进行劳作，或被迫到泰国修建铁路。在泰国，他们住在漏水的帐篷里，睡季风季节的泥巴上，仅靠炖南瓜和大米为生。而据说这些大米是从仓库地板上扫起来的剩米粒。

在战后成为一名杰出律师并活跃于新加坡政坛的大卫·马歇尔（David Marshall）是被派往日本北海道从事体力劳动的新加坡人之一。许多日本人都认为这份工作太艰苦，不愿去干。日本人看马歇尔体态瘦弱，认为他无法胜任挖煤工作，因此指派他用镐和铲平整机场的地面。马歇尔形容，在战争结束时，自己"身上满是水泡，形销骨立"[50]。

1945 年之前，新加坡忍受侮辱，生活在残暴的日本军事占领之下。R. II. 布鲁斯·洛克哈特（R. H. Bruce Lockhart）引用了 19 世纪末一位荷兰商人对日本人的观察，说："这是一个非常坚韧的民族，在家是绵羊，在外几乎是恶狼。"[51] 日本人在新加坡的诸多行径，包括大规模屠杀等，都印证了这个说法。

日本人下令，所有来自同盟国的欧洲人都必须聚集在新加坡板球俱乐部的大草场前（讽刺的是只限白人），并带上十天的衣服。之后他们被押往监狱，到了那里之后允许他们组织集中营的内部管理。他们先是到了樟宜（Changi），后来是森路（Sime Road），这里是前皇家空军基地。在集中营里他们按照能力，而不是入狱前的官阶或成就来推选领导人，因此得以建立起负责任的管理。

日本警卫大致上表现得非常冷漠但喜怒无常，因此危险莫测，而囚犯们也渐渐学会忍耐毫无来由的残暴。日本宪兵队（Kempeitai）尤为残忍，常用酷刑来惩罚或逼供。囚犯发现藏匿收音机最能引致一顿暴打。他们挤在一间间生存环境极为恶劣的小屋里，除了身上的这套衣服以外，再没有第二件可供换洗的衣物。幸运的是，这里的气候不需要很多衣物或遮蔽物。但饥饿折磨着每一名囚犯；每个人张口闭口谈论的都是食物。大米变得比现金更有价值。

起初，日本人配给的稻米满足了人们基本的饮食需求，配菜主要是干鱼。尽管这些干鱼又咸、又陈、又臭，但作为蛋白质的主要来源广受称赞。此外，还有棕榈油、蔬菜和水果，以及少量定额配给的猪油、盐、糖和茶作为补充。随着时间的推移，食材的数量、种类和质量纷纷下降。长满米虫的大米和粘成一坨的潮湿白糖成为常态。

为求生存，囚犯开始种植粮食。其他新加坡人也是如此。红薯（薯块、茎、叶）和俗称"穷人的马铃薯"的木薯为人们提供了最多的营养。尽管土壤被暴雨所浸滤，但植物在温暖潮湿的热带气候中迅速生长。囚犯尽可能地往土壤里堆肥，并灌溉稀释过的尿液。对新加坡岛上的每个人而言，粪便有了新的价值，但是除非制成堆肥，否则粪便在给土壤带来养分的同时也会带来肠道寄生虫。

集中营里的农作物产量不足。不足且缺乏营养的食物使人失去力气，体重也严重下降。有些人改变之大，认都认不出来。犯人也因维生素匮乏而出现脚气病和癞皮病的症状。此外，疟疾、斑疹伤寒和痢疾等疾病进一步打击了这些虚弱的人。在战争的最后六个月里，囚犯大都因营养不良而极度消瘦。

在监狱外的世界，新加坡还有一百万人口需要吃东西。军队把人们大规模疏散到马来亚大陆，在那里，人们可以种植蔬菜并养鸡。人们发现蟑螂（如果抓得到）是能把鸡喂肥的好东西。把容易生长的木薯转换成美味的食物需要一定的智慧；人们发现还是蒸或油炸最好吃，如果能加点椰子或糖就更好了。

日军的占领把新加坡与它原来熟知的世界割裂开来，而这不只限于经济生活。只有日本人可以光顾剧院、酒吧和餐馆。本地人不能涉足这些场所，当然，他们也没钱享受这种乐趣。所有东西都紧缺，通货膨胀非常严重。黑市交易成为日常生活的一部分，道德观念一落千丈。尊尼获加威士忌（Johnnie Walker）和555香烟是受影响的高端产品，但常见的东西也短缺，如布匹、水泥、波纹金属等材料。为求生存，一些新加坡人被迫为日本军队工作，这当中包括未来的新加坡总理李光耀。遭遇殴打和羞辱后，李光耀牢牢记住了日本人展现出来的恐惧和蛮力的力量。

日本人将新加坡改名为"昭南"，英文拼写为"syonan"，意指"南方的光"。日本十分欣赏这里的地理优势，试图推动它成为新的海洋帝国中心，而这个海洋帝国声称是"亚洲人的亚洲"。在亚洲的新秩序中，日本是享有特权的成员，其他人只是姑且暂留身边的参与者。在日本占领新加坡时期，日本试图抹去英国人的印迹，用日本色彩重新包装新加坡。

这之后，新加坡开始遵循日本历法，1942 年变成 2602 年，或昭和十七年。他们把新加坡时间往前调整一个半小时，与东京时间契合，并制定了一套新节假日，都是日本节日，而且特别强调 4 月 29 日，即日本天皇的生日。很快，日本人改变了公共建筑和街道的名称，并拆除了著名的莱佛士雕像。他们积极举办有集体歌舞的大型庆典，庆典的高潮往往是向东朝着东京的方向鞠躬，那里是天皇及其宫殿的所在。

日本人把之前在韩国和中国台湾长期推行的中小学基础教育制度引进新加坡。之所以强调基础教育，是因为他们认为能读会算的劳动力是有价值的。日本人也同样强调职业技能的培训和日语学习。他们想要勤劳工作的"工蜂"，因此投入的努力比英政府在香港或新加坡所做的更多。日本人为马来人提供了英国人没有提供的学习职场技能的机会。[52] 但是，由于日本实行严酷的内部监督和安保制度，相比英政府，日本对新加坡人的日常生活的入侵要来得更加强烈。原来的英殖民者倾向于让新加坡人放任自流，与之相对，在日本人手里，新加坡人首次感受了强烈的政府干预。

2009 年 5 月，新加坡内阁资政李光耀在与美国副国务卿詹姆斯·B. 斯坦伯格（James B. Steinberg）的一次会谈中说，"在日本占领新加坡的三年半里，自己深刻地意识到人们会服从任何一个有能力切断他们的食物、衣服和药品供应的当局。"[53] 大多数人势必服从。恶性通货膨胀和极度匮乏支配了新加坡的经济，这使当地的生活条件进一步恶化。缺乏药物和营养不良导致死亡率飙升。

日本利用新加坡作为区域补给基地。这个机会诱使日本公司在新加坡开设分部。马来亚啤酒厂（Malayan Breweries）不再生产虎牌啤酒，而是转而生产麒麟啤酒。东京的三家大型百货公司迁入已有的本地百货大楼。库存卖完后，这几家百货公司不得不在本地购入商品或自己生产商品。日本失去了对航道的控制后，从本国进口商品不再可能。

人们的应变能力大大增强。李光耀回忆说，他和一个朋友兜售由木薯粉和石炭酸自制而成的胶水。[54] 资源短缺推动了这类本土产业，也促进了产品发明。这股创新发展的精神延伸至日本人群体当中；他们最终返回日本时，把木炭动力公共汽车这个想法带了回去。战争刚结束时，这些公共汽车成为东京街头常见的景象。

1942 年 4 月，在中途岛战役之前，新加坡终于迎来了一支强大的舰队。停靠港口的众多大型军舰中包括战列舰和航空母舰。这是新加坡有史以来最强大的海军力量，但这是日本船，而非英国船。

出于战时的巨大需求，修船业成为日本人关注的焦点。三菱征用了吉宝修船厂，日本技术人员团队也为了监督本地劳工修理受损设备从日本远道而来。他们没有建造大型船只所需要的钢铁，所以改用木头建造体型较小的船只。在战争期间，他们共修理了2000 多艘船，对日本继续进行战争做出了巨大的贡献。[55]

日本人还把高端制造业引入新加坡，这在战前很罕见。日本人重新关注自己早已占据大量份额的捕鱼业，这也是出于发展进口替代战略的需要。所有这些新想法虽然粗糙，也不长远，但日本人至少在新加坡种下了自给自足的种子。这一概念之后将愈发得到新加坡人的重视。

日本平民和军人一样，纷纷前往新加坡从事商业活动。他们需要住房；有时会租，有时则是去抢。在当地人看来，无论是日本军队这个集体，还是个别的日本军人，给人留下的印象都极差。军人四处走动，有时只穿遮羞布，在大街上和公共汽车站台随意小便。无缘无故打路人耳光已经算是日本人最轻微的罪行了，他们组织了一个"劳动服务队"，把男丁抓入其中，逼迫他们进行挖沟渠、建防空掩体、扛弹药等体力劳动。三巴旺海军基地的一位华工亲眼目睹另一名华工被活活打死，仅仅因为他想问问关于警卫的手表的事情，而日本警卫却以为他不想继续干活。[56]

日本军队专挑华人施以酷刑，尤其是那些支持中国本土抗击日本的华人。但最终，他们区分不了世居于此且对中国本土事务不感兴趣的新加坡华人和那些热诚支持中国的人。日据初期的"肃清行动"是一次有选择的大屠杀。日军召集 18 岁至 50 岁之间的华人男性，对其进行"筛选"，试图辨认任何在战前主张抵制日本商品的华人领袖，或是曾经支持中国本土抗日战争的人。

戴眼镜的或有白净双手的人是日本人的重点怀疑对象。他们被认为是知识分子，因此必然"同情"中国或英国。这种判断方式的偶然性极大。这段恐怖时期的一个幸存者说，他曾经目睹一辆卡车把一群无辜的人带走，从此再也见不到这些人了，那一幕令他永生难忘。[57] 没有人知道最终有多少人丧生，可能多达 9 万人。[58] 具体的数字仍不清楚。这个过程不像纳粹的种族灭绝那样精确。

日本也迫害欧亚混血，认为他们纯正的亚洲血液被欧洲血液所污染。但他们没有被挑出来屠杀。占领者对马来人和印度人更为宽容，尤其是后者，因为日本想推动印度人在其母国的独立运动。事实上，出于这个目的，日本为印度独立运动领袖、"印度未来的'乔治·华盛顿'"苏巴斯·钱德拉·鲍斯（Subhas Chandra Bose）提供资金。[59] 此人曾在战时到过新加坡。

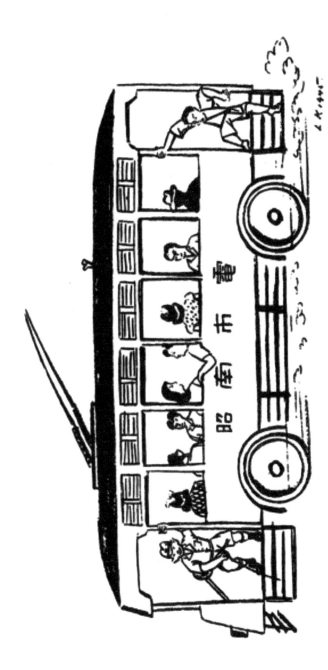

图 10 这则漫画描绘的是日据时期，一名本土兵在公共汽车前车门小便的情景。漫画由刘抗创作，取自《杂碎画集》，1990 年由新加坡八方文化创作室（Global Publishing）出版

"内塔吉"的远行

鲍斯的忠实拥护者称他为"内塔吉",意思是"尊敬的领导"。鲍斯是一位地位崇高的孟加拉领袖,他在1941年春天前往德国,希望纳粹帮助他对抗英国并争取印度独立。他因可能对轴心国事业有用而成为热议的对象。发现纳粹帮不上忙之后,鲍斯想转而前往日本。然而,一心想去东亚的他却被困在了欧洲。新加坡的沦陷深深地影响了他,这似乎也为印度的独立开辟了新的可能性。

德国和意大利正与苏联交战,这导致身为轴心国同情者的鲍斯无法穿过欧亚大陆。起初,意大利人想要帮助鲍斯,建议他乘飞机从罗德岛到仰光。意大利人之前这样飞过,但是德国人反对,认为风险太大。德国外交部长约阿希姆·冯·里宾特洛甫(Joachim von Ribbentrop)提出海上航行更为安全,最终该意见占了上风。但里宾特洛甫醉翁之意不在酒。

1943年2月8日清晨,鲍斯和一位助手搭乘一艘德国潜艇离开基尔。尽管之前已经知道要乘潜艇,但两位印度人还是马上发现居住环境令他们沮丧,而这将是一次漫长的旅行。太多人挤在太狭小的空间里,每一寸地方都有至少一种确切的用途,有的地方还一兼多职。

一条长长的通道从船头延伸到船尾,通道两侧的空间不足一寸,甚至比艇身的钢壳还要窄。艇长的"小房间"也是他的工作室,与通道之间以一张帘子隔开。香肠和火腿挂在头顶,随潜艇的晃动而左右摇摆。由于缺乏新鲜的食材,饮食很不健康。乘客经常失眠,被呼吸系统和消化系统疾病困扰。50个人共用一个卫生间。

被追捕的恐惧笼罩着乘客。他们的恐惧可以用一句德国俚语"吓掉裤子"来形容。猎手随时可能变成猎物。

德军在军官的杂物之间为鲍斯安排了一个约 6 平方英尺的角落歇息，这里也充当临时手术室。弥漫的柴油味比幽闭的空间更糟糕。刺鼻的柴油味甚至渗透到被褥当中，而面包不只看起来像是浸泡在燃料油里，尝起来也是如此。[60] 鲍斯不受恶劣的生活环境所影响，反倒在途中编辑了一本书，并与助手一同撰写了几篇演讲稿。

与柴油的恶臭并存的还包括舱底的污水和久未洗澡带来的体臭。艇员选择穿黑色内衣，因为在海上，他们从来都不会换洗。在另一次航行中，有人观察到艇员一个个光着上身，用一个专门放在那儿的盆来擦洗身体。但"那些最需要擦洗的地方却滴水未沾。"[61]

尽管日本和欧洲都渴望与另一方进行先进武器与人力资源的交流，如投弹瞄准器、青霉素或译码员，但由于轴心国损失了太多水面袭击舰，这种交流无法实现。他们转而使用潜艇，制订了日本称之为"柳"的计划，鲍斯之行就是其中的一部分。尽管鲍斯自己可能不知道，但他只是凑巧上了船，本次航行携带了绝密的 IXC 型潜艇的图纸，以及三箱子声呐诱饵和其他武器的图纸，还有转交在东京的德国大使馆的文件和邮件。[62]

在马达加斯加外海一个事先约好的地点，德国人要将鲍斯转移到日本潜艇，由日本潜艇完成他行程的后半段。两个日本军官将取代鲍斯及其助手在德国潜艇上的位置。

4 月 28 日，日本潜艇"伊-29"提前数小时抵达约定地点并耐心等待。双方当局禁止任何一方的潜艇打破无线电静默。德国人抵达后，两艘潜艇浮出水面，却发现海面上正在下着暴风雨，大海波涛汹涌，两艘潜艇根本无法靠近。艇员利用橡皮艇进行转移工作，过程相当困难。但是，鲍斯非常期待换船，哪怕只因为这意味着旅途已结束了一半，而日本潜艇的食物更合乎他的口味。日本厨师从槟榔屿启航前，细心为两位印度客人在潜艇中备好了咖喱。交接后的第二天，即4月29日，是日本天皇的生日。当天，厨师奉上一顿精心准备的餐食，其中还包括清酒。

鲍斯搭乘"伊-29"前往苏门答腊，接下来的五天，他从苏门答腊飞往东京，最终回头向南到达新加坡，主持印度独立运动。贸易往来和人民的流动长期以来把新加坡和印度紧密联系在一起，而印度族裔也成了人数众多的少数民族。鲍斯可以利用这些重要的关系。

鲍斯是一个极富人格魅力的天才演说家。1943年7月4日，他在一个拥挤的电影院里向印度听众演讲，对他的追随者们承诺道，印度独立斗争中唯有艰辛，并神情激昂地宣称"往德里前进（Chalo Delhi）！"鲍斯成功把自己标榜为整个多元化印度族群的领导者，不论种姓、宗教、语言或族裔。同月，当日本首相东条英机来到新加坡时，他和鲍斯一起站在市政厅的阳台进行盛大的阅兵仪式，镇上到处都是印度旗帜。鲍斯的演讲非常激昂并令人信服，他曾在雨天在大草场上举办一场户外集会，听众站在雨里几小时，迟迟不肯散去。印度妇女摘下他们的金饰，扔到鲍斯脚下，作为她们对这场运动的捐助。[63]

几个月后，鲍斯组织了一支印度国民军。而在新加坡，新成立的自由印度临时政府向英国和美国宣战。他从英国陆军义务兵、契约劳工和当地印度社区其他成员中招募志愿者，但最为新颖的做法是，他招聘年轻印度女性，让她们身穿白色纱丽并加入步枪仪仗队。她们随后接受战斗训练，但最后作为护士部署在缅甸的军事前线。这些印度女性中，有人不仅为了争取印度独立，也为了争取妇女解放而斗争。

鲍斯的战队在缅甸的斗争以失败告终。尽管当时未经证实，但据推测，鲍斯死于 1945 年 8 月 18 日台湾的一起撞机事故。但在他死去后的两年，他毕生的目标将取得成功。

巧合但有所不同的是，新加坡推动过两个亚洲民族解放运动，一是之前中国，一是第二次世界大战期间的印度。两个运动都与当地的民族关系密切相关。在 20 世纪初，获得国共两党认可的英雄人物孙中山博士和鲍斯一样，在新加坡收获了财政支持和精神鼓舞，最终于 1911 年推翻封建王朝统治。

对日据时期的新加坡社会而言，饱受日本压迫的新加坡百姓，特别是新加坡华人，与寻求日本友谊的印度民族主义者之间产生了对立的关系。许多人认为鲍斯是浪漫的人民英雄，但矛盾的是他也同时是轴心国的一位合作者。

朝阳暮落

日本海上力量不足以在新帝国维持必要的商业交流。因此，日本人在地理许可的条件下，使用陆路通道运送物资，例如泰国和缅甸之间的路线。铁路可以快速建成。新加坡投降后被俘虏的成千上万名盟军士兵都能被强制在日本新的南方帝国从事修建铁路的无偿劳动。铁路建设主要动用的还是人力，而不是机械。大卫·里恩（David Lean）著名的电影《桂河大桥》（*The Bridge over the River Kwai*）出色地描绘了这幅场景。

远比新加坡难民营更加糟糕的是，劳工面临恶劣的工作条件：

热带的阳光和酷暑的天气、沙尘暴、季风暴雨、品质低下而又不足的食物（这些食物往往只能从很远的地方运送到工地），缺乏卫生设施或医疗服务。慢性病和急性病肆虐，造成许多人死亡。[64] 速度和低廉的成本是推动日本建设工程的主要动力。这也导致日本打造的海洋帝国不具有可持续性。

日本海军高级司令部深信，一场水面战役的大胜将决定战争的结果。日本被对马海战或日德兰海战蒙蔽了双眼，却没有认真思考第一次世界大战中潜艇的成功意味着什么，及其对正在进行的战争有何影响。激动人心的水面战役没有出现，而日本海军高层没怎么考虑过对海上通道不间断的资源流动进行护卫和维持，而任何一个贸易国家要想维持工厂运转并使民众得到食物，这都是必需的。

日本群岛依靠进口，但难以靠海运获得。船只数量不足。事实上在战争进行的时候，日本这个一度的胜利者自身国内就面临粮食供应不足的问题，在日本列岛肥皂、热水和干净衣物都稀缺。甚至早在美国空袭造成越来越大的破坏和伤亡之前，日本民众就已经面对生活质量的普遍下滑。对此，日本政府提出芭蕉、艾蒿、蓟草等"杂粮"对身体有益，并提供了一个制作油炸茶饼的食谱：米糠和小麦面粉，不加糖或鸡蛋。这东西得到了如下的反应："看起来像美味的蛋奶沙司，但味道很苦，闻起来像马粪，并且难吃得让人想流泪。"[65] 饮食不再是一种人生乐趣。日本人并没有在战争期间挨饿，但他们作为胜利者，却也和新加坡饥肠辘辘的人们一样，朝思暮想的都是食物。[66]

新加坡在食物方面对外依赖性极高，因此美国潜艇击沉日本商船也对新加坡造成了很大的影响。大米改从泰国陆路运至新加坡，但不够填满人们的肚皮。新加坡作为货物集散地，贸易额急剧下降，港口发展也因空袭而停滞不前。盟军的战斗机轰炸了吉宝港，但空袭本身未对港口设施带来严重的破坏。

1943 年 9 月 27 日，盟军的炸弹在吉宝港引发剧烈爆炸。紧随其后，一支勇敢的澳大利亚突击队将停泊于吉宝港的 20 艘船只中的 7 艘击沉。日本宪兵队认为新加坡囚犯偷偷向敌军提供信息，并迅速展开调查，然而酷刑和杀戮却没有带来任何相关证据。

随着战争进入最后几个月，日军虽然武器配备齐全，并拥有能够维持一年的大米供应，但还是选择不战而降。日本军队大都通过堤道撤退到柔佛。英国在 9 月回归新加坡时，决定效法 1942 年的日军来以牙还牙。英军命令还未撤离的日军顶着毒辣的热带阳光，空腹并背着军用背包长途步行至樟宜。

观察者情绪复杂。一方面，他们很高兴看到日本人离去，但另一方面，他们不知该对英国人的回归做何感想。用一名马来女子的话来说：“英国回到新加坡，把我们从日本人手中解救出来，我们当然非常高兴。但当英国人承诺未来将会保护好新加坡时，我们不敢再轻信……我们的守护神是个软脚虾。”[67]

这一切到底意味着什么？日本本可作为解放者与东南亚各国搭建友好桥梁，却最终选择以征服者的身份进攻东南亚，失去了结交盟友的大好机会。吊诡的是，他们嚷着要让人们挣脱压迫，拥抱自由，却争相压迫东南亚人民。他们的口号“亚洲人的亚洲”应该更准确地理解为“日本人的亚洲”。日本在摧毁英国统治方面比建设自己的统治更为成功。日据时期使新加坡人更深刻地意识到外来统治的不公及其对殖民地的剥削，形成社会上反殖民主义思潮的催化剂，让许多新加坡人坚信，没有了英国，自己依然能够过得很好。

　　各种可能性似乎正为新加坡人敞开大门。对新加坡人而言，战争的结束产生了一种新的对立关系。社会分为两大阵营：那些想回归战前世界的人们；以及那些不想成为任何帝国的一部分，而是想得到更多东西的人。

第六章

"走在剃刀边缘"（1945—1965）

痛苦的复苏与自由的追求

作为解放者的英军行进在新加坡的街道时，其行径相当不堪。用一名马来族目击者的话来说，他们"经常喝得烂醉、纪律松散，甚至还和街上的娼妓公开调情……这些士兵和战前的英军相比判若两人。我们以为能在英军身上看到的魅力与庄重早已荡然无存。他们英国绅士的形象已经彻底破灭"。[1]或许战前的生活也大半随之破灭了。

英军的回归开局不佳，这有一部分是态度所致。许多重返新加坡的英国人似乎尚未意识到，他们在殖民地像战前一样的特权生活已经一去不复返了。

战争末期这座杂乱、破败、肮脏的城市百废待兴，重建所需的一切物资都面临短缺的问题，包括机械、油漆、工具和衣服。由于粮食短缺，必须实行大米配给，排队领取救济品的队伍随处可见。骨瘦如柴、颓萎不振的民众面临饥饿与营养不良的问题，也因此更容易染上疾病，导致疟疾与结核病肆虐。大多数家庭都住在一个房间，住宿环境大多拥挤而破旧。一些居住区有露天桶式厕所，由许多户人家共用。做饭烧菜用的是炭火。很多新加坡人都生活在水深火热之中，整个城市也似乎沉沦于苦难中，不能自拔。

政府随后宣布日本占领时期强制发行的货币无效（由于此货币的十元钞票印有香蕉树，故又称为"香蕉币"）。此举将人民的积蓄一扫而空。始自占领时期的无序状态持续着：嫖娼、犯罪、贪腐肆虐；吸食鸦片、赌博等传统恶行猖獗。未经工会批准的罢工频频发生。各种族间的关系紧张，暴动一触即发。

在三巴旺的大型海军基地，巨大的浮船坞已经沉到海底，并且还扣着一艘沉没的船只。此处无人管理，一片混乱。英国皇家海军尽可能找回从前的工作人员，重建工作缓慢地进行中。但一直要到1951年底，在完成修复并重新装备修理车间后，三巴旺海军基地才完全恢复运作。

对商业港口而言，恢复原来的贸易模式是一个严峻的挑战。不只是新加坡，周边地区的港口也遭到严重的破坏。整个东南亚地区普遍未能认识到港口及海上交通对经济复苏和发展的重要性，导致重建工作裹足不前。这不仅仅是缺乏动力的缘故。整个区域由于缺乏资金、设备、积极的劳动力及所需的知识技能，使得重建工作面对重重困难。

货物装卸缓慢反映了港口拥堵、机械不足及人工的工作量过大。这意味着船只必须在港口停留更长的时间。随着战后船只逐渐变大，许多港口都缺乏足够的水深来容纳这些船只，而必要的疏浚工作又需要庞大的资金。港口往往受限于匮乏且低效的公路与铁路网络，无法与内陆地区建立通畅的连接。

一如过去几个世纪，亚洲海域的国际航线依旧由西方航运公司主导，提供邮轮和不定期的货船服务。对东南亚群岛生活至关重要的较小港口的小轮船服务地区网络，由新加坡及东南亚其他地区的海外华人所经营。他们不只要克服设备不足的难题，在某些情况下甚至连码头都没有。但他们乐于接受新知识，学习使用新设备，还懂得借助国际华人社群的力量来获得商业联系、信息、资本与货物，从而扩大自身的业务。

很少人认识到，第二次世界大战爆发前的几年，实际上是西方商业海运服务的顶峰时期。在民族主义的鼓舞下，东南亚的本地人认为自己遭受外人的剥削，不论这些外人是来自西方世界或当地的华人少数群体。作为一个以华人为主的社会，新加坡自然也被划入剥削者的行列。印尼和马来西亚两国不只要从欧洲帝国那里争取国家独立，也要摆脱对新加坡作为入境港口的依赖。

新加坡在东南亚的重要性仍然遥遥领先。新加坡拥有许多优势，它是东南亚的枢纽，是通往马来半岛和印尼群岛的门户，并且与本区域的众多小型港口均有联系。早在第二次世界大战以前，新加坡就已经发展为一个繁忙的港口，而当纽约开始超越伦敦时，新加坡港便具有全球重要性。但英军于1945年重返新加坡并不意味着港口昔日的繁荣景象能立即恢复。

日本的占领给新加坡人的物质生活带来惨痛的破坏，而港口的情况与城市相同。盟军的轰炸行动炸沉了港口的船只，炸毁了机械设备，也将码头与仓库炸成了一片瓦砾。不仅如此，港口也同时面临着年久失修等战时遗留问题。

在战争期间，共产党人（其中大多是华人）在马来半岛的森林中激烈而有效地抵抗日军，这使得他们与英军站在同一阵线。然而在战争结束后，双方分道扬镳。共产党人追求的是独立，但重返新加坡的英军却没打算接纳他们，甚至不打算容忍他们。共产党在马来半岛的运动随后升级为武装起义，在新加坡得到不少同情者与追随者，其中大多为对现状不满或心怀理想主义的华人社群成员。

由于马来亚的共产党人以华人为主，许多新加坡人出于种族情感、委屈感或政治同情而支持共产党。1949 年 10 月 1 日，当毛泽东在北京天安门广场慷慨激昂地宣布"中国人民从此站起来了"的时候，许多新加坡人以身为华人而感到自豪，认为革命胜利是对阶级压迫及外国帝国主义（毛主席将之痛斥为两大罪恶）的伟大解放。许多新加坡人都认同这样的情感。

尽管游击战在广阔的马来亚丛林能够存续甚至发展，但在钢筋水泥的新加坡却无用武之地。新加坡岛上还有大型的英国空军与海军基地，没有什么地方可供共产党人藏匿。然而，共产党人可以深入学校、工厂、俱乐部及报社，在贫困与受压迫的群众之中宣扬马克思主义思想。此举震惊了英国殖民政府与新加坡受英语教育的上等阶层。

共产党人巧妙地利用阶级差异来分化新加坡的华人社群：大量生活潦倒、受教育程度较低、操汉语方言（约有六种）的华人；以及少数在家使用汉语，但主要语言仍为英语，通常曾在国外留学的精英人士。与阶级一样，语言成了新加坡政治的主要断层线。

许多年轻人，尤其是那些不会说英语的，拼了命寻找为数不多的工作。说汉语的人感觉自己被排挤，无法担任政府工作或高级职位。一些人生活在社会的边缘，他们的诉求不被人听到，每天只能挣扎求存。大多数学生都忙于学业，希望能通过教育获得更好的生活；但有些人，如本地工人，则被社会与经济问题深深困扰。

重返新加坡的英国人并没有像日军那样采取暴力或野蛮的行动。然而，在英国军事政府（British Military Administration, BMA）开始执政后，却暴露了它的无能与腐败，甚至还被冠上了"黑市协会"（Black Market Association）的绰号[2]，进一步降低了殖民政府因先前战败而受损的威信。他们其实完成了一些必要的重建工作，譬如恢复饮水与电力供应。港口也开始运作，恢复传统的自由贸易。然而失业率与生活费一同飞涨。亟待解决的问题还很多。

政府的无能与经济的低迷引发了群众的愤怒。劳动罢工和警察镇压频频发生，导致许多受汉语教育的人开始把英国人视为压迫者。怒火也延烧到被视为享有特权的受英语教育的华人身上。

1946年2月，军事政府的管理结束，新加坡再次成为英国政府的直辖殖民地。这是近代史上新加坡第一次与马来半岛分开治理。经济情况逐步好转。朝鲜战争（1950—1953）刺激了对橡胶和锡这类关键商品的需求，使其价格水涨船高。这给新加坡带来了巨大的利益，但并非人人受益。1955年上任的新加坡首席大臣大卫·马歇尔（David Marshall）曾回忆道，当时不少人在挨饿，夜里巡视时也能看见成百上千无家可归的人露宿街头。[3] 尽管如此，全球贸易有所回暖，新加坡的贸易量也超越战前时期。

作为东南亚的商业首都，新加坡已经是一个重要的城市，相较于近邻更为发达。在文化方面，新加坡继承了华人及亚洲其他地区的遗产，同时也接受了西方世界的思想与制度。新加坡社会有充足的素材形成新的文化综合体。在移民心态的作用下，新加坡这个殖民地随时准备拥抱（至少并不排斥）改变。[4]

正当新加坡渐渐从战火中恢复过来时，英国则步履维艰地展开重建工作。1945 年英国破产了。在经历了战胜的短暂兴奋后，英国就得面对眼前残酷的现实。为了应对战争带来的人才与财富的流失，政府采取严格的紧缩政策，许多英国人过着灰暗而惨淡的生活。与此同时，英国也要适应其在国际事务上日益减弱的影响力。战争结束后，英国损失了三分之二的出口贸易、超过四分之一的航运[5]，以及四分之一的国家财产（第一次世界大战就消耗掉了很多）。英国从世界上最大的债权国，沦为世界上最大的债务国[6]。

评论家西里尔·康诺利（Cyril Connolly）在 1947 年 4 月写道，伦敦"现在是最大、最悲哀、最肮脏的城市，路上尽是未上漆、空置率高的住房。牛排馆没有牛排，酒吧没有啤酒。曾经生机益然的小区彻底丧失其个性，广场风光不再……群众身穿破旧的雨衣，坐在食堂里沾有污渍的绿色柳条椅子上蹉跎时间。天空永远阴沉昏暗，犹如一个金属碟盖"[7]。

当时，新加坡日后的建国总理李光耀及其他年轻的新加坡领导人都在英国求学。他们一心一意要与英国分家。社会主义理想的干预型政府对他有很大的吸引力，但英国当时的福利制度却又令他反感。尽管如此，李光耀还是大致保留了他对英国文化的喜欢，而英国的式微也深深地影响了他。对他而言，英国的衰败犹如一首挽歌，他有感于此，并从中吸取教训。

他曾在回忆录中赞许哈罗德·威尔逊（Harold Wilson）在国会辩论上引用吉卜林（Kipling）《曲终人散》（Recessional）的最后一节。当时，英军被迫于 1956 年从苏伊士东岸撤退。吉卜林的这首诗于 1897 年 7 月 17 日发表在《泰晤士报》上，那时正值维多利亚女王登基 60 周年纪念。虽然当时的读者以为这是一首歌颂性的诗作，但它的最后一节却没有半点喜气。

> 远去了，我们的海军消融了。
> 烟火在沙丘和海岬沉落
> 瞧，我们昔日所有的煊赫
> 正如尼尼微与推罗。

吉卜林在前一个月看到了盛大的海军检阅后，便在书信中写道："做梦都没想到能在人间看到如此景象。这简直是无法用文字表达——非笔墨所能形容。"[8] 然而，当他再细想，惊叹便由焦虑所取代。早在 1897 年，当时英国的国力看似如日中天，他的诗作便已批判英国人的傲慢态度，并道出了权力无法恒久的本质。

1956 年，当埃及总统贾迈勒·阿卜杜勒·纳赛尔（Gamal Abdel Nasser）从外国人手中收回苏伊士运河的管理权时，英法两国都感受到威胁。他们无视纳赛尔并未夺走运河而只是交由埃及管理的事实，且纳赛尔承诺赔偿原主。尽管运河完全位于埃及境内，但埃及从未从运河产生的巨大利润中分得多少好处。

对于战后的欧洲而言，运河的意义变得更加重大，因为更多的石油从波斯湾经由苏伊士运河输送到欧洲市场。苏伊士运河巩固了英国在地中海地区的地位，对另一端的直布罗陀起到互补作用，同时保护通往更东边的海上航道。英国保守党首相安东尼·艾登（Anthony Eden）主张运河属于国际资产，其战略意义过于重大，不可交由埃及管理。他不仅质疑埃及人的能力，也不认为埃及拥有足够的资本来管理和提升运河。

1956 年 11 月,英法两国决定插手介入,想要迫使纳赛尔下台。这是成长于帝国时代并深受帝国主义思维影响的一代领导人的最后一搏。对当时执政的英国保守党而言,埃及和运河是英国维持世界霸权的关键点。苏伊士运河一事不仅关乎名誉,考虑到有四分之一的英国进口产品都会经过运河,许多英国人因此坚信运河对维持他们的生活水平不可或缺,运河的安全亦是英国的重要国家利益。

有一部分英国人持迥然相异的观点。像务实的克莱门特·艾德礼(Clement Atlee)这样的工党党员,就认为战后的英国应该向西看,在以美国为主导的新世界中成为大西洋另一端的延伸势力,而不应该继续向东看,固守于迅速消亡的旧帝国。最后,在经过仅一周的战争后,美国人强迫英法联军撤退。

英国人放弃了他们在那里的大型基地,最后一批侵略者于 1956 年 12 月 22 日启程回国。

短暂的战争及其余波造成运河暂时关闭,来往于大西洋、印度洋和中国海域的船只唯有绕道好望角。这对造船公司来说是个好消息,因为较长的好望角航线意味着市场需要更多的船只。船只的大小也不再受限于运河。沉没及受损的船只堵住了运河,直至次年 4 月运河才重新开通,并在埃及人手中平稳运营。

无论运河开放与否,新加坡的港口依旧繁忙,一直都有稳定的交通流量。然而,当英国被迫从苏伊士运河撤军时,维持其世界霸权地位的梦想已经破灭。新加坡"堡垒"已经变成空想,其战略重要性也愈渐不合时宜。因此,英国不久之后于 1959 年允许新加坡自治,给年轻的新加坡人提供了施展政治抱负的新机会,这并非巧合。

战后的新加坡百业萧条，人民士气低迷，这与战后的英国十分相似。可是到了 20 世纪 40 年代末，新加坡的情况已大有改善。当时新加坡的人均收入和生活水平均已高于邻国，反映了新加坡在作为殖民地的上一个世纪打下了的扎实的经济基础，既有良好的基础设施又有良好的制度建设。新加坡不仅有码头、仓库、银行和商品市场，更拥有懂得善用这些设施的人才。但一般普罗大众，尤其是马来人，仍是生活贫困，受教育程度低。除了港口，新加坡依旧是一个经济落后的地区，但它具有增长的潜力。

1950 年之后，新加坡的贸易已超出日常必需品，但是仍旧以橡胶为主。新加坡成为世界上最大的橡胶市场，原材料大多来自印尼的橡胶树。战争及随后的中国内战导致新加坡与中国的传统关系变得疏远。一些新加坡人对那场动荡中的输家表示同情，人们也不能自由进出中国，给家乡寄钱也没那么容易了。新的政治局面也打破了传统的移民模式，加之中国官方早在 20 世纪 30 年代就已经正式限制移民人数，单身男性停止涌入新加坡。新加坡社会变得更加稳定，且更重视家庭。更多华人开始视自己为新加坡人，而非只是过客。

大卫·马歇尔在战争时期曾遭受日本人的虐待。凭着不懈的努力，他最终成为一名重要的政治领袖。他出身于一个西葡系犹太家庭，这在新加坡属于少数族裔。他后来成为一名颇具传奇色彩的杰出刑事律师，据说从未输过一场官司（当时新加坡仍采用陪审团制度）。他在庭上极具辩才，善用精妙的比喻，随口便能说出如"当局的特权小狗"这类让人拍案叫绝的表述，让陪审团成员为之倾倒。他从不戴假发，不穿长袍。傲慢的殖民习惯让马歇尔相当不满，所以他总会穿一件棉布夹克上庭，象征着对僵化的英国司法传统的反抗。

他先是以公开支持新加坡独立的姿态进入公众视野，之后他奋力争取在政治程序中赋予自由民主的价值。在新加坡走向自治的过程中，马歇尔担任第一任首席大臣。尽管他在位只有 14 个月（1955—1957），但他成功地为 25 万华人争取到投票权（尽管这些人很可能不会投票支持他）。然而，位居高位的马歇尔缺乏政治机敏。有些人认为他很天真，李光耀批评他是"殖民政府的傀儡"。英国人也蔑视他，不给他配置任何工作人员，甚至连办公室也没有，直到马歇尔威胁要在一棵树下办公。

到了晚年，马歇尔成为一名外交官，被派驻到欧洲数国担任新加坡大使。尽管他经常不认同政府的政策，但对外他凭借其口才积极地为新加坡的政策辩护。此人的重要性，更多地体现在他独立敢言的个性，超过了他作为反对党领袖的意义。

日本占领结束后，念旧的英国人开始缅怀战前的太平盛世。他们希望，甚至要求英国恢复对新加坡的统治。在他们看来，要让大英帝国恢复其在本地区的霸权，新加坡作为一个自由港和重要军事基地具有战略性意义。

这种英国帝国主义的思想残余，事实上低估了民族主义的力量，以及共产主义在东南亚的号召力。但除战略意义外，还有其他考量。本地区的锡和橡胶皆经由新加坡运送，而这些资源为英国赚取大量的硬通货收益。事实上，马来亚被称为英国的"钱袋子"[9]，它在 1948 年赚取的外汇，要超过英国的任何其他殖民地。马来亚也供应了英国向美国出口的超过一半的产品。[10] 英国在两次世界大战后几乎耗尽了所有财产，因此马来亚成了英国极其重要的资产。

英国人对新加坡的观点分为两派。一派人认为新加坡理所当然应被视为大马来亚的一部分，另一派则将新加坡看作一个独立的个体。后者希望新加坡成为独立的直辖殖民地，政治上独立于马来半岛，成为英国政府在东南亚的总部，同时作为联系澳大利亚和新西兰的纽带。许多马来半岛的马来人也持这种观点，他们担心如果将新加坡纳入马来亚，华人将凭借其经济优势与潜在的政治权力，成为这个国家的多数群体。

1959 年，英国给予新加坡外交与国防以外的自治权，但这对新加坡人而言是不够的。就如在英国或其他大西洋帝国统治下的世界各地人民一样，新加坡人极力争取完全独立。即便是讲英语的华人精英，带着其亲英的文化态度，也渴求挣脱殖民的束缚，全力投身于独立运动。

新加坡的新领导层要向英国争取独立，并与当时已经独立的马来亚联合邦合并。公众舆论大多支持合并，也有一部分人反对。多数新加坡人不主张脱离马来亚，因为当时一个独立的新加坡似乎是不可想象的。

合并的先例可追溯到 19 世纪，当时英国将新加坡作为海峡殖民地的一部分来管理，其中还包括马来半岛的马六甲和槟城。这样的安排能让新加坡获得当下所缺乏的腹地。然而，在与马来亚的谈判中，双方针对许多议题僵持不下，包括对公民身份的定义和税务的征收管理。尽管如此，双方在 1963 年 7 月艰难地达成妥协。8 月 31 日，李光耀单方面宣布新加坡脱离英国，获得独立。9 月，马来西亚正式成立，其中包括新加坡、英属婆罗洲（加里曼丹）地区，以及半岛上的马来亚联合邦。

然而，马来西亚的领导人对合并后新加坡华人的人口数量及潜在势力深感忧虑。马来人不希望被华人统治，认为这是非常可怕的。马来半岛与新加坡之间的差异已超出种族议题。

没有任何文化、政治、宗教或经济的纽带能维持如此艰难的联合：一边是以农业为主的伊斯兰半岛，另一边是商业化的世俗岛屿。合并只维持了两个动荡不安的年头。

新的领土与民族问题，使得整个区域的局势更为复杂。印尼不满足于从荷兰手中获得独立，还希望重新划分主权边界。印尼的新领袖苏加诺（Sukarno）于 1961 年宣布激进的"对抗政策"（konfrontasi），希冀成立巨大的"马菲印多"（Maphilindo），将印尼、马来半岛（含新加坡）、整个加里曼丹，甚至菲律宾通通纳入其中。

按土地面积和人口来计算，印尼自然将主导这样一个联合体。苏加诺誓言要用武力攻下马来西亚，并斥之为"新殖民主义"。在他的命令下，印尼扣押新加坡的渔船、破坏新加坡的码头，并发起影响新加坡贸易的抵制行动。这些恫吓与行为无益于他想要实现的目标，却激起了新加坡的脆弱感。

换个视角观之，新加坡其实也对邻国构成了威胁。这些邻国急于发展自己的经济，不希望新加坡继续担任他们与外界的中间人。他们认为很多新加坡华人强势的经商行为损害了他们的利益。英国不仅保留了规模庞大的新加坡海军基地，还加上了空军和陆军，这难免让人联想到以英国为尊的帝国时期。这些现象在地区内激起了嫉妒、仇视和受威胁的情绪。

经过四年暴力血腥的对抗时期，苏加诺终于在 1966 年放弃了他成立马来超级大国的想法，并承认了马来西亚。停止对抗意味着新加坡不必再担心可能被印尼侵略并被纳入以印尼为主导的更大的马来地区。

在马来亚和新加坡的共产主义运动犯了一个严重失误，即支持苏加诺的"反殖民主义"行动。但苏加诺这个印尼民族主义者也勾起了东南亚各地华人久远的恐惧，让他们联想到自身在过去几个世纪以来所遭遇的集体迫害。就连其他印尼人也畏惧爪哇人的侵略性。在印尼群岛的复杂局势中，爪哇既是政治中心，也是人口最多的岛屿。

新加坡的"白衣人"取代殖民统治者

20 世纪 50 年代末，新加坡出现了一个极力争取独立的新政治团体——人民行动党（People's Action Party, PAP）。两个政治领袖形成不稳固的联盟：一位是年轻激昂的律师李光耀，及其所带领的讲英语的温和派人士；另一位是英俊有魅力、能言善道的林清祥，及其所带领的左派人士，而这个群体中包含了根植于工会运动的共产党人。

英国于 1959 年赋予新加坡在所有内政事务上的自治权之后，人民行动党便轻易地赢得在新加坡举行的选举。李光耀当选第一任总理。人民行动党之所以能够取得压倒性胜利，在于其政治主张能够吸引受中文教育的群众在未来的选举中把票投给他们。该党一直执政至今。

人民行动党的竞选政纲包括为迅速增加的人口创造更美好的生活、与马来西亚达成最终的合并，以及将马来语定为新加坡的国语。他们的政纲可以用两个词语来概括：民族主义与工业化。他们多数人视共产党为主要敌人。人民行动党党员常穿白色开领衬衫，象征他们建设没有腐败的社会的承诺，因此他们也被称为"白衣人"。

在 20 世纪 50 年代末和 60 年代初，新加坡什么都缺：水、电力、煤气、住房、学校、道路、桥梁、码头等，而现存的一切都需要整修。这些都需要大量的投资，其中大部分资金必须来自国外。单靠海运业无法生产如此大量的资本。

然而，新加坡的内部局势让外国投资者望而却步：非法罢工与街头骚乱频发，共产党人随时有可能夺得政权。新加坡的另一个劣势是其工资当时位居亚洲首位。[11] 外界对新加坡持负面意见，但分歧较大，包括"新加坡是资本主义的财阀政治""新加坡工人是被剥削的""共产党将夺取政权"，或是"新加坡工人的工资太高"。

对投资者而言，新加坡这个地方毫无吸引力。很多人把新加坡视作"一个位处日益排外的区域、随时可能会爆发动乱的外来飞地"[12]。

在新加坡人民行动党的领导层当中，李光耀崭露头角。他的智慧与强硬的性格深受他人敬佩。作为建国总理，李光耀的权力地位毋庸置疑。他于 1990 年辞去总理职务后，担任"内阁资政"（senior minister），后又改称"mentor minister"（中文仍称"内阁资政"），一直到 2011 年才卸下所有内阁职务。这段期间，他在幕后仍旧对新加坡的政治有很大的影响力。

与李光耀共事的另一名新加坡领袖是信那谈比·拉惹勒南。他是一名出生于斯里兰卡的泰米尔人，早年曾在马来亚生活。他深谙这种文化。他是人民行动党领导层这个精英小圈子中唯一的非华人。他曾当过记者，其后大半生都担任公职。拉惹勒南对一党专政的好处深信不疑，认为这样"要比被反对党骚扰，做起事来能更加独立（且更有效率）……象棋的兵如果把自己当作是象、车或马，这在一些情况下会十分烦人，会带来极大的不便。"[13]大卫·马歇尔曾把拉惹勒南比作"一只戴着手套的手，在击中你之前，你完全猜不到里头藏有铁拳。"[14]

拉惹勒南虽然不是华人，但他恪守儒家"反对等于犯上"的信条，认为政府站在绝对的道德高地上，政府的合法性来源于其道德的优越性。他主张所有经历现代化的社会都必须做出牺牲，而国会和工会对新加坡来说是一种负担不起的奢侈品。政治权力与经济特权必须让步给专制统治者设计推行的理性且高效的政策，而政治精英也无需向公众舆论负责。

和李光耀一样，拉惹勒南意识到新加坡与远方的各个大国保持海运联系的重要性。因此，他在新加坡的外交政策中扮演举足轻重的角色。大卫·马歇尔说他"让新加坡的外交格局向前迈进一大步，因为他对国际关系有深刻的认识，能够直抵问题的核心……找到简单的解决方案，并耐心而安静地完成任务"。[15]

在新加坡的建国初期，李光耀、拉惹勒南及其他核心领导人都只有三四十岁，正值壮年。他们有些人是在英国留学时相识的，由于当时伦敦和剑桥的战后大学生活弥漫着一种激进的政治氛围，这在他们心中撒下了反抗的种子。在英国的殖民统治下，这些新加坡的精英分子都有深造的机会。但对这些留学生而言，他们渴望回国，希冀从殖民政府手中争取独立。

这群人就算有争斗也从不表现出来。在外人看来，他们都站在同一阵线。他们彼此信任，这有助于他们在私底下达成共识。但他们之中有一个明显的领头人。李光耀在1959年6月对媒体说过："我是这个团队的队长。"当团队中某个成员被问及他是如何针

图 11　外交部部长拉惹勒南在香格里拉酒店举行的联合国协会年度晚宴上致辞（1975 年）。新加坡信息及艺术部收藏品，新加坡国家档案馆提供

对一些问题向李光耀提出反对意见时，他回答道："你必须小心行事。"[16] 这个回答很好地概括了团队内的互动关系。

李光耀等人都认为共产主义的复兴将对新加坡构成真正的威胁。共产党人的组织能力很强，已经渗透到工会和学生团体，以罢工、暴动和纵火的形式进行活动。受到中华人民共和国成立的启发与鼓励，新加坡的共产主义运动愈演愈烈。许多本地华人觉得自己是弱势群体，这为共产主义提供了发展壮大的基础。

林清祥及其带有共产主义色彩的派系后来脱离人民行动党，成立了一个名为"社会主义阵线"（Barisan Socialis）的反对党。于是，由英国训练的秘密警察——"特别部门"（Special Branch）——渗透进了林清祥的政党，试图找出里头的共产党人。1963 年 2 月 2 日，就在一次选举的前夜，警方援引由英国政府实施的《内部安全法》（这个法令在如今独立的新加坡依然实行），逮捕了一百多名左派人士，并在无审讯的情况下将其监禁。

警方的行动针对该组织的领导者和策划者，其他人被视作无足轻重的成员。林清祥属于前者，被怀疑是共产党人，但这一指控却始终未被证实。但林清祥被关押意味着其政治生涯已然告终，而这也有效地消除了任何反对人民行动党的有组织力量。从此人民行动党一党独大，权力牢牢地掌握在李光耀的手中。

李光耀和他的人民行动党背离了社会公义、民主制度和社会主义，反而走向了威权主义。他们更加认定这一战略最有利于经济发展，而这是新加坡赖以生存的根本。当局也试图打压集会，并限制任何批评政府的出版物。无论是殖民政治或李光耀领导的政府，他们都相信为了实现内部稳定与经济发展，采取严酷手段来压制异议是无可厚非的。视异议为危险的态度，将成为贯穿整个新加坡现代史的一条发展主线。

人民行动党成功地把自己塑造成一个追求经济发展、为百姓谋福祉的政党，尽管为此要做出一些不受欢迎的决定。他们宣扬纪律与勤奋的必要性。他们提倡的所谓"理性"，是脱离文化归属、宗教及意识形态的束缚。正如一名人民行动党的领导人所说的那样："我们必须向民众解释，告诫他们，鼓励他们，告知他们，教育他们，劝导他们。"[17]

为新秩序奋斗

新加坡没有成立工会的历史经验。视工会为理想摇篮的共产党人成立了第一个工会。祖籍印度的蒂凡那（Devan Nair）在1947年投身于工人运动，成为一名热情的共产主义者。英国人为此将他监禁了两年多，而他喜欢说那是他上过的唯一一所大学。加上其他刑期，蒂凡那在英殖民监狱待了五年。此人日后成为新加坡的第三任总统。

他说他善用狱中的时间阅读大量的书，而狱卒也会送来他想看的书，但其中有两本书被扣住：一本是陀思妥耶夫斯基的《罪与罚》，另一本是苏联叛逃者维克多·克拉夫钦科（Victor Kravchenko）的《我选择了自由》（*I Chose Freedom*）。据他说，这两本书之所以被扣，是因为作者都是俄国人，而且书的封皮均为红色。[18]

蒂凡那后来成为人民行动党的创始人之一。为英属马来亚争取独立的共同愿望，让像李光耀这样的社会民主主义者，能够和像蒂凡那这样的共产主义者携手合作。然而，一旦目标达成，双方便开始互相争斗。一反当时许多其他国家的情况，新加坡的共产党最终未能在这个统一战线占上风。蒂凡那因不满于新加坡共产党与外来势力的联系，自己已离开了这一阵营。

在与英国人的独立斗争中，李光耀和他的团队把就业、住房和教育看作是抵抗共产主义、提升民众支持度的关键。左翼以社会公义的口号吸引了不少工人和学生的支持，但其领导人却未能有效组织群众。

李光耀的执政团队所面临的第一个挑战，便是如何赢得受中文教育、不讲英语的广大劳动阶级群众的支持。讲汉语的人认为讲英语的人霸占了所有的好工作，这让他们愤愤不平。他们认为自己才是华人文化的真正继承者，代表着新加坡的主流文化。

在码头区的驳船船员与装卸工人，把自己看作是新加坡海运事业的核心支柱。工作条件是他们最为关心的问题。新加坡工人对工资的关注要普遍超越政治。[19]共产党最后落于下风，其原因与其说是政府的镇压，不如说是人民不再相信该党是真心在为劳动阶级争取福利。

李光耀和他的团队宣称，他们追求的不只是工人的福利，而是整个国家的福利。他们企图引导劳工运动以实现这一目标。李光耀决心要维持秩序，于是他保留了英国紧急条例，这一条例授权政府"在不经审判的情况下逮捕和拘留共产党人；如果他们不是公民，则可将其遣送回原籍国"。[20]引人关注的是，李光耀和他的同僚会把所有反对派人士划为"共产党人"。其中有部分被告否认是共产党人，却在不经审判的情况下被拘禁多年。

直到20世纪80年代，仍有人因涉嫌"马克思主义阴谋"而被捕。政治犯所受的惩罚，要比已决刑事犯更严重，甚至远比英国人当年对蒂凡那的处置更为恶劣。这些囚犯不允许携带私人物品，并且受到严密的监视。其中一人回忆道："你上厕所、洗澡都会被人监视……这显然是要贬低你，羞辱你，让你丧失人的尊严。"[21]

前政治犯陈仁贵曾在晚年写道："我们都患上了严重的历史健忘症，阅读聆听关于我们从殖民地变成独立国家这一历史转变的统一叙述。我认为这个转变过程其实要复杂得多。这确实有待重新梳理。"[22]

无论合法与否，共产主义影响了新加坡领导人的思想和政策倾向至少一代人的时间。这成了把左翼分子妖魔化的手段。自冷战开始，所谓"共产威胁"也在美国横行，美国人为许多新加坡的所谓反共组织提供资助。不谙当地政治的美国人以为日趋式微的英国已无力管理具有战略价值，但却内忧外患的新加坡。[23]如果这个刚从英国独立出来的国家变得反美，这将给美国的利益带来令人担忧的影响。但李光耀给了美国一颗定心丸。他成功地建立一个受到严密管控的一党制威权国家，而他一人手握大权。他的能力胜过了魅力，政治环境也因而相对稳定。新加坡没能出现一个能够与之抗衡的反对党。新加坡故事的重心将从政治转向经济。

创造经济

这要从港口和李光耀说起。他选择以港口旁的丹戎巴葛选区作为他的政治基地，是因为他深信港口的重要性，也希望能与工人建立更密切的关系。他会给工会提供意见，但他决不容忍任何危及商品和服务顺利生产的行为。

当时几乎没人能够想象一个独立于马来亚却还能繁荣发展的新加坡，但港口的成功使其成为可能。新加坡逐渐发展为商品和原材料的聚集地、加工地与批发地，让这个年轻的国家领先其他发展中国家。港口支撑着整个经济。新加坡的经济虽然经历过几次重大的转型，但贸易依旧是不可或缺的。尽管港口非常重要，但不是所有新加坡人都能靠它维持良好的生计。新加坡亟须发展工业来制造就业机会。

在 1963 年至 1965 年间，当新加坡还是新成立的马来西亚的一部分时，新加坡和当时其他有雄心的国家遵循同样的传统经济发展路线，即实行进口替代政策，通过本地制造的产品来满足国内的需求。这不失为一种制造就业的办法。发展这些劳动密集型的产业提高了本地工厂的生产量，其中包括布料、鞋子、家具和简单硬件。但随着工资水平上升，这些商品的价格变得更高，致使竞争力下降。新加坡非常想要通过吸引跨国公司来制造就业，但这些公司却没兴趣生产这一类日用商品。

所谓进口替代战略，即是在国内生产本应从外国进口的产品。然而，当新加坡于 1965 年 8 月突然成为独立国家，这一战略也随之戛然告终。失去了马来西亚的腹地后，这个年轻的小国迫切需要开拓本国以外的市场。新加坡的传统贸易公司，不论是由华人或英国人经营，都倾向于商业贸易，不熟悉制造业。这些商人无法成为工业所需的领头人。制造就业和产品都需要外来人才和资金。可要如何吸引这些人才和资金呢？

20 世纪 60 年代初期，新加坡只有一半的人口识字。[24] 虽然新加坡工人很勤劳，但他们却缺乏技术，必须从国外引进。由于国内市场太小，需要向外出口产品。它们要和工资更低、劳动力更顺从的香港竞争，产品的定价就要有竞争力。除此之外，新加坡需要吸引资金来兴建电站、铺设水管及道路，这些基础设施都是一个运作良好的现代化经济体不可缺少的。起初，新加坡的政治与社会动荡不安，种族关系紧张，甚至在 1964 年爆发暴乱。这让有钱投资的外国人退避三舍。

在发生种族暴动的时候，称为"甘榜"（kampong）的传统马来村落正被拆除，目的是腾出空间建造新的公共住房，从而提升人民的生活水平。然而，马来人一向把社区生活看得比个人生活更重。虽然马来人不如华人那般直抒胸臆，但他们明显更愿意保留原来的生活方式，而非服从政府的规划。这无疑妨碍了政府打造一个有凝聚力的综合社会的努力。

尽管政府认识到问题，但共产主义与种族主义的挑战依旧严峻。激进的学生与愤怒的劳工不断被共产党人激励，先是罢工，接下来演变成暴动，最后以警方镇压收场。双方均陷入这样的死循环模式中。政府的对策是拉拢学生与工会，同时大力压缩国家的政治空间，让异议者的活动组织变得难上加难。

李光耀总理凭借其超凡的政治机敏，化解了阶级差距的矛盾。他和他的团队克服重重困难，成功地推出一项雄心勃勃的发展计划，以缓慢而稳健的步伐取得民众的支持。这个年轻的国家正在构建一个更美好的社会环境，尤其着重于识字教育与社会服务。

李光耀心怀鸿鹄之志。早在 1963 年的秋天，他就宣布要把新加坡打造成"马来西亚的纽约市，一个富裕公正的社会中的工业基地。"[25] 负责经济发展的财政部部长吴庆瑞拥有足够的自信向外界征询意见，就连日本也不例外。为了国家发展，新加坡已经准备对日本的战时罪行忽略不计。

19 世纪，日本靠着农民的辛苦劳作资助其工业化项目，而香港则是凭借当地优秀的私人企业推动其制造业的发展。但对新加坡而言，政府认为吸引外来资本是推动经济转型的关键。

新加坡政府积极地招揽外国跨国企业。吴庆瑞和他的同僚想要发展制造业，于是邀请联合国到新加坡展开调研。1960 年，由荷兰经济学家与船运专家阿尔伯特·魏森梅斯（Albert Winsemius）带领的联合国专家小组抵达新加坡。魏森梅斯先前担任负责荷兰工业化政策的总干事，主持荷兰在战后的经济复苏工作。

经历德国四年的占领，战后的荷兰面临许多严峻的问题，包括战争初期对鹿特丹的空袭，以及战争后期的毁灭性炮火。根据魏森梅斯的描述，当时堤坝被毁，荷兰的大片农田都浸在海水之中，桥梁大多都消失了，而德国人占领了全国的工厂，并将 80% 运回德国。因此，他非常熟悉新加坡面对的挑战。

"动手划船"

魏森梅斯在后来的一系列口述历史访谈中回忆，20 世纪 60 年代初期的欧洲人认为"新加坡正走向万劫不复的深渊。我不知道情况是否果真如此，我也不想知道。我要研究它，尝试提供一些建议，让新加坡不要走向深渊，而走向另一条路"。[26] 当他来到新加坡时，他记得曾参加一个题为"新加坡能否生存？"的论坛。

魏森梅斯说他也不清楚自己为何获选到新加坡进行调查，但他做好了一切准备，并且在接下来的 25 年为新加坡服务，甚至把自己看作是"新加坡人"。当他初到新加坡时，他看到的新加坡深受罢工与动乱的困扰，犹如一艘"无舵的船"。他认为共产主义和就业机会短缺是新加坡的两大问题。[27] 共产党人不断发动各种运动，而大约三分之一的劳动力失业或无固定工作。李光耀记得魏森梅斯曾说过"新加坡正走在剃刀边缘"。[28]

图 12　阿尔伯特·魏森梅斯在海牙（1971 年）。Bert Verhoeff 摄，荷兰国家档案馆提供

魏森梅斯促请新加坡接受英国的传统，将其视作对抗共产主义的武器。这能向世界的发达国家证明，新加坡需要并希望它们参与到新加坡的努力之中，这样才能让新加坡更顺利地借用它们的知识，从而踏出工业化的关键第一步。[29]以著名的莱佛士雕像为例，它曾在日据时期被移走，战后又重新归位。当时的舆论曾讨论是否要永久拆除这座雕塑。魏森梅斯主张"莱佛士的雕像应保留下来"。李光耀总理认同这个建议，莱佛士雕像便得以屹立至今。

尽管魏森梅斯认为新加坡必须打破"乡村心态，走向国际"（尤其是在银行业），但他也相信新加坡有能力实现工业化，最终从制造业走向服务业，譬如运输业、金融业和旅游业。这便能给新加坡带来就业机会与经济发展。魏森梅斯认识到新加坡不仅能够处理港口的货物，更有潜力接待来往的访客。物美价廉的酒店、食物和安全的饮用水便成了新加坡必不可少的资源。

他开始每年两次访问新加坡。尽管不以任何正式身份，他却在接下来的20多年里成为一名颇具影响力的顾问。他在1963年带领联合国小组撰写的报告书具有深远的影响力，或许是因为它印证了当时流行的想法。在新加坡的眼中，魏森梅斯是首席调查员的理想人选，不仅是因为他的专业资历，更是因为他的个性。新加坡人觉得他睿智聪颖、知识渊博、为人谦逊。他的荷兰和船运背景使他认识到善用海洋资源，能够奠定一个国家在世界上的地位。虽然荷兰不是传统意义上的制造业大国，但它和新加坡一样，都是努力要从战争中恢复过来的海上贸易国。

虽然魏森梅斯在荷兰有丰富的经验可资借鉴，但他丝毫未受其限制。他认为新加坡的港口很好地承担了转运货物的功能，并且拥有良好的基础设施，有高工资、高收入及高利润。这一切都源自莱佛士时期对自由贸易的坚定承诺，才能为新加坡吸引大量的海上交通。他在报告的开头中写道："新加坡将继续成为世界首屈一指的贸易中心。"他指出，新加坡已经是"世界第五大港口"[30]。

他预见到生产廉价服装将是发展制造业的首要任务。纺织业是当时新加坡唯一拥有较多经验的领域。他后来说过，女人通过缝制内衣裤、衬衫和睡衣所取得的传统经济成就，应当获得更多的肯定。当时许多人都懂得如何操作缝纫机。他判断船舶维修和廉价电子产品可以作为纺织品之后的重点发展项目。

魏森梅斯认为负责管理码头的港口局"一片混乱"[31]。他的解决办法就是卖掉它。然而，在索价的过程中，英国公司斯旺亨特（Swan Hunter）的出价太低。于是，政府与日本公司合资，在新开发的裕廊工业区成立另一家船厂，希望通过良性竞争来解决问题。

魏森梅斯熟悉航运业的发展，他看到鹿特丹将崛起为世界一流港口，而跨大西洋的航运也开始普遍使用新型的标准尺寸钢制集装箱。他敦促新加坡为其港口做好准备，以迎接航运业的这一革命性改变。新加坡人一开始有些迟疑，担心初期的产能过剩带来的财务风险。过了一段时间，魏森梅斯的建议最终还是被采纳了。由于码头周边的地价昂贵，可以实行填海造地。可是新加坡的皇家游艇俱乐部却要为集装箱让出土地，最后甚至还要彻底关门。1972年，丹戎巴葛迎来了第一艘集装箱船。在接下来的几十年里，集装箱的使用将创造出新的货船设计、新的自动化货物处理，以及全球门对门服务。它也将推动电脑及互联网在航运业的使用。

新加坡已经将其海洋业务扩大至造船业，以及更重要、利润更高的船舶维修工作。政府本可以在这方面投入更多资源，但港口却只取得了小幅度增长。港口无法提供足够的工作岗位，而就业需求的迫切性压倒了一切。

20世纪60年代初期，失业和就业不足的问题都相当严重，并且日益恶化。根据联合国代表团的估计，在新加坡47.1万人的劳动力中，有3.9万人失业，至少6万人就业不足，未来9年还需要创造21.4万个工作岗位。工作岗位的数量落后于每年4%的人口增长。[32]新加坡人口稠密，无法自给自足。拉惹勒南曾经引述李光耀的话："这里每一平方英里的土地上住着7000人。一旦我们的商业和工业停止发展，这7000人存活下去的唯一办法就是吃掉彼此。"[33]

扩大制造业就算不能解决问题，但至少能够缓解问题。可是这一举措对新加坡的经济没有多大作用，其效益甚至在减弱中。新加坡的挑战是要在全球市场中，生产出在价格和质量上均具有竞争力的产品。这意味着新加坡需要找到邻国以外的客源。马来西亚与新加坡处于竞争关系，而印尼的局势又不稳定。联合国代表团宣称："没有任何销往印尼的制造企业能够在新加坡开业。"[34]

魏森梅斯敦促新加坡向国外取经，将外国（如日本）的模式调整后引入新加坡。他以德国的高质量劳动力和美国的小型企业为例。他说："永远都不能满足于现状。新加坡人必须努力工作，积极思考，明确目标。"他补充道："经济本身绝非目的，而是达到目标的手段。"[35]他提议推行道德教育，将加尔文主义的工作伦理与儒学进行类比。他认为这就是他作为一个荷兰人，能够如此适应新加坡生活的缘故。但是他对儒学的了解程度要低于加尔文教义。儒家其实向来就有重农轻商的传统。

联合国代表团认为本地劳工的质量是好的。魏森梅斯以其亲眼所见为证，他看到人们在街上修理缝纫机和自行车，并总结道："新加坡的工人勤奋努力，具有在制造业工作的相当程度的天赋。"[36] 可是缺乏技术的工人需要培训。这些工人至少要能识字，要么在本地的职业学校受训，要么到海外向外国的专家学习。新加坡的生产力持续低迷，工人的薪资又太高。新加坡必须从国外引进管理人才、制造商及资本。代表团建议政府资助厂房的建设，成立一家工业发展银行，但只直接参与少数几个发展项目。

劳资关系成了最大的挑战，甚至可以形容为恶劣至极，每况愈下。工会与政治局势交错在一起，极左派为了引人注意而煽动暴力，企图推翻现有的政治秩序。劳资双方至少都同意改变态度是必需的。

然而，制造商认为工人的薪资太高。工人们认为问题出在老板对他们过于专横。代表团建议工资的增长以生产力为指导，工会也要放弃罢工和暴动的消极策略。代表团所重点关注的行业，是那些能充分利用现有人力资源、能立即扩大规模，并且能最好地利用新加坡的战略性位置的行业。

代表团的报告书建议实施一项速成计划，以迅速缓解失业危机。计划有几个部分与海运业有关。让更多新加坡人上船工作是一种可能性。如果政府能说服外国航运公司聘请员工，本地人便可在接受短期培训后担任乘务员和厨师。

对一个岛国而言，捕鱼似乎是一个理所当然的就业选择。但是代表团指出，新加坡食用的鱼量是其捕获量的两倍。曾为新加坡厨房供应鱼的日本渔民已经不在了。取而代之虽说可以制造新的就业机会，但新加坡需要设计精良的渔船、更好的设备、一个鱼市场、捕获物的仓库，以及愿意成为渔民的人。代表团认为，只要政府同意给有意愿的用户提供贷款，应该能得到外国在船舶原型与专家培训人员两方面的支援，便可让这个行业发展起来。

拆船业是代表团提出的另一种可能性。这项工作不需要精密的设备，所需资本也不多，还能吸收大量的劳动力，因此特别适合当时的新加坡。然而，拆卸像船这么庞大的机器时会释放有毒物质，只不过当时人们都不太关注环境问题及对有毒物质的必要处理。

利用沙滩空间拆船，成本要比使用干船坞来得低。涨潮时，船只可以靠自身的驱动力上岸，然后在岸上被切割成易于搬动的小部分。如此一来，废铁可以轻易地用驳船运送到另一艘船上出口到国外（主要是日本），亦可以送往附近新建成的炼钢厂熔炉。

这是新加坡开发海运业的大好时机。全球运费下降，导致许多旧船被搁置或被报废。新加坡位于苏伊士运河与日本的中间，其位置恰好能接收从两个方向过来的破旧船只、货船及油轮等。这些废弃的船只可以省去香港及日本拆船商收取的拖船费。因此，新加坡可以比竞争对手更便宜地购得废钢，差价还足够负担将废钢送往日本炼钢厂的运费。

这乍看是一个很好的模式：国内炼制的钢铁用来造船，然后用废钢炼制更多钢铁来造更多的船，再将这些船只拆卸作废钢出售。不过，新加坡很快就意识到拆船比他们预想的还要复杂。拆船不仅仅是切开钢板，还需懂得处理复杂的机械和精致的配件，譬如计时器、罗经及水泵。这些配件的回收利润才是最多的。

船舶维修从港口业务自然衍生而来，是新加坡海运业的另一根重要支柱。它将会先让小型船厂受益。这些船厂大多只对停泊港口的船进行简单的维修工作，不使用吊车、突码头或干船坞。

再后来就会有更多需要干船坞的复杂水下工作，给船厂带来更多的业务，进而创造更多的就业机会。

早前恶劣的劳资关系导致船厂的生产力下降，导致船只在新加坡的停靠时间是香港的两倍。[37] 此事非同小可。船只一天不出海就意味着失去赚钱的能力，也就无法支付分期贷款、保险及资本投资的利息。

极长的工作时间加剧了效率低下的问题。码头工人每周工作76 小时，其中有三分之一的人加班。1957 年，印度工人反对雇主一直要求他们加班，便故意在某艘船只被拖进港口时突然抛掉绳索。管理层立即解雇了他们，但是调查委员会却命令他们复职，结果导致更严重的低效问题，船主取消进港，导致港口的业务减少。

联合国代表团把这次事件列为劳资关系崩坏的可悲例子。他们的报告书推荐将每周工作时间减至65 小时，同时实行奖励制度，让一般的工人不会因为工时压缩而减少收入。此外，报告认为政府应该明确劳资双方的权利。代表团也觉得双方可以通过私下会议表达他们的共同利益。"只要双方都意识到自己是在同一条船上，才会动手划船。"[38]

船舶维修工作（和拆船一样）能够充分利用新加坡在主要航线上的地理位置。希腊、挪威，特别是日本都成了常客，因为它们的船只时常经过新加坡。和日本帝国海军一样，日本的商船队遭到战火的严重破坏，既没有船也没有钱。但是那些曾经负责建造日本军舰和商船的积极人才还在。1956 年，日本共有 325 艘船舶下水（总计 1 746 425 吨），超越英国成为世界领先的船舶建造商。[39] 这种海运业的出口经济模式，让新加坡及其他亚洲邻国羡慕不已，欧洲国家（尤其是英国）则是又嫉妒又懊恼。

造船业成为日本在国际制造业的第一次大胜利。精工细作的文化表现在造船厂及厂房，让日本生产出了大批高质量、科技水平也越来越高的产品，送往发达国家（尤其是美国）的积极买家。新加坡既能借鉴日本的知识，又能作为中转站为日本出口品（以船舶为主）的用户服务。

到了20世纪60年代后期，日本需要更多的石油以支持其飞速发展的工业。日本国内的石油来源几乎为零，进口量在1955年至1965年之间增长了10倍。几乎所有的进口石油都会经过马六甲海峡。新加坡处于为油轮提供服务和修理的绝佳位置。

油轮在接收新货物之前，必须去除所有残留的气体。这一过程可以在海上进行，需耗时一周，这和从日本航行到新加坡的时间相同。油轮在日本卸载石油之后，可以利用向西航行的时间去除船上残留的气体。如果船只在前往波斯湾装货之前需要维修，也可以立即在新加坡处理。这将节省许多时间，而对船主来说，时间即金钱。[40]

石油需求的上升带动了船舶维修的市场。和一般货船不同，油轮非常需要检修工作。这刺激了港口的发展，推动建造大型干船坞以容纳这些大船，也培养了一批熟练的钢铁工人、电工及机工。新加坡逐渐赢得了高工作质量的声誉。[41]

新加坡积极寻求日本的合作伙伴，将其视为勤奋的完美主义者，而新加坡的领导人也希望自己的国民能像日本人民那样。政府现在会征询日本的意见，不再沉湎于历史，批判日本战时的残暴行径。

为了全力吸引日本商家到新加坡投资，李光耀总理和吴庆瑞都访问过日本。对新加坡的经济发展尤为重要的吴庆瑞还去了日本三次。吴庆瑞把焦点放在石川岛播磨重工（IHI），因为这家公司有投资外国的意向。此外，与日本其他公司不同，这家公司没有参与第二次世界大战时期的占领行动的污点。吴庆瑞最终说服了IHI与裕廊船厂（Jurong Shipyard Ltd.）合资。此前，裕廊船厂只从事维修，不参与造船工作。

IHI 一开始有些犹豫，最终于 1962 年派遣一组调研人员到新加坡，随后在隔年签署了协议，持有新公司 51% 的股份。裕廊船厂也派了一支 200 人的队伍到日本考察，甚至把日本企业的集体晨练和对公司精神的刻意经营等做法学了过来。这一切或许都最终师从美国的 IBM？

但日本在 19 世纪末的明治时期开始推动现代化，用以发展经济的资金来自国家（从农民身上征收的税金），而非来自国外。经济建设先由政府发起，再由民间企业执行。新加坡的做法则是吸引外国跨国公司到新加坡投资。

裕廊船厂的经验帮助了新加坡港务局改善业务。1966 年，它要求英国斯旺亨特集团加入，国有的吉宝船厂（Keppel Shipyard）就此诞生，后于 1968 年独立营运。对新加坡而言，靠造船赚钱是富有挑战性的，因为造船需要引进船用发动机和其他重要机械。船舶维修既不需要大量的原料，对设备和技术的要求也没那么高。但到了 20 世纪 70 年代，新加坡人已经利用他们的维修经验来建造复杂的石油钻塔。

几年前，在 1957 年有一名年轻的美国游客在新加坡的市中心闲逛时感叹道："这样一个阴暗龌龊、道德沦丧的贼窝匪窟，难道就是国际知名的新加坡吗？肯定不是。"后来他骑着自行车穿过城市的后巷，做出了如下结论："干净开放、绿意盎然的滨海区只不过是个虚幻的幌子，掩藏在背后的是整个亚洲脏乱不堪的景象。"[42] 几年后，荷兰顾问阿尔伯特·魏森梅斯也同样指出了新加坡发展偏颇的问题，先进的港口与城市其他部分经济的落后形成巨大的反差。他的其中一个建议是成立经济发展局（Economic Development Board），负责为新加坡进行重要的新经济规划。这个单位活跃至今。

第七章

"被赶出来"

在 1965 年 8 月 9 日的晚上，李光耀对着惊愕的观众含泪宣布，新加坡现在是一个独立的国家。他说："对我来说，这是痛苦的时刻，因为我的全部成年生活都对两个地区的合并与统一深信不疑。"[1] 毋庸讳言，他希望最终成为马来西亚的首相，但两年的合并却以失败告终。新加坡的华人人口庞大，具有巨大的潜在力量，这让马来西亚的领导人对新加坡的加入忧心忡忡。马来人不愿意被华人统治，认为任何合并都存在这种可怕的可能性。马来半岛与新加坡岛之间存在不可消弭的矛盾。

新加坡从未向马来西亚争取独立，此提议来自马来西亚首相东姑阿都拉曼（Tunku Abdul Rahman）。蒂凡那指出："新加坡是我所知道的唯一……被踢出来变得独立自由的国家。"[2] 李光耀后来用的是"turfed out"（被赶出来）一词。但新加坡最终将从此次的分家深深受益。李光耀确实巧妙地利用这一事件来激起一种危机感，让人民愿意为国牺牲。[3] 这是在新加坡历史上反复出现的"脆弱主题"的另一事例。

　　缺少了原先在英国统治下与马来半岛形成的统一，新加坡变成了李光耀形容的"一个没有躯体的心脏"[4]，亟须寻找新的腹地。由于不能与马来西亚拥有共同市场，新加坡不得不把其产品出售到全球市场。独立也意味着要放弃进口替代政策。为了生存，新加坡转向出口型制造业。

　　李光耀说："我们必须创造新的生计，而这需要与美国、日本和西欧建立海运生命线。"[5]独立不仅给新加坡带来巨大的挑战，对新加坡的邻国亦又未尝不是。大家都对自身的新独立状态充满不确定性。对于一个面积只有香港的一半大、除了港口和人口之外没有任何资源的新加坡来说，其前景确实令人担忧。

　　李光耀断言，当新加坡仍然是马来亚的一部分时，它是一张稳固的三脚凳中的一只脚。然而，现在新加坡是一根摇摇欲坠的单脚"折叠座手杖"。然而，他大胆地宣称，他决心要"坐上那根折叠座手杖，并且让它……变得如钢铁一般"。[6]

　　眼前的问题不只关乎经济的生存前景：刚独立的新加坡是一个孤立无援的蕞尔小国，不仅有虎视眈眈的邻国环伺，还面对不确定的转口贸易和就业不足等问题。少了马来西亚，新加坡就没有相连的腹地，其国内市场也太小。它没有独立的历史，也没有为争取独立抗争的英雄。在最早的历史记载中，新加坡就是马来亚的一部分，新加坡的国歌中还保留着马来文。这个新国家努力要建立一种认同感，以此来团结民众。[7]李光耀意识到独立所带来的严峻挑战。"我们是一个将就而成的社会，所以必须改变人民的行为。"[8]然而，他恰恰是一个不怕推行大变革的人。

　　然而，一个海事城邦在现代世界中似乎是不合时宜的，之前没有过任何成功的榜样。像香港和迪拜这样的殖民地港口受益于英国的法律和商业活动，以及大英帝国在全球建立的贸易网。香港与新加坡通常被看作是"英属中华地区"的两个主要海港，但前者并不是个独立的国家。迪拜也不是一个主权国家，而是阿拉伯联合酋长国（原英属停战诸国）的一员，并且在经济上依赖于毗邻的阿布扎比。新加坡需要开辟属于自己的道路。

新加坡必须为100多万人提供工作和像样的生活环境，同时要培养对国家的认同感。新加坡的人口多元，包括马来人、印度人、华人及其他族群，华人自身又形成了多个语言与文化迥然相异的社群。新加坡要想方设法在这个不确定的世界中创造一个整体。

拉惹勒南急切要建立一个拥有共同身份的新加坡。他敦促国人："如果你认为自己是中国人、马来人、印度人和斯里兰卡人，那么新加坡必定亡国。你必须想的是新加坡：这是我的国家。"[9]然而相较于其他新兴国家，新加坡的独立并非由民族主义促成。新加坡没有作为一个民族国家的经验，而人民不习惯"新加坡人"这样的身份。

作为一个现代经济体，新加坡的局限在于它既不是一个大型生产者，也不是一个大型消费者。由于港口业务繁荣，把1965年的新加坡称为"第三世界国家"未免具有误导性，但它确实有效地放大了其后来取得的成就。这个新的海洋国家希望在其原有的物质成就的坚实基础上繁荣发展，尤其是在海事领域中。海事企业让新加坡在本地区中一跃而起。

历史学家阿诺德·汤因比（Arnold Toynbee）在1969年写道，他认为刚独立的新加坡是不大可能维持下去的。"这个主权独立的城邦……作为一个政体却小得不切实际。"[10]汤因比认为蒸汽动力运输将赋予大国绝好的优势，致使其他小国式微没落。他未能预见 20 世纪末的海洋革命，在他去世后，美国发明了集装箱运输和超大型货船，彻底颠覆了全球海上航运业。

汤因比也没能看到东亚经济的崛起，包括新加坡的经济。这些国家重视人与机器的生产力，善用最近的运输技术，从大幅度增加的贸易流量与低廉价格中获取巨大的利益。随着对新型船舶的需求增加，世界各地的海港都经历着持续不断的转型变化。更大的船只要求更深的水道、新的锚地、新的信号浮标网络，以及更多新受训的领航员。每 15 分钟就有一艘船只入港，这样的运作需要一套极强的新型信息交流系统。这些现象都是新加坡很快就适应的，但许多其他国家却缺乏这种灵活性。

李光耀曾说过，他和许多人一样，虽然内心对新加坡的未来悲观，但对外则是持乐观态度。他以台湾和香港为例，"这两个依靠海运业的华人地区给了我莫大的鼓励……我从中得到一些有用的点。如果他们能够成功，那新加坡也可以。"[11] 而事实亦是如此。

独立一开始或许是出乎意料、不受欢迎的，但新加坡之后的独立发展却是不容置疑的。在李光耀的坚定领导下，所有精心规划的政策都被有效地执行。一个重视经济发展的高度集权的官僚体制开始成型。政府成为改革的先锋，代表人民行动，认为人民的愿望即是拥有舒适的生活，以及由理性务实的治理所带来的政治稳定。新加坡人最喜欢的追求是美食和购物，所以他们与政府站在同一阵线，让李光耀的人民行动党在每届大选中一直取得压倒性胜利。

吴庆瑞建设裕廊

李光耀的团队钦佩他们的领导人是一个既有思想又有行动力

的人。普通群众也在每届大选中表达对李光耀的支持。政府中的第二号人物是不引人注意的吴庆瑞。他的匙状宽鼻子位置偏低，下巴很小，喉结突出。他的声音沙哑，不适合在公共场合演说。他性格内向，说话声音单调，一般只说英语，所以不太能吸引华人选民。但吴庆瑞的睿智在他的文字中得到充分的体现，李光耀形容吴庆瑞的文字"明快、讲究、有力"。[12] 他精辟的演讲稿都是自己写的，展现了此人的性格特质、渊博学识与真知灼见。下属觉得吴庆瑞是一个急性子、要求高的人。他会说："我不同意。我觉得你在胡说八道。"当他不喜欢某份报告时，他会直接把它撕掉。但他犀利的思想深得众人的尊敬。

新加坡之所以有今天的面貌，吴庆瑞扮演了重要角色。在政治领域中，他领导了脱离殖民主义的斗争，并很快地意识到与马来西亚的合并与共同市场是不可持续的。他认为新加坡最好脱离马来西亚。但经济成了他最大的担忧。

当新加坡还是英国殖民地时，吴庆瑞就构想如何让新加坡从贸易业转向制造业。他是一名绝佳的规划人。他高度赞许自由企业制度，认为"只要能正确地培养并灵活地处理"便可成功。然而，他所创造的新加坡却成了一个社会主义式的国家，因为政府是最大地主，在公用事业、航运业和造船业均有很大的股份。政府掌握国家大部分的资产，但吴庆瑞说，"和其他社会主义国家不同，我们投资的产业赚了很多钱"。[13]

作为一位经济学家，吴庆瑞以其敏锐、高度集中且极具分析力的头脑备受尊崇。吴庆瑞与李光耀尤其亲近，后者在2010年5月的悼词中称他为"思考者，而我是执行者"。然而，李光耀又自相矛盾地称他为"我的问题解决人"[14]。事实上，二人都作为思考

图 13 内政及国防部长吴庆瑞博士出席内政及国防部的记者会（1967 年）。新加坡信息及艺术部收藏品，新加坡国家档案馆提供

者与执行者，拥有许多相同的特质。某名熟知二人的高级官员表示，他认为吴庆瑞比李光耀更具学术性和分析能力。很多人都说吴庆瑞是李光耀最得力的副手。

担任财政部部长期间，吴庆瑞于1961年底推出的"裕廊项目"充分地展现其杰出的才能。最初批评者斥之为"吴庆瑞的蠢事"。在寸土寸金的新加坡，裕廊的这片9000英亩的沼泽和草丛却一直被闲置，想要将之转变成一个工业园几乎是妄想。当时的裕廊是一个马来村落，典型的简单木制房屋伫立在潮泥滩上。那里渔民们除了捕鱼，还须靠养鸡、种植果树来维持生计。政府把那里的马来居民迁到几英里外的新村落。新住处虽然些许安抚了离家的悲伤或怨恨，但没有证据表明有人在迁移行动前征询过村民的意见。

没有人想到新加坡有能力把裕廊这片土地成功转为工业用地，但在短短的三年间，便有50家企业入驻裕廊，制造超过5000个就业机会。然而，迟至1967年，仍有外国观察者认为这项计划必然失败，他形容裕廊"海风飒飒，一片荒芜"[15]。尽管如此，这个项目最终证明是政府与私人企业合作的成功案例，能够自筹经费、永续发展。这是一个高度紧张的时期，街上种族骚乱频发，外国威胁迫近。好战的印尼破坏了贸易，并且随时可能发动攻击。

吴庆瑞打算把裕廊的发展重点放在钢铁业、造船业及拆船业等由海港支持的海事领域。李光耀早前希望建造一家大型的炼钢厂，引进马来亚的铁矿石、苏门答腊的煤炭、加里曼丹的石灰，动员新加坡的工人炼钢。钢铁业的重要性既有心理因素也有经济因素：20世纪60年代初期，钢铁制造仍被视为工业化能力的主要指标。人们把一个大型钢铁厂视为地位的象征、成熟经济的标志。

每个发展中国家似乎都想建造一座钢铁厂，即便大部分钢铁厂设备简陋，无法支持如此大规模和技术复杂的产业。

新加坡派遣一支代表团到多个国家考察学习如何经营钢铁业。他们购买相关的机器和技术，并安排本国人赴海外进修。钢铁厂于 1964 年 1 月 21 日开始生产钢条，主要用于本地的建筑工程。但由于设备采购缺乏系统性，外国专家的建议有时也不一致，这导致新加坡生产的钢铁仍无法在国际市场上竞争。吴庆瑞和李光耀不得不限制钢铁企业，并在联合国的建议下，将此项目缩小到只需要少量投资的适度规模。

然而，钢铁厂所代表的成就不可小觑，显示新加坡有快速学习技术的能力。新加坡人精明的商业头脑与决心意味着他们能够克服困难，最终成功地发展工业。外国投资者也积极响应。

吴庆瑞在国防和教育领域也像在经济领域一样游刃有余，其所展示的多方面才能与 19 世纪末让日本实现现代化的寡头如出一辙。他的文化兴趣也非常广泛，从中国戏曲、西方交响乐、橄榄球到由他成立的新加坡动物园。

年长的华人男子习惯养鸟，听鸟唱歌，并经常遛鸟，结识同好友人。吴庆瑞或许是想到这一华人传统，才会构思创建一个让各类飞禽自由飞翔的大型公园。他非常清楚这个公园无法提升国家凝聚力、工人生产力及教育水平，但他宣称"公园能为国民增添乐趣，尤其是我们的儿童"。裕廊飞禽公园于 1971 年开幕，随后成为一个重要旅游胜地，以及全球最大的此类鸟类保护地之一。

参观者对飞禽公园留下不同的印象，反映了不同的品位。鸟类学家欣赏园内丰富多样的飞禽种类，以及鸟儿自由飞翔的状态。一般大众则是单纯地享受园内景观。我曾听到一名华人游客跟她的同伴兴致勃勃地大谈哪一种鸟吃起来最美味。[16]

"战略实用主义"

新加坡领导人一直在思考生存的问题,因而被以色列的经验所吸引。这个犹太国家被视为成功的典范:一个新成立的小国,犹如一座孤岛,处于陌生甚至是富有敌意的海洋之中,却能凭借其智慧生存下来。吴庆瑞在1959年访问以色列,考察它的工业化进程。他曾以以色列人的经历为隐喻进行演讲。"我们在逆境中追求幸福时所经历的起落浮沉,就如同以色列的儿女们寻找圣经中的应许之地一样。"[17]

吴庆瑞在以色列会见以色列经济学家E. J. 梅尔(E. J. Mayer),他后来将和魏森梅斯一样,成为新加坡重要的外国顾问。梅尔在后来会见李光耀时说道:"如果你的邻居不要你的产品(就像当时以色列和新加坡的处境),那你就必须要在经济上超越他们,让他们需要你的产品。"[18]

和以色列一样,新加坡也去寻找邻国以外的朋友。新加坡在日本、美国及欧洲等遥远的地方为自己寻找新的经济腹地。好学不倦的李光耀到马耳他参观他们的码头。马耳他的码头曾经对英国皇家海军尤其重要,随后被改装为修船厂。"我看到干船坞积满水,工人们拿着全薪在里头玩水球。我为他们担心。"[19]他视察了英国及日本的造船厂。俄罗斯的彼得大帝当年在荷兰当修船工时曾亲自拿起锤头和锯子劳作。李光耀并没像他那样自己拿起焊枪,但他却通过近距离的观察,思考着更广泛的问题。

在吴庆瑞的邀请下,梅尔来到新加坡,并于1961年11月成为第一任经济发展局局长,其任务便是执行联合国报告书中关于推动工业发展的建议。在不久之后《海峡时报》的访谈中，梅尔乐观地表示新加坡除了还没发展工业，它在交通、通信及社会服务方面已经取得一定的成就。他主张新加坡应跳出成熟经济体的常规发展步骤，直接进入"高科技与知识型产业"领域[20]，方能抵抗国外的竞争。他也说李光耀总理必须"认识到你仅有的资源是你的国民——他们的头脑和技术"。[21]

在两年的任期里，梅尔的计划是要招募本地投资资本，同时寻找、吸引潜在的外国投资者来到新加坡，帮助他们处理开业的一切事宜，包括土地、建筑、劳动力、减税财政补助，甚至贷款。魏森梅斯也助一臂之力，通知荷兰的大制造商飞利浦（Philips）要及早进驻新加坡，"不然你们就会错失新加坡这个在东南亚迅速发展的市场"。[22]

新加坡企业在心态上很顺利地从殖民主义过渡到主权独立。没有任何人或团体反对外国投资；对英国的反对是政治上的，不是经济上的。新加坡无意为了保护本地工业而放弃自由贸易，但在梅尔看来，自由贸易妨碍了政府的干预，而眼前的局势愈加需要政府的介入[23]。当地企业规模太小、过于零散，必须依赖政府的辅助。由于国内市场太小，缺乏具备相关技能的劳动力，导致新加坡的工业对本地及外国投资者的吸引力不足。

经济发展局采取行动解决这一状况。经济发展局是由一群非常能干、受过高等教育的人员组成。他们代表了新加坡的精英，致力于在海外推广新加坡，同时鼓励本国企业发展。他们早期的成就之一就是招募到美国公司惠普（Hewlett-Packard, HP）。惠普进驻新加坡是为了寻找廉价但善于处理例常工作的能干人才来制造电脑的核心内存设备。经济发展局为惠普完成一切初步安排，寻找土地及员工。经济发展局为公司提供"一站式服务"。惠普对此惊叹不已：
"你向他们要什么，第二天就会出现在你的办公桌上。"[24]

在永久入驻前，该公司租用了一幢六层楼建筑的最高两层。
他们需要一个变压器来提供所需电力，包括给电梯供电。威廉·惠
利特（William Hewlett）计划亲自参观新加坡的分公司。早前预订
的变压器未能按时送到。让惠利特先生自己走上六层楼的梯级是
决计不可能的。经济发展局于是从相邻的建筑物牵来一条大电缆
来提供所需电力。最后惠利特能乘坐电梯到新办公室，电灯也能
打开。这条特殊的电缆显然就只用了这么一次。[25]

经济发展局的行动力与能力给惠普的人员留下了深刻的印象。
惠普随后在新加坡扩大业务，为6000人提供就业，其中大多为本
地人，对新加坡的经济做出重要贡献。[26]

在第二次世界大战以前，有三个国家早于惠普在新加坡开设
子公司，它们是英国、美国及澳大利亚。澳大利亚更多是出于地
理上的相近位置。其他国家在战后陆续进驻新加坡。直到日本、
中国台湾和中国香港等新兴市场在20世纪60年代加入竞争行列，
吸引国外投资的任务才变得尤为重要。

随着出口的增长，为了满足本地市场的需求，不断有投资进
入新加坡。这些投资看重的是新加坡作为东南亚集散中心的长期
地位。新加坡对海外华人特别具有吸引力，因为这里没有种族歧
视，也有一种文化舒适感。他们大多投资劳动密集型企业，譬如
服装和食品工业。英国、美国、澳大利亚及日本则选择进入资本
密集型和高度技术化的产业。

外国商业对新加坡越来越有信心，因为政府能对外国公司的
提议给予及时而热情的回应。此外，新加坡政治清廉，公共服务

和公用事业也非常高效。吴庆瑞的裕廊项目以迅猛的发展势头，引起了国际商业界的兴趣，许多海外公司都希望能参与其中。这与印尼以及本地区内外的其他发展中国家形成鲜明的对比。

稳定的货币和健全的财政政策为新加坡的招商努力奠定了扎实的基础。其所产生的利润可用于基础设施建设或其他用途，进一步提升了投资者的信心。[27] 外国投资者帮助新加坡经济从贸易转向制造业，创造就业机会，缓解了 20 世纪 60 年代初期的经济与社会危机。尽管当时只有几家私人慈善机构，新加坡也还没为贫困人口建立社会安全网，但新加坡却躲过了 19 世纪西方世界的许多工人在工业化过程中所忍受的肮脏生活。

除了投资资本和就业机会之外，知识是外国投资者的另一主要贡献。新的办事与营商的方式，以及对国际事务更广泛的接触，让新加坡得以吸引不少跨国公司。这些公司提供了一个消费者与供应商的全球网络，其中包含资本、原料及市场。全球化在 20 世纪 60 年代加快，推动了前所未有的人员与产品流动，让新加坡从中受益。

在殖民地时期，新加坡贪腐肆虐，警队尤其严重。英国政府一直到 20 世纪 30 年代才着手反腐，认识到"此恶端的影响范围之广、历时之长，是众所周知的"[28]。随着战争及日本占领时期的到来，人心不古，新加坡的腐败之风日盛。在 1959 年实现自治后，新当选的人民行动党赢得了 81 个席位中的 77 席。该党随即向腐败宣战，并意识到其中的原因与动机和机会相关。

在帝制时期的中国，腐败猖獗，官员在任时往往中饱私囊：一般的认知是在三年的任期内，官员第一年还钱给帮他得到官位的人，第二年享受津贴福利，第三年存钱以安心退休。新加坡提高了公务员的工资及福利，并对违法者施以严厉的刑罚。李光耀总理主张给高级公务员支付足以媲美私人企业的顶级工资。这种做法沿袭至今。内阁部长的年薪超过 100 万美元，应该是全世界最高的政府薪金。[29]此做法的理由不只是要降低腐败的诱惑，更要鼓励最杰出的人才加入公共服务。

不论是古代中国或刚独立的新加坡，他们都有可能形成一套唯才是用的制度（meritocracy），但是二者背后所遵循的教育理念却截然不同。和英国一样，帝制时期的中国在培养未来的政治家时，强调的是艺术和文学，不齿于把为官看作是一份职业。新加坡则反其道而行，转向技术官僚政治，忽视人文。因此，与古代中国和英国不同，今天的新加坡官员不再是文化传承者，至少不是上流文化的传承者。现在要判断结果或许为时尚早。新加坡作为一个现代国家只有 50 年的历史，文人政客则是统治了帝制中国上千年。

即使在独立之前，新加坡的领导人也开始组成一个稳定、诚实且高效的政府，并且在过程中致力于长远规划。新加坡的领导人表现出了经济学家埃德加·沙因（Edgar Schein）所谓的"'战略实用主义'，即一种解决当前问题的能力，并且能将这些解决方案纳入一个更长远的计划之中"，体现出对实现国家目标的献身精神。[30]

新式学堂

当新加坡自立后，改革教育体制成了新加坡政府的优先事项，为的是教育一批识字识数的劳动队伍。新加坡语言环境的复杂性让人望而却步。英国政府设置了照顾四个不同语言的种族的教育体制：英国人、华人、印度人和马来人。而华人和印度人又说着好几种不同的方言和语言。

泰米尔移民和华人及马来人一同亲手建造了这座城市。泰米尔语是新加坡最通用的印度语言，但还有其他的南印度语，再加上印地语和其他北印度语，如旁遮普语或古吉拉特语。这些北印度人对学习泰米尔语没什么兴趣，因为泰米尔语被看作是下层劳工的语言。此外，一些受英文教育的印度人，则更喜欢他们在学校所学的语言，工作上可能也使用这种语言。

战后，印度的少数群体因热衷于政治而开始受到关注。和华人移民不同，来自大英帝国的印度人是英国公民，因此能积极参与政事。海峡华人是来自马来亚的土生移民。他们大多拥有华人和马来族的混合血统和文化，并且一般能说流利英语。英国人不善于学习语言，因此他们觉得土生华人同时掌握英语和马来语的能力十分有用。语言选择把不同种族区分开来，阶级差异也让这个极其多元的社会分裂。宗教亦可能是造成分裂的影响力。

有时候，紧张的局势会爆发为暴力冲突。占大多数的华人社群在浩瀚的东南亚马来海洋中形成一座小岛。他们感受到一种特殊的脆弱感。和以色列人一样，华人想起过去几个世纪在东南亚其他地方遭遇的间歇性迫害。不论是在新加坡或其他地方，他们都能感受到潜在敌人的威胁。

理想主义者构筑的新加坡形象，是一根由代表着不同种族的四股线"编织在一起的绳索"[31]，因交织为一体而变得坚韧牢固。这个隐喻试图鼓励新加坡人放下地域与方言的差异（对印度人而言，则是要放下不同的语言），转而使用四种语言：英语、汉语普通话、泰米尔语和马来语。沿袭殖民时期的做法，新加坡将所有四种语言都定为官方语言。

学校采用的是双语课程，即说英语的人必须学习马来语；说马来语和泰米尔语的人则需学习英语。华人则需要学习英语和汉语普通话，即使他在家里使用的是方言。因此所有人都必须学习两种语言，其中一定包括英语。华人和马来人儿童在学校必须以第一语言或第二语言学习其各自的"母语"。

英语作为教学语言和高端职场的工作语言，变得越来越普遍。新加坡人说英语的能力要比亚洲任何一个国家都好。[32] 英式英语的发音与拼写方式至今仍占主导地位，但在美国电影、音乐及时装的流行文化的影响下，这个情况未来可能会有所改变。

"新加坡式英语"（Singlish）是一种流行的特殊街头土语，掺杂了马来、汉语和泰米尔语的词汇与句式，并经常穿插无实义的"啦"字，就像美式英语中无所不在的"like"。标准英语和汉语普通话本身具有经济价值，因为它们能为人们打开通往最好工作的大门。新加坡式英语没有经济价值，当局也不鼓励使用。这促使一个名为"胡说八道"（Talking Cock）的讽刺网站编纂了一本 *Coxford Dictionary*[33]，作为对政府的反抗。当两个年轻的新加坡人在国外见面时，他们会不自觉地使用新加坡式英语。在一个无法忍受的情境中，你会说"Buay tahan"。"Buay"是福建方言的"不"，"tahan"是马来语的"忍耐"。

"我听说世界上最大的集装箱船今天进港了，你知道吗？我看见起重机在远处移动。我猜想这就是原因。"

这句话用新加坡式英语来表达便是："You know anot, I got hear ah a very big container ship come to Keppel today lah. Must be very besar one. Wah lau! You know I see all the crane hor, move very far away lah. Confirm must be big one."（直译为：你

知道吗？我听说啊，有个很大的集装箱船进来吉宝港口啦。肯定很大个。哇唠！你知道我看到全部的起重机噢，移到很远啦。肯定很大个）。虽然新加坡式英语很有创意，吸收了新加坡丰富多元的文化，但政府对它持否定态度。

这似乎支持这样一种说法：即政府言语上喜欢创意，但他们却不信任创意的实质。他们对新加坡式英语的反应成为一种隐喻，象征着对国家身份认同的渴望和实现新加坡全球化目标的需求之间的紧张关系。

英语享有特殊的社会与经济声望，是属于统治阶级的语言。它的另一优势是让新加坡人能超越种族，迈向国际化。李光耀对此问题的总体解决方针，就是突出英语的地位，要求其成为所有学校的第一语言或第二语言。英语恰好是他最擅长的语言，而他又能很有说服力地辩称英语是全世界最有用的语言。

李光耀的想法是"让市场告诉孩子，精通英语的人将能找到更好的工作"[34]。他认可马来语和汉语，因为他认为这两种语言在本区域的商业和外交活动上颇有用处。很少马来人会说英语，但马来语一直是本区域的传统贸易语言，承载着新加坡范围以外的商业及其他意义。马来语使用的阿拉伯字母，以及马来人的宗教信仰，让新加坡能够与广大的伊斯兰宗教与文化圈进行交流。尽管一般群众不一定对此感兴趣，但这对穆斯林而言非常重要。

由于政治原因，普通话（官话）在19世纪末传入新加坡，反映了中国人团结一致、联合支持中国国内的革命事业的愿望。一个世纪后，普通话变得更有吸引力，因为它能开启中华人民共和国所提供的商业与文化机会。新加坡呼吁全体华人把普通话作为第一语言或第二语言来学习，其隐含的期待是方言将逐渐消失。

这让只会说一两种方言的老年人吃了不少苦头。在一些教人难过的情况下，祖父母不能再与他们的孙儿沟通交流了。

在政府眼中，亚洲语言，尤其是普通话，具有另一个优势，即作为"文化压舱石"，用以抵抗过度"西化"浪潮的文化价值观。这建立在语言形成价值观的假设之上。[35] 当政府对"西方"文化的批评愈加严厉，这一想法便得到更多的重视。

毫无疑问，新加坡决心把英语定为第一语言的做法，缓和了其与世界先进国家的关系。在日益全球化的世界中，新加坡得益于它作为一个国际性多语社会的身份。当地华人可以带头招募来自香港和台湾的资本。马来人可以连接伊斯兰社群。事实证明，强调国际化的海事传统（包括海港生活及与其相关的一切），对向往成为一个全球化都市的新加坡而言，是一个巨大的潜在资产。

狮城之狮

没有人比李光耀更能代表新加坡，就连占有欲强的斯坦福·莱佛士爵士（他喜欢说"我的新加坡"）也不能。如果说莱佛士是新加坡的创始人，那李光耀便是改革者。他仅仅用了一代人的时间，就如他所言，把新加坡"从第三世界移到第一世界"[36]。许多人确实会把现代新加坡的转变归功于李光耀。

李光耀大胆地把他的回忆录第一卷题为《新加坡故事》（*The Singapore Story*）。毫无疑问，他所取得的成就是了不起的。《时代》杂志称他为 20 世纪的哲学王。批评者可能会说李光耀是王多过于哲学家，但他确实是一位拥有思考大问题的非凡能力的政治家。

关于他的著作已经写了很多。我们有太多的材料，或许会让我们以为了解这个人，但正如所有的伟大领袖一样，他们总有许多不为人知的一面。更何况，传记的主角一直都不愿意被真正地检视，因此传记作家必须深挖才能树立比较具体的形象。李光耀喜欢保持神秘，明确拒绝任何试图探究或对他进行心理分析的人。此种拒绝的态度无可厚非，其他领导人未尝不是如此。

神秘感对任何领导人都是有利的。有些人深谙这一点，将之塑造为其个人形象的一部分。他们很清楚对外展示得太多，可能会让他失去权力。因此，我们或许可以用这样一个比喻：领导者是天生的演员，躲藏在他们自己创造的面具之后。

德怀特·艾森豪威尔（Dwight Eisenhower）也意识到这一点。他说在他共事过的所有上司之中，道格拉斯·麦克阿瑟（Douglas MacArthur）是最伟大的演员。教皇约翰·保罗二世年轻时曾当过专业演员，而他确实懂得如何吸引观众。在进入新加坡政坛以前，李光耀凭借其敏捷的思维和犀利的口才，在法庭呈献了一场场精彩的演出，充分地展现出他的戏剧天分。

亨利·基辛格（Henry Kissinger）说李光耀是一个卓越非凡的人，能够扭转局势、创造历史。一名熟识李光耀的美国资深外交官说，此人"能从大局思考，甚至能超越他的文化"[37]。无论是李光耀的支持者或反对者，大多数人都会认同这样的评价。很明显，李光耀是一个精力充沛、政治直觉非常敏锐的人；他能攻克一切困难，在于他能够赏罚分明。

他自己曾说过这样的话来表现他的铁腕："大家都很清楚，如果你要挑战我，我会戴上指节铜套，在一条死胡同里把你抓住。"[38]

有一名日本外交官曾语带含糊地表示："他对新加坡来说太伟大了。"作为一名非欧美裔的领袖，李光耀能说一口流利的英语与

图 14　李光耀

世界各国领导人轻松交谈。他是 20 世纪国际舞台上的一个耀眼人物。理查德·尼克松（Richard Nixon）在一本关于领导力的书中写道，如果李光耀身处另一个时空，他很可能就会成为像格莱斯顿（Gladstone）、迪斯雷利（Disraeli），甚至丘吉尔那样的伟大政治家。不知是碰巧或有意为之，尼克松列举的都是英国的例子。然而，对于现代新加坡而言，李光耀所扮演的角色之重要，要超过自丘吉尔之后的所有英国领袖对当代英国的影响，甚至连撒切尔夫人都无法与他相比。

李光耀是一个怎样的人？他的领导风格是什么？他在成长初期就具有领导力。他的父母离异，父亲在家庭生活中所扮演的角色无足轻重。就像莱佛士等其他在情感上没有父亲的领袖，李光耀与母亲的关系特别亲密。母亲对他寄予厚望，让他变得更有自信心。

1939 年爆发的战争延后了李光耀到英国深造的愿望。他 16 岁进入莱佛士学院，在那里主修经济学，并遇见了他未来的妻子。他妻子也是一个能力很强的人，李光耀后来称她为他的"保险"。她当律师的收入，让李光耀能无后顾之忧地投身于充满不确定性的政坛。

李光耀后来在英国读书四年：先在伦敦经济学院修读经济学，后到剑桥大学修读法律。他在英国能够理论与实践并重。他钻研英国政治传统的经典作品，同时学习辩论的艺术。他日后回到新加坡，先是以律师，后以政治家的身份，将他辩论相关的所学付诸实践。尽管当时经济紧缩，李光耀还是把伦敦看作是世界的中心，不论是在银行业、金融业、戏剧界或文化界。他开始学习上流英国绅士的作风，喝苏格兰威士忌（芝华士），打高尔夫球，朋友们都称他"哈利"（Harry）（撒切尔夫人后来真的就这么称呼他）。然而，他并没有展现出英国绅士尤为欣赏的那种自嘲式幽默。李光耀这个人毫无幽默感。

他后来被称为"苏伊士以东最优雅的英国人"[39]，据说周恩来曾批评他是一根香蕉——外黄内白。然而，说他是鸡蛋会比香蕉更合适。李光耀自始至终都没忘记他身为华人的本心，这一点在他的晚年尤为明显。

他从少年时期开始，就是个勤奋好学的人。他说："你不能忽视与学识渊博的人展开讨论的重要性。我觉得这要比吸收、阅读堆积如山的文件要来得更有益处。"[40]但与此同时，他博览群书，好学不倦，勤于思考。即便是他最严苛的批评者，也不能不承认他聪颖过人，知识广博。强烈的求知欲让他从不停止学习，以更新补充他已有的知识。就算在 80 多岁的高龄，他还坚持和他的普通话老师上课，还不时考查他儿子的学习进度。他的儿子李显龙是新加坡的现任总理，也跟同一位老师上课。[41]

李光耀坚称，他的政治成功秘诀是沟通技巧，并且建立一个稳固的制度与组织网络。语言无疑是他心仪的武器。他对自己的演讲能力充满信心。他在英国读研究生时曾为朋友助选，他那时便开始锻炼他的演讲能力。他说："我主导公共平台的能力，便是我整个政治生涯的优势。"[42]

在他的壮年期，李光耀的演讲简洁明快，热情激昂，不需要任何讲稿或笔记。他说他喜欢那种肾上腺素上升的刺激感，这让他能更有效地与群众沟通。然而，他这么做是以舍弃优美的语言辞藻为代价。讲台上的李光耀，极具说服力，发人深省，但他无法和亚伯拉罕·林肯和温斯顿·丘吉尔的优美文字相比。

除了演讲之外，李光耀也特别重视写作技巧。他曾经召见一些政府高级官员，向他们强调政府公文必须写得简单清晰。他还推荐他们阅读欧内斯特·高尔斯爵士（Sir Ernest Gowers）的《浅白文字》（*The Complete Plain Words*）一书。高尔斯是一名英国公务员，他写了这本写作指南给其他公务员。正因如此，这本书对新加坡官员具有特殊的意义。

1965 年刚独立的新加坡所面临的挑战之一与资金有关，即要如何与全球资本市场建立联系，让新加坡对外国投资者具有吸引力。他有个比喻："要在第三世界的沙漠，建立第一世界的绿洲。"[43] 为了吸引重要的外国投资，他宣称新加坡的小面积让它容易保持干净。他曾拍摄自己在街上拿着扫帚扫地的照片。他后来说绿化新加坡是"我推出的最有效的项目。"[44] "绿化"一词在这里与后来的生态保护无关，而是为了美化市容，甚至说只是为了保持环境干净。

李光耀不仅保留了英国传统中精心料理的花坛和修剪整齐的草坪（在新加坡是大草场），并且将之扩展到更大的范围。新加坡多雨炎热的热带气候会使泥土流失有机养分，只有某些特点种类的植物适合在这样的条件下生长。尽管有一些批评者反对引进外来物种，以免危及本地原有的物种[45]，但李光耀还是派遣植物学家到世界各地寻找适合在新加坡的气候条件下生长的植物，譬如现在随处可见的野生肉桂树。

他想要让来访者，特别是外国的商人，对新加坡的绿化和干净的程度留下深刻的印象，从而说服他们把钱投资在新加坡。因此，从机场通往市中心的公路犹如公园一般，树木林立，花团锦簇，一片绿意盎然。然而，实用性的重要性还是大于美观性[46]。公共工程局（Public Works Department）拒绝了在道路的中央分界处种植果树。尽管果树的花朵能让街道更美观，但从树上掉下来的果实会造成交通隐患。

绿化不仅仅是一种审美追求。园艺至少能形成一种控制的错觉，建立并维持有形的秩序。它代表着纪律，以及对细节的持续关注，这些都是李光耀所极力追求的。对于他想要创造的国家的样子，我们这里有一个很恰当的比喻：一个毫无杂草的国家，而所谓的"杂草"包括街上的垃圾、破旧的房屋、蓬乱的长发[47]，以及激进的社会思想。

投资者无不追求政治稳定。李光耀在英国的殖民历史中找到了一段可以用来提升新加坡形象的历史事件。尽管殖民时期有令人不悦的一面，英国人也为此备受指摘，但李光耀并没以这一段历史来批判现在。在1956年的一场演讲中，他告诉听众他的祖父曾经在往来于印尼和新加坡的汽船上当乘务长。他的祖父"对英国海军怀有最高的敬意"[48]。他的祖父"最终在运输业赚了很多钱"，因为英国海军的存在确保"马来亚水域没有海盗出没"。因此，他很感激英国殖民地为他来自中国的先辈们提供了一个避风港。如果没有新加坡的安全环境，他们后来也无法过上新的富裕生活。

李光耀不仅没有批判英国的殖民史，反而引以为豪，让它成为新加坡故事的积极一面。

面对眼前的问题，李光耀选择不沉湎于对过去的怨恨，而是善加利用他认为这段历史中的积极面。对莱佛士的崇拜只是其中一部分。莱佛士本人对马来文化情有独钟，但他既不是印度人，不是华人，也不是马来人。作为崇拜对象的莱佛士超越当下的种族区别，并且隐蔽了华人主导新加坡的商业与经济活动这一事实。

莱佛士能够引发一种自豪感，以及让人安心的延续感。这种心理体现于恢宏的英式公共建筑，比如圣安德烈教堂及其所隐含的悠久性、永恒性与庄严性。

像现任的新加坡政府一样，莱佛士也体现了自由贸易与威权统治的精神。他也曾利用历史来强化关于新加坡的叙述。李光耀有选择性地抓住这段历史遗产，以此肯定英国的开埠者与殖民主义，从而与外界建立联系。他要全世界把新加坡同英国的法治、社会稳定、对发展进步的承诺联想在一起。

殖民政府选定的新加坡街道名称继续把新加坡人和那段历史联系起来，尽管这些街名已经没有原来的含义。这些街名独立后保持不变，其中三分之二纪念的是欧洲人：英国官员包括克罗福（Crawfurd）、浮尔顿（Fullerton）及文咸（Bonham）；英国皇室包括维多利亚女王、亚历山德拉（Alexandra）、阿尔伯特（Albert）；尊贵的英国访客包括康诺特公爵和爱丁堡公爵；传教士如库克（Cook）和奥登（Oldham），亦在其中。[49]

被命名的街道越长，位置越好，就表示该人的地位越崇高。负责命名的部门注意到了此事的敏感性。他们认为新加坡改良信托局（Singapore Improvement Trust）的一位名叫沃尔特·H.哥烈（Walter H. Collyer）的经理应该不会反对有一条街道是以他的名字来命名，只要该街道"非常长"就没问题。[50]

有时候，殖民时期的名称反映出乡愁，一种对英国田园诗般的草地、森林与海边的怀旧之情，因而有了查茨沃斯路（Chatsworth Road）和布莱顿路（Brighton Road）这样的街名。如果有一位旅居新加坡的英国商人住在静谧怡人、树叶茂密的伯恩茅斯路（Bournemouth）[51]上的平房，他可能会感到安心，因为他能远离这座过度拥挤的亚洲城市的热带温度、气味、喧嚣与混乱。但这才是真正的新加坡。

在李光耀的敏锐目光下，绿色植物成为建造现代高效的基础设施的一部分，这还包括电信设备、道路、世界一流的机场（和航空公司），以及具有吸引力的公共住房。有 90% 的住房是由个人拥有。如此高的拥屋率要归因于中央公积金（Central Provident Fund）。它在战后由殖民政府建立，是一个强制性的退休计划，雇员和雇主每月都必须存入月薪的 25%。雇员必须每月供款至 55 岁，并于 62 岁才能取出存款。

从 1968 年开始，个人可以用账户里的存款购买组屋。出现紧急情况时，个人也能在退休前提前取款用于教育与医疗。对于政府来说，这一笔庞大的基金可用于海外投资，或是用于公共交通、道路建设及其他住房需要。

新加坡的第一批现代城市规划者在其报告中写道，根据现存的资料，第一次世界大战后的新加坡"拥有全世界最糟糕的贫民窟（连加尔各答和孟买最恶劣的生活条件都算上）。"[52] 因此，新加坡能够克服挑战取得今日的成就，绝非易事。政府在战前（1936 年）就开始建造公共住房，但这个项目后因战争和日军占领而被搁置。自 1960 年起，政府开始大规模地快速建房，反映出了新加坡的政治自主权。征地、拆除市区里的贫民窟、启动迁居工作成为一种重塑社区的手段。这个过程中改变的不只是地理位置，还包括社会交流。基本上，整个城市的结构被重塑，人民的生活方式被改变。

人们从拥挤不堪的市中心搬到郊区，为的是腾出空间进行商业活动。有碍观瞻的棚户区逐渐消失，不再包围市中心。政府优先为穷人提供援助，把他们从肮脏拥挤的经济住房和半农村的甘榜，迁移到品质良好、高人口密度的同质化高楼组屋。组屋附近有商店、诊所和学校，形成一个自给自足的社区。崭新高效的公共交通系统把不同的卫星镇与市中心连接起来。每个社区都有不同种族的人居住在一起，形成新加坡的"大熔炉"。

这项政策源于政府的法令，而非源于民意。正如李光耀总理在1986年8月的国庆演讲中宣布："我们决定做什么是正确的。"[53]许多被要求搬迁的人都有所不满，感受到失去故居的苦楚，但他们也别无选择。有些人觉得赔偿金额不足。[54]马来人不愿意放弃传统甘榜舒适的集体生活，搬到人情味较少的新组屋。组屋不允许他们贴近其所熟悉的土地，他们再也无法种菜、养鸡。严格的规矩明文限制所有居民的行为，不分种族：禁止将垃圾扔出窗外、禁止在电梯里小便、禁止在家中裸体走来走去（这一规定的原因不明）。[55]如果有人上厕所不冲水，需缴付很重的罚款。李光耀总理要求每周向他汇报樟宜机场厕所的干净程度。

新加坡厕所协会主席表示："对我们来说，厕所礼仪折射出新加坡的文化，显示了新加坡人的文明程度……作为一个第一世界国家，我们希望能够构建一个与之相符的优雅社会。"[56]用李光耀的话说，所有公民都必须"尊重社区，不能随地吐痰"。[57]

新加坡的房屋质量肯定胜过大多数新兴的亚洲大都市。新加坡人会自豪地邀请外国访客前来参观，欣赏这些组屋的宽敞与现代性。在新加坡这个有序的世界里，政府成功地塑造了一个亲商、无犯罪、高效高素质的形象。废除种族隔离的举动是一种社会工程的机制，其结果便是居民享有非常舒适的生活，但"政治空间被同质化了"[58]。

新加坡位于赤道附近，但不论是新加坡人或外国访客都说，这里的生活节奏近乎疯狂。为什么在这座热带岛屿会有如此忙碌的生活节奏？新加坡不再是殖民时期的慵懒社会（至少对一些人而言如此）。新加坡取得独立（和成功）的同时，空调开始在全球范围普遍使用。这不只使许多生活在热带地区的人生活得更舒服，也提高了人们的工作效率，方便延长工作时间，让工作更愉快（至少对上层的劳动队伍来说是如此）。对于底层的体力劳动者，空调并没有产生同样的效果，但机械化至少降低了需要在炎热的户外工作的人数。

实际上，游客们说新加坡的空调太多了。作家奇里安·乔治（Cherian George）认为，这是整个新加坡体验的一种隐喻：舒适与控制相互交融。[59] 建筑师雷姆·库哈斯认为空调让人躲过了热带气候和湿度，而此二者是仅存的真实环境因素。生活大部分都是在室内，让充满异国情调的户外"像是透过玻璃板观看的橱窗摆设"[60]。

库哈斯认为，对气候的抗拒能够解释新加坡的紧张状态。他引用伊恩·布鲁玛（Ian Buruma）的话说："它对应了一种担心被森林吞噬的深层原始恐惧，而想要逃离被吞噬的命运，整个社会就必须更完美、更有纪律，永远保持第一。"[61]

凉爽的气温鼓励人们迁徙。历史学家阿诺德·汤因比提出环境决定论，即艰苦的生活条件能培养出坚韧不拔的人。他主张领导人的性格决定了文明的兴衰，而领导人在不可回避的危机中所展现的适应能力将能产生被视为正面的结果。汤因比关于文明兴衰的理论，对李光耀起到了重要的影响。[62]

李光耀喜欢在内阁会议上引用汤因比的话。他引述这位历史学家的理论，认为"更严峻、更冷的环境"能够造就更有活力、更具生产力的文明。李光耀总结道，那些享受着"温暖的阳光、香蕉和椰子"的人不需要努力工作，自然也就不会有什么贡献。他对中国文化推崇备至，并认为地处温带的中国是一个"硬"社会（大离散由此生发），而地处热带的印尼则明显是一个"软"社会。[63] 依循这一思路，新加坡寒冷的办公室恰好抵消了造就"软"社会的热带因素。[64]

优生学影响了李光耀的种族观、性别观和阶级观。随着年纪的增长，他对英国殖民时期的种族主义的厌恶开始减弱，并形成了他自己的偏见。李光耀相信后天获得的特征是可以遗传的，认为"良好的基因"[65] 将因新加坡的成功环境而弱化，从而破坏新加坡的精气神，让新加坡丧失使其成功的"创新精神"。

在英国的统治下，主人发号施令，人民只要服从。在其鼎盛期，殖民主义可被形容为家长式专制。这显然与李光耀的思想非常契合。他成功地打击共产主义，并在新加坡独立前将之粉碎。这些经历都让他变得愈加保守。他的专制主义表现于他对工会的态度，以及对新加坡的规划：全面而高压、自上而下地推进现代化。

我们可以将他比作小规模的彼得大帝和阿塔图尔克[66]（Atatürk）。然而，他却对个人崇拜毫无兴趣，也没想过要在硬币或邮票印上自己的肖像。在他去世前的几年，时任内阁资政的他来到一间验光师诊所，随身只有两名身材魁梧、衣着讲究、戴着耳机的保镖。当时有一名病人想让他先看医生，但他说他会等着，仿佛自己只不过是一个普通公民。那名病人不让他等，李光耀便微笑道谢，进去看医生。他从不要求特殊服务。[67]

李光耀平常只穿一件白衬衫，不打领带。在任期间，他既不为自己，也不为他的国家感到自负。当然，他从不吝于提供建议，但他的使命感并未超出他自己的国家。

新加坡与邻国过去的紧张关系并未结束，而新加坡的发展更是让这脆弱的国际关系恶化。新加坡与马来西亚的收入差距很大，与印尼的收入差距就更大了。这些对比确实令人诧异。只要乘渡船到印尼的任何一座岛，到处都能看到破败的建筑物，到处都是垃圾。缓慢的生活节奏与混乱的体制，揭示了巨大的经济与文化鸿沟。

许多新加坡人都不太掩饰内心的不屑。有人说："我们是恶劣街区的一栋好房子。"在某种程度上，邻国把新加坡视为中国人，关系之所以紧张是因为他们担心自身海外华人社群的力量。华人掌握的巨大财富不成比例，在马来西亚和印尼两个邻国均形成了极有影响力的少数群体。

新加坡人的态度反映出了一种坚定的优越感，这也许是帝制中国的产物。有些新加坡人和他们的明代祖先一样，觉得"我们是教化之国，你们外人是蛮夷之辈"。

对于如何使用海峡和领海的具体差异，加剧了新加坡与邻国的紧张关系。印尼人体现出一种"群岛"态度，认为他们拥有与其众多岛屿相邻的水域。这种态度具有重要的国际影响，因为印尼跨越多条战略性航线，其中包括巽他海峡、龙目海峡和望加锡海峡，这些全都是海运业的关键航道。而美国人和其他外国人当然希望航道自由畅通。李光耀及其同僚也是如此，不难理解的是，他们非常重视新加坡与海洋一直保持自由无阻的通道，因为整个国家的生计都有赖于此。

拥抱海洋革命

新加坡作为主权海洋城邦的新生活，恰逢海运业的巨变。在20世纪前几十年，海洋世界迅速将燃料从煤转换为石油，其速度远远超过之前从风帆向蒸汽的转变。第二次世界大战后，石油贸易的全球生产中心开始从加勒比海转移到波斯湾。美国从石油出口国变成了石油进口国。由于其战略位置，以及高瞻远瞩且充满活力的创业精神，新加坡成了主要的炼油地。

新加坡既从事石油交易，也经营炼油业。石油成为新加坡处理的最重要商品，甚至取代了锡和橡胶。炼油业始自 1960 年，而新加坡港成为世界主要的原油混炼中心、加油中心，以及石油分配中心之一。壳牌（Shell）、埃索（Esso）和英国石油（BP）均认为新加坡港的优越位置有利于储存及销售石油及其产品。炼油业自然就与贸易相辅相成。新加坡的石油业因此大幅增长，这得益于全球的石油需求增加、新加坡港恰好处在西南亚主要油藏之间的优越位置，以及蓬勃的东亚市场的石油需求不断增长。

新加坡独立后便失去了马来西亚的市场。为了维持经济，新加坡对外转向世界海洋。新加坡认识到国内有限的消费者无法使进口替代政策取得成功，于是开始积极吸引外来投资者，开拓海外市场。众所周知，这样做的目的是要利用新加坡的海洋前沿地，伸向世界先进国家的偏远新腹地，并向庞大消费者群体提供物美价廉的新加坡商品。

作为一个新独立国和制造商，新加坡采取了这一系列初始措施。与此同时，海事业也发生了翻天覆地的变化，对新加坡这个城市国家产生了深远的影响。战争后的前 20 年标志着我们所谓的"传统船运"时代的结束，即 20 世纪初期由风帆转换为蒸汽的机械船运。在西方世界的积极推动下，加之亚洲国家的适应配合，让这一伟大的新转变得以实现。

在过去 50 多年，从大西洋到太平洋的世界主要经济活动均是利用散货船和标准集装箱。这给海上航道带来巨大的改变。船船越来越特制化。资本密集的货物装卸取代了劳动密集的形式，而电脑成为控制整个企业的大脑。新加坡人尤其善于把握这些现象的本质并加以利用，因此取得了今天的成功。他们至今仍旧保有这一优势。

到了 20 世纪，英国皇家海军不再统治世界海洋。英国商船队在全球总量的比例开始急剧下降。在新加坡港能见到的插着英国国旗的船只越来越少。部分商业活动的衰落的确超出英国的控制范围。然而，英国造船厂自身不积极创新，资金投入不足，也不努力提高工人及管理人员的技能和效率。恶劣的劳资关系与阶级偏见，让它们的处境更加不利。

当李光耀参观英国造船厂，并与他在日本看到的造船厂比较时，便评论道，日本的管理人员对工厂运作有第一手了解，而英国的管理人员则似乎只待在他们舒适的办公室里。相比之下，日本的管理人员和工人穿着相同的安全帽和橡胶靴，习惯在相同的食堂里吃着同样的普通食物。用李光耀的话，他们都是"灰领工人"。然而，阶级界线在英国非常分明。李光耀的英国接待人，身着高级定制西服，一到了中午便会坐上一辆闪闪发光的劳斯莱斯，到一家酒店吃午饭，与厂房彻底脱节。[68]

英国的造船厂以拖延交货时间而闻名，管理层对市场的关注度不足。他们的态度确实告诉了我们一些道理。约翰·马拉巴爵士（Sir John Mallabar）是哈兰德和沃尔夫（Harland & Wolff）的主席，这是贝尔法斯特的一家伟大的造船厂。他曾说过自己不需要做任何市场调查。"如果人口暴增，全球贸易量也暴增。我需要知道的只是这些。"[69]

昔日的成就培养出一种优越感，导致英国的海事利益在新局势中严重受损。正如一名观察者所言："自满是维多利亚时代英国的一种普遍风气，影响到那个时代许多实力雄厚的企业。"[70] 随着航线的合并以及旧式家族企业的消失，整个船运业变得难以捉摸。船主把目光从船舶转移到办公室，从甲板转向账簿。[71] 随着英国海事业的衰落，其领头人不但没有寻求改进的方法，甚至还把问题归咎于他人。[72]

20世纪两次世界大战期间，航运技术的最大变化便是由蒸汽动力转为柴油动力。尽管柴油发动机比蒸汽发动机的制造成本来得高，但柴油发动机的耗燃量更低，因而由柴油驱动的船只可以在不加燃料的情况下，比蒸汽船行驶得更远。此外，柴油船的轮机舱所需的人手不到蒸汽船的一半。由于发动机较小，同样大小的柴油船可以比蒸汽船装载更多的货物。

然而，英国的海事业却没有意识到采用新技术的必要性。他们未能像德国人和北欧人那样抢得先机，善用柴油动力的优势。英国造船厂甚至避免使用焊接法造船，因为这种新造船法对它们太陌生。[73] 随着油轮的重要性提升，英国造船厂比竞争对手更慢地意识到石油将成为一种主要商品。既然输油管无法横跨海洋，石油便成了战后使用船运的主要商品。英国不是第一个建立油轮船队的国家。

与英国不同的是，新加坡早已做好准备，适应改变。新加坡在20世纪初期已是海事业的主要国家。独立后，新加坡继续大力投资其港口的基础设施，确立它作为全球最高效港口的声誉。港口在市区边缘的五处地点，不只容量增加，码头也随之变大、变多。新加坡除了是区域终点站和再分配中心，更是通往遥远目的地的转运中心。港口让新加坡晋升第一世界国家之列，成为经济发展的典范。

港口以其先进的物流技术刺激了对船厂服务的需求，也带动了海事附属行业，譬如保险业、法律仲裁、市场研究与风险分析。它的船舶登记中心本身也成为吸引其他海事企业的方式。体积较大的船只停港次数较少，这就鼓励船只在新加坡添加燃料。这个国家成为世界海事业的领先者，一个"亚洲的休斯敦"[74]。与休斯敦不同的是，新加坡位处海上，经营炼油业，并为船舶供应所需的低等级燃料。

运费的降低对各个国家的贸易模式以及全球的贸易总量均有影响，尤其是对新加坡。更低的成本能提高贸易量，而更高的贸易量能为全球创造更多财富。在战后初期，世界贸易和世界财富开始以惊人的速度增长。在新加坡独立后至今，世界海运贸易增加了超过六倍！[75]虽然配额和关税等壁垒的下降助推了这一增长，但运输成本下降是另一主要因素。成本下降是由于海事业内所发生的逐步变化，以及一些充满想象力的人所推出的创新变革。超大型的散货船便是其中之一。

这些战后初年的倡议大多来自于美国人的灵感，而非欧洲人或亚洲人。丹尼尔·K.路德维希（Daniel K. Ludwig）据说曾一度是世界首富，在海事圈被称为"金融人"，而不是真正以海为生的人。[76]他之后进入航运业和造船业。路德维希一向雷厉风行，脾气暴戾，是一个极不容易相处的人。认识他的人都不愿意评价他，但大家都一致肯定他在船运业的成就。

此人的热情在于赚钱，不是花钱，而他的一毛不拔是远近闻名的。他曾经训斥过一个雇员在信封里附上一个纸夹。他怒吼道：

"我们不会花钱用航空邮寄五金的！"[77]他憎恶任何宣传，拒绝接受采访。曾经有一名记者试图在纽约的人行道上拍他的照片，结果他把该记者的照相机砸碎，从此臭名昭著。

路德维希在建造所谓超级油轮和散货船方面是开创者。在20世纪50年代初，油轮的排水量约10万吨，比第二次世界大战时期常用的标准大载重量货船自由轮没大多少。路德维希认为更大的船身将能运输更多货物，所需的额外成本也相对较少。增大船身将增加其载货量，驱动船身所需的额外动力也相对较少。更大的船舶的每吨造价会更低，每吨所需的人力也更少。

路德维希在美国弗吉尼亚州诺福克（Norfolk）的造船厂太小，容不下他想要建造的船舶。于是，他在1950年开始寻找其他合适的地点。他的员工在日本距离广岛不远的吴市，找到一个前日本帝国海军的大型造船厂。这个造船厂在第二次世界大战爆发前秘密建造了世界最大的战舰"大和"号。1950年，这个无人使用的巨大空间以低价售出。路德维希以极其有利的条件，为他的全国散货船公司（National Bulk Carriers）签下了十年的租约，并与驻东京的美国当局建立密切的关系。[78]这为他进口美国钢铁打开了方便之门，而美国钢铁要比当地可得的材料更便宜、更适用于焊接。日本政府也允许他在缴纳关税的情况下进口其他造船材料。

美军的轰炸将吴市的造船厂炸成一片断壁颓垣，但是战前战后在那里工作的有才能的设计师、工程师，以及技术精湛的工匠，都非常乐意再次受聘，也不太可能会为了提高工资而罢工。路德维希在那里运用了亨利·J.凯泽（Henry J. Kaiser）在战时的美国造船厂成功研发的造船技术：焊接、预制、在装配线上快速生产简单且庞大的船舶。路德维希准确地预见市场需要更大的船舶。

路德维希的经商宏愿远远超出了海事业。他不只要生产船舶，也想要从事散装货物运输，包括盐、铁矿石、煤和石油。为了装满他的货船，他采取多样化的投资策略，大量地投资采矿业、畜牧业和木材业。但真正为他赚钱的是船舶，而非这些投资。他被人纪念的是他的船舶，而非资源开采。

如果说散货船只是一个进化性，而非革命性的变化（毕竟船舶的本质不变），那么标准集装箱将是革命性的改变。这种新型包装法是自蒸汽驱动航运以来，世界航运业的一个最重要的创新和刺激。这加快并扩大了运输的节奏，导致运输成本下降。简单的钢制集装箱，防风防雨，陆上或海上运送皆宜。因此，它在生产者与消费者之间提供了直接且封闭的链接，改变了整个产业，使其以全新的方式与其他事物相结合。"多式联运"（intermodalism）成为了新的术语，即指此种运用货车、火车及船舶，将货物及材料从工厂送往消费者的全新无缝物流模式。它前所未有地把海洋与陆地联系到一起。

集装箱使货物变得更便宜，因而改变了你我的生活。世界上没有任何港口比新加坡更有效地利用集装箱。争取集装箱吞吐量世界第一的比赛每年仍在进行中，香港和上海是新加坡的主要竞争对手。

因此，有些人说集装箱是自纸袋之后最伟大的包装发明并非夸大其词。我们不知道纸袋是谁发明的，但我们知道标准集装箱运输是由谁开创的。马尔科姆·珀塞尔·麦克莱恩（Malcom Purcell McLean）被称为集装箱革命最重要的企业家。他身材不高，胡须修得很干净，下颌宽厚。尽管他为人谦虚低调，但他却非常积极乐观，在经商方面有很强的干劲。麦克莱恩直至中年才涉足船运业，然而他后来却被誉为"船运业的世纪人物"[79]。

高中毕业后，麦克莱恩先是在北卡罗来纳州经营一家加油站。他收到了一批从亚特兰大运来的汽车电池，发现运费居然比电池还贵。[80]他确定他是入错了行，便买了一辆二手卡车，开始运输烟草桶。他逐渐增加其他类型的货物和更多辆卡车，但很长的时间他都是一人开车。

纽约银行家沃特·里斯顿（Walter Wriston，日后花旗集团的老板）来到北卡罗来纳州拜访麦克莱恩。麦克莱恩当时是全国知名的卡车司机，所以是一个潜在的客户。这名银行家很快就与麦克莱恩一拍即合。他发现麦克莱恩曾委托他人进行一项关于风在拖车的钝齿状侧面所产生的阻力对汽油消耗量的影响。他对麦克莱恩留下深刻的印象，认为他对细节的讲究令人佩服，并且"每20秒就会有个新点子"[81]。他的公司麦克莱恩货车运输（McLean Trucking）日后将成为全美最大的货车运输公司之一。

根据麦克莱恩的忆述，他是在1937年萌生集装箱的想法，当时他正载送一车棉花到新泽西州霍博肯（Hoboken）的码头。"为了送棉花，我必须等大半天，坐在我的货车里看着码头工人装载其他货物。我看着他们把箱子从货车一个个搬下来，套上吊索，再把它们拉起堆放到船上。我突然想到这样做浪费了很多时间和金钱。"[82]

当时码头已经有叉式升降机和和托盘，船只也有更大的舱口，便于码头工人工作。然而，装卸货物的速度仍非常缓慢。麦克莱恩继续说道："工作需要从每个吊索卸货，确保货物妥善存放。那天在等待的过程中，我突然有个想法：如果把我的拖车直接升起放在船上，里头的货物原封不动，那该有多简单。"[83]

当时，即使在重视速度与效率的新加坡，在港口可能仍需要一个多星期的时间才能卸货和重新装载。制成品有各种各样的尺寸、形状和质地。传统上，这些货物均被捆作一团，或是装在包里、桶里或木箱里，以保护易碎物品。这些货物被载送到码头边，工人需费力地卸下一件一件货物，随后重新装载到一艘在港口等待的船只，有时甚至还需要在船上进一步整理货物。这个过程可能需要许多天，而这段时间船不在海上行驶，因此不能赚钱只在亏钱。

造船厂已经开始生产装有起重机的船舶来处理托盘和吊索，但许多工人仍需汗流浃背地自己搬动货物。由于货物的搬动次数多，人工成本相当可观，损害或偷窃的风险也大。对苏格兰威士忌出口商来说，一般在每十瓶对外出口的酒之中，就有一瓶被偷，有时则是被"意外"摔碎。

马尔科姆·麦克莱恩在1955年冒了一次大险，虽然他从未上过船，但他决定改行从事船运业。他的一名亲密合伙人说，麦克莱恩从没想过他是在冒险，放弃了非常成功的货车运输公司，在另一个领域从头开始。麦克莱恩把大海看作是另一条高速公路，船只则像是巨型拖拉机拖着数百辆拖车。他将货车运输技术运用在船运，把货车底盘拆开，连轮一并装上船只。因此，这个始于1944年诺曼底战役的开上开下式（roll-on roll-off）概念，后来在新泽西州的码头投入商业用途。

卜一步便是拆掉底盘，使用可与货车完全分离的钢箱，再把箱子堆放在船上；提上，提下，箱子的四角均有连锁装置以增加堆存集装箱的稳定性。1956年4月26日，麦克莱恩的第二次世界大战老式油轮"理想十号"，在加固的甲板上载着58个大小相同的集装箱，从纽瓦克开往休斯敦。没有人敢说这些箱子不会在航行中掉出船外。但最后航行一切顺利，这一经验催生了一个全新的产业。

这个箱子的用途超出海港，能把海洋和大陆连为一体，也能把制造商与用户连接在一个全新的无缝网络之中。到了 21 世纪初，所有的五金店、服装店、百货商店、购物商场，都依赖于集装箱所提供的准时可靠的送货方式。银行家沃特·里斯顿说马尔科姆·麦克莱恩是"极少数能够改变世界的人"[84]。

在码头，速度就是一切。丹戎帕拉帕斯港（Tanjung Pelepas）是新加坡附近的一个马来西亚港口，与新加坡处于竞争关系。在那里，担任龙门吊操作员的是个少年，他因手指灵巧而得到这份工作。他坐在驾驶室里，从 140 英尺的高度透过玻璃地板，俯视脚下的集装箱。起重机的支臂横着伸向船只，整个起重机可在轨道上从船头滑动至船尾。

起重机易受大风的影响。起重机操作员不能在风速超过每小时 35 英里的天气下工作。岸边少有人影，但机械、起重机和货车在不断运作。员工们都不是组队工作，而是独立工作，对工作量的要求也很高。

马士基航运公司（Maersk Line）的船长说道："压力永远不会消失。你一直都感觉自己不够快。"[85] 这是需要高度精确性的运作：根据极其精细严密的时间表，以最快的速度把每件物品放在它所属的位置。我们能在新加坡及世界其他的主要集装箱码头看到这样的景象。

集装箱的使用呈倍数增长。一旦连接到电脑，整个港口的活动呈现全新的面貌。货物装卸的基本流程不变，但是处理与之相关的信息则变得更加复杂，涵盖许多附属活动，如银行业务、保险和法律服务等。[86] 电脑加快了数据的流动，处理一份贸易文件只需要 15 分钟，相较于昔日纸张时代的两天[87]。像新加坡这样成功的港口聘请了最快的学习者，他们不断追求新想法，致力于进一步提升效率。

集装箱船越变越大。超巨型的船只在各洲之间远距离航行，需要超大型的港口，形成一个轴辐式网络。较小的港口因无法容纳这些巨型船舶，需要像新加坡这样的中心转运货物。它们有些缺乏深水，有些负担不起集装箱装卸所需的投资。一个只有较小港口的贫穷国家，将使其运输成本高于发达国家，最终损害其整体经济。

集装箱不仅创造了新的供应链，还因其特殊要求而改变了整个海港的景观。资本密集型模式取代劳动密集型模式。集装箱需要对龙门吊、跨运车和其他重型机械的巨大投入。集装箱也需要直接的深水临海地界，才能让大型船舶纵向靠拢。也需要开阔平坦的空间，以堆存数以千计的集装箱。

在与马来西亚分家后，新加坡发奋图强，很快就意识到这一新技术的意义。1966 年 7 月，在独立后不到一年的时间，他们就开始对新的运输技术展开彻底的研究。[88] 新加坡于 1972 年开设第一批货柜泊位，早于任何一家船运公司，致力于处理欧洲与亚太地区之间的集装箱贸易。新的贸易迅速增长。到了 1983 年，有一半的抵岸货物装在集装箱里。[89] 新加坡不断地加大投资、创新、扩大规模，最终在 1990 年成为世界上集装箱吞吐量最大的港口。"没有任何地方的政府比新加坡更积极地为集装箱时代做好准备。"能如此迅捷地对应新科技，巩固了新加坡"作为高效之岛的美誉"[90]。

海港的空间紧凑，却有形形色色的人员流动，因此素来是文化交流之地，其影响一般都扩散到腹地之中。现在海港已经机械化，很大程度上只需要起重机和电脑来运作。团队工作变成了独立工作。随着船舶的体型变大，所需的船员却减少。船只和船员数量减少，却能载运更多的货物，这在世界海洋史上还是头一遭。

以前的船舶有一半的时间要花在港口停靠等待码头工人开工。随着集装箱革命的到来，许多港口都是昼夜不停地装卸货物。现在船舶只需在港口停留几个小时，而不是几天或几个星期。水手在海上做牛做马、上岸后惹是生非的情况已成为历史。水手已经没有机会了，至少没机会上岸胡闹。他们也没机会出海看世界。

大型船舶一般只需要十几名船员。不久前有一名记者坐在一艘大型集装箱船的船长面前，说他一直想当海员。船长冷笑一声，并非对着记者，而是对着全世界："我也有这样的愿望，但对不起，现在的航海工作既无聊又危险，两头不着岸。我敢打赌，马尔科姆·麦克莱恩肯定没想到这一点。"[91]

新世纪的海员们对世界的认识是有限的，因为他们只熟悉自己船只的文化，以及船只所属的狭隘国际商业环境。由于在港口停留时间太短，他们没什么机会参观所到之处。看不到他们在哪里。新时代的滨海区已不如往昔那样开放，与市中心隔离开来，以避免外人入侵或海事贸易常见的偷窃行为。恐怖主义威胁更是增加了港口与外界分离的程度。

新加坡很幸运能够创造必要的空间来应付与日俱增的需求。相对于其他的海港，新加坡的港口离商业市中心很近，在附近办公大楼工作的人的视线范围之内。今天的港口虽然靠近市中心，但它是隔离开的。未来它将迁到偏远的位置。从市区的街道，你能看到龙门吊的蜘蛛状轮廓刻印在天际，其移动速度能向我们隐约透露海事经济的现状。花草树木隐蔽了将集装箱堆与市中区隔离的冰冷铁栅栏。对于没有直接参与其中的人来说，港口似乎离他们有些遥远。关于今日的港口，有一名新加坡人这样说道："我们知道它存在着，但我们不去想它。"

动力对全球生产的健康发展，以及由集装箱所撑起的消费链至关重要。这些港口认识到此需求，并予以回应。他们夜以继日地工作，并且成功地利用数字时代的科技。散货船和集装箱对海事业的影响，可媲美 15 世纪的世界海洋开放，或是 19 世纪的蒸汽动力发明和电子信息通报。以这些改变为代表的海洋革命，形成现代世界史的重要主题。

与大不列颠告别

1955 年，当时新加坡马来亚大学的莱佛士历史学教授西里尔·诺斯古德·帕金森（Cyril Northcote Parkinson）对英国的存在有如下评述："我们能预见这样的未来景象：当地导游将向考古学家展示破败的码头、几座废墟，以及一个被热带植物堵了一半的水池。这些都见证了英国试图控制世界上最重要的贸易航线之一的徒然努力。"[92]

12 年后的 1967 年，即独立后的两年，新加坡在外国媒体的眼中前景堪忧。《远东经济评论》（*Far Eastern Economic Review*）列举了前景悲观的原因：与马来西亚的冷淡关系、中国市场波动对新加坡出口的影响，以及越南战争带来的"发财机遇"[93]结束。然而，没有证据表明这场战争对新加坡的经济有利。在 1967 年 1 月 30 日的一场广播演讲中，吴庆瑞直言道，推动经济发展"必然是残酷而严酷的过程……要贫穷的老百姓身上榨出资本积累所需的经济盈余或储蓄，绝非易事"。[94] 而工业化需要大量的资本。

英军于 1967 年 7 月宣布退出重要的三巴旺基地，这对新加坡是一记重创。鉴于英军之前在苏伊士运河的撤退，这一举动应该是在意料之中。尽管在 1965 年被迫独立是一次更大的危机，但此次英军的撤离还是引发了巨大的焦虑。

英军是当时新加坡最大的雇主，直接或间接了提供 7 万个就业机会，贡献了新加坡四分之一的国内生产总值。[95] 尽管经历过 1942 年的惨败，英军的存在还是为新加坡对抗敌对邻国提供了让人心安的防御保护。新加坡当时几乎没有任何防御能力可言。然而，作为导师的英国人不再享有以前的尊崇。李光耀企盼新的地缘政治格局，于 1968 年对哈佛大学进行长期的访问，了解美国知识界的情况，并与美国政府及财经界要人建立联络网，目的大概是为了在必要时向美国求助。

英国人最初计划逐步撤出新加坡基地，并在 1975 年彻底撤离。英镑贬值和预算限制给英国带来巨大的财政压力，于是他们把撤退日期提前至 1971 年。为了表示歉意，他们以象征性的 1 元，把三巴旺出售给新加坡政府。新加坡得到了一家造船厂、一个巨大的干船坞、浮船坞、起重机，好几亩的车间及相关设备，以及 3000 多名熟练的劳工。一名负责接管工作的新加坡人说道："英国人只拿走我们不能使用的东西。除此之外，他们几乎什么都没带走！所有设备都能正常使用，随时可由我方接手。"[96]

新加坡政府聘请英国斯旺亨特集团准备一份关于如何将这巨大的海军基地改为商业修船厂的报告。斯旺亨特是船舶维修业的翘楚，他们在马耳他也有一家船厂，能够为新加坡提供客户。然而，他们的报告内容并不乐观。即便如此，政府仍按计划进行，于 1968 年 6 月 19 日成立胜宝旺船厂（私人）有限公司 [Sembawang Shipyard (Private) Ltd.]，并委任斯旺亨特集团来管理。

英国政府留下 150 名工作人员来指导交接工作，而斯旺亨特集团也派出了管理人员来协助皇家海军人员。不幸的是，这些人员的合作并不愉快。商业船厂的需求与海军基地截然不同。船厂过去只维修过战舰，也没有任何商业业绩，因此一开始很难吸引到客户。

海军雇佣的人员远比商业企业来得多。海军人员可以是完美主义者，为增加光泽而多上一层油漆。军舰是 "100% 上等质量，一丝不苟"[97]。他们有大量的船员可以定期进行预防性维护，不考虑时间因素将每一件铜器擦亮磨光。商业船舶对外观则不那样讲究。维修厂的任务非常不同：一层油漆便绰绰有余。

建造军舰没有成本限制或压力。当船只维修时，船员们可以在岸上享受"恐怖"号的所有恩赐，度过一段愉快的时光。这里与市区有云泥之别，许多水手都说市区只以"酒味和臭味"出名。酒对他们有强烈的吸引力，但他们无须离开基地太远就有酒喝，倒不必为了酒忍受市区的臭味。

从皇家船厂的转变意味着要适应一种新文化。皇家海军的顾虑是如何把预算花完，以免来年的预算被削减。商业船厂只能为所提供的服务收费，在让顾客满意的同时赚取利润。它不仅要提供优质服务，还要动作快，价格越便宜越好。

林清巴（Lim Cheng Pah，音译）于 1970 年担任胜宝旺船厂的人事部主任，他是一位资深警员，没有任何海事业的知识或经验，因此任命他令人惊讶。对他的同事们来说，林清巴有"小恐怖"的外号。他发现他的英国上司多数没受过正式教育，而是在这个行业中从学徒慢慢做起。他对此毫无异议，却曾厌恶地说道："他们所有人的想法都一样，认为本地人做不了这份工作。"

他发现"偌大的造船厂到处都是垃圾，苍蝇四处飞，实在太肮脏了。"[98] 他认定是海军造成了恶劣的工作态度。偷窃行为频发，装病和旷工情况严重。每天有 200 个人打电话请病假。[99] 作为一名前警察，他知道该怎么办。他说："你必须四处巡逻。"[100] 他很重视安全，将其视为船厂的生产力和名声的关键。但对他来说，最重要的观念是"生产就是纪律"[101]。

在林清巴看来，地点和人员都需要改革，工作文化必须改变，产品质量必须得到保证，材料不能浪费。管理层必须改善与劳工的关系。但工人必须守时，善用时间并具有从事多项工作的灵活性。林清巴不允许工人留长发，并在厂里设立了一家理发店。政府把长发与瘾君子联系在一起；头发必须高于领口两英寸。

前警察林清巴爬上管理层的阶梯，最后成为公司的推销员，远赴俄罗斯、波兰、印度、中国台湾及中国香港等地招揽生意。公司早前开始从马来亚、印度甚至缅甸聘请外籍劳工，提高了公司的国际性。1978 年，胜宝旺船厂并未与斯旺亨特集团续约，而斯旺亨特集团不久后也破产了。这家新加坡公司的招聘范围现在不只局限于英国，打破了斯旺亨特集团原来的做法，开始吸纳本地的管理人才。胜宝旺船厂在裕廊成为 IHI 的合作伙伴，从而与日本公司建立联系，进一步开拓国际市场。

20 世纪 80 年代初，全球经济不景气，胜宝旺船厂挣扎求存，部分原因是 1982 年政府要求全国工资上调。全国工资理事会

（National Wage Counil）当时决定强行将低工资行业转变为高工资行业，以鼓励商家生产高附加值产品。[102] 胜宝旺船厂的策略是通过投资节省劳力的先进机械，从而提高劳动生产率。更多的资本投资和受过良好教育的工人有助于提高效率，但生产力一直是新加坡未来几十年持续关注的问题。

由于非常容易受到市场需求波动的影响，大起大落是造船业的特征。1983 年是最严重的一次经济衰退。全球低迷的航运市场反映了全球能源危机。胜宝旺船厂维修的超大型货船（Very Large Cargo Carriers, VLCCs）从 1982 年的 112 艘，骤降至 1983 年的 62 艘。[103]

此外，公司还面对来自菲律宾、韩国等的新干船坞的竞争，就连新加坡本地也有竞争对手。人们形容 1985 年的造船厂是国家的夕阳产业，但乐观者认为这是该行业的周期性特征。"太阳下山后，一定会再次升起。"新加坡的海事业人员应该感到高兴，因为新加坡享有"全世界最高效、最便宜的维修中心"[104] 的美誉。

由于胜宝旺船厂不可能再以低成本竞争，它就必须把焦点放在质量。这一挑战刺激了公司业务走向多样化，转入最精细的修复和重建工作：扩大油轮、整修邮轮，以及建造耗时、做工要求极高的化学品船。化学品船需要保证内部表面光滑，任何物质都不能附着在储存槽上，否则有可能发生自燃，后果不堪设想。

董事长徐藉光（Hsu Tsi Kwang，音译）在 1986 年曾说道："我的经营理念是尽量不要建造（普通的）船。你永远也无法与日本人和韩国人竞争。他们规模更大，还能制造自己的发动机……但是你要找到一个利基，建造专用船舶。"[105] 他接着说道："新加坡的未来将永远如此。你能够找到赚钱的利基吗？"[106]

今天走在船厂里，你看到的面孔和大街上的人不一样。多数新加坡人都不愿从事"3D"工作：困难（difficult）、危险（dangerous）、肮脏（dirty）。正如林清巴早前观察到的："现在没有多少人愿意加入造船厂。"这份工作不仅风险很大，要求也高。

招聘成了一项很有挑战性的工作。"我们人手短缺……大概10年前我们就被认定为夕阳产业，人们没有什么动因选择加入海事业……因为他们的父母会说：'为什么你要加入海事业？这是夕阳产业。我们的政府都这样说了。'"[107]

船厂负责招聘的人员现在试图描绘一幅乐观的前景。吉宝公司为新加入的管理人员提供培训，但基本工资却被认为太低了，导致超过一半的职位由外国人担任，而外国人只领取本地人一半的工资。然而，即使本地人的工资是外国人的两倍，他们仍不愿意从事这份工作。本地人也担心他们能否与外国同事沟通。

这个行业的目标是要让工人更有生产力，以减少所需工人的数量。港口和造船厂无法创造足够的工作来满足全国劳动力的就业需求，就像以前地中海的沿岸城邦一样。因此，新加坡不得不利用自己的海洋资产，提升价值链。

就所需能源、资本及劳动力投入而言，海运的每吨每英里运输成本最低。它所产生的资本回报相对较小。这个生意难做，公司又必须应对其无法控制的全球经济波动及世界政局改变。尽管如此，新加坡制造业的新战略需要船舶。新加坡的私营企业在沿海航运有所建树，但却缺乏足够的资金承接国际航运服务。吴庆瑞认为新加坡不能依赖英国的航线，更不能依赖那些维护欧洲在亚洲水域或其他地区的海事利益的会议。为了要靠自身的力量出口本地产品，政府于1968年12月成立海皇轮船（Neptune-Orient Lines, NOL）。新加坡财政部提供资金，并聘请一名很有经验的巴基斯坦航运主管 M. J. 萨叶德（M. J. Sayeed），来到新加坡担任 NOL 的首任执行董事。吴庆瑞选择了罗马海神的名字，却又把公司定性为亚洲。经济发展局主席韩瑞生曾担任公司董事部主席，足见政府对这家公司的重视。

值得注意的是，新加坡日后的总理吴作栋（1990—2004 年在任，与吴庆瑞无亲属关系），在获得威廉姆斯学院（Williams College）的学位后，在进入政坛以前曾在该公司工作。虽然他没有从事航运业务的经验，但吴作栋带领公司转亏为盈，其能力得到多方肯定。当吴作栋得知他的新工作时，他立刻去书店寻找一切与船运有关的书籍。他说："NOL 给了我世界观"[108]，这对他日后成功当上总理至关重要。

在 1997 年收购美国总统轮船（American President Lines）后[109]，NOL 放弃自己的品牌，以 APL 代之。公司所有的船舶和集装箱都以此为标志，为的是利用这家美国船运公司在这个行业的百年商誉。NOL/APL 的船舶量目前排名世界第五[110]，航线遍布全球 95 个国家。

该公司国际化程度高，拥有超过 7000 名员工。新加坡是全球总部。公司在中国重庆和美国亚利桑那州斯科茨代尔（Scottsdale）设有分部。重庆和斯科茨代尔均为内陆城市，在那里设立分部的决定看似有些不寻常。然而，这恰恰反映了公司对多式联运的浓厚兴趣，而这是因为有了标准集装箱才得以实现。

由于中国制造业的庞大产量，以及亚洲消费社会对制成品的需求与日俱增，APL 今天最繁忙的路线是在亚洲内部。此外，像越南这样的新兴经济体也正在转向制造业，努力增加自身的出口。然而，他们还需要一些时间才能在国际航运业中竞争。正如一位专家所说的，"这是一个非常艰难耗时的过程，需要相应的基础设施、政策及资源。"[111]

航运业人士自认对世界经济和贸易如何运作了如指掌，但外行人一般对这个行业的多样性不甚了解。因此，这个行业必须努力吸引人才。据说，新加坡很少商学院学生愿意把海事领域作为他们就业的首选或入门工作。由于公众普遍认为它是一个衰退的行业，因此它需要努力提高公众意识，改变观念才能吸引人才。[112]年轻男子觉得出海是一件寂寞的事，特别是他们岸上已有女友，或是在其他地方找到工作。他们不想再出海了。[113]

随着国家整体经济变得多样化，制造业占全国生产总值的三分之一，电子产品及电器产品位居首位。组装产品只需要一双愿意从事重复性任务的灵巧的手。这些以美国和日本为主的外国跨国公司，为新加坡带入资本，创造就业机会，开拓国际市场，因而深受当地人欢迎。

新加坡有一半以上的劳动力为外国公司工作[114]——像通用电气（General Electric，GE）、洛克希德（Lockheed）、惠普、飞利浦、好利获得（Olivetti）、精工（Seiko）、佳能（Canon）这样的美国、欧洲和日本公司。它们都是政府大力招揽的，在新加坡取得的成功有目共睹。此种招揽政策在亚洲新兴工业化国家中是独一无二的。政府的目标是训练当地人从事更高报酬、技术要求更高的行业，譬如石油化工、电子业和制药业；从劳动密集型活动转向资本密集型活动。

一座新城市的诞生

19 世纪，清除大农场的行动破坏了新加坡的地形和许多现存的植被。随后，城市景观发生了巨大的变化，产生了一种物质上和社会上的重组。这所有的改变都是由一个比英国殖民政府更加积极、管理更加严格的政府执行的。

以外来投资为基础的新兴制造业经济，彻底地改变了新加坡在 20 世纪 70 年代的面貌。政府雄心勃勃的计划不仅涉及住房，还包括学校和其他基础设施。建设高速公路网络和地铁反映了对效率与现代化的执着追求。

新加坡河原本是新加坡海事活动的心脏地带。新加坡河的商业成功吸引了大量的人，导致河道被过度使用，最终造成生态崩溃。这条河成了一潭死水，名副其实的污水坑，混浊不堪，恶臭四溢。1977 年 2 月 27 日，李光耀总理宣布了一项大胆又极具挑战性的十年计划，要将新加坡河"从负债变成资产"[115]。

那时的新加坡已经取得了一定程度的繁荣，才有能力开展如此庞大的整治项目。新加坡河早已失去了昔日的商业功能，加之集装箱所需的空间远远大于河岸所能提供的，这就促使政府着手整治新加坡河。因此，在一场大规模的创造性破坏中，罗伯逊码头失去了水稻磨坊、锯木厂和船厂，取而代之的是酒店、餐馆和户外咖啡馆。新加坡河的其他部分也经历了相似的戏剧性变化。新的石海堤沿着河岸建起，岸边铺设了绿树林立的河滨人行道，由钢铁与玻璃组成的建筑物在精心规划的商业休闲区中屹立。

这是新加坡总体发展大方向的缩影：精心筹划、大刀阔斧地打造一个现代化都市环境；通过保留一些旧式仓库和店屋，向殖民历史有礼貌且有些不情愿地致敬；整治旧式建筑物以呈现其"应有"的面貌，却拒斥其过往复杂纷乱的现实，因此这既是新加坡对当下情势的妥协，同时又希冀自己能赶上未来的浪潮。

明显提高的生活水平确实能够安抚一些由改变造成的创伤。

一些居民为令人不安的飞速发展感到遗憾，而这样的发展速度持续至今。保护主义者为过于频繁的大规模拆除而哀悼，感慨美好的事物往往连同糟粕一起被舍弃。于是，在新建筑涌现的时候，许多拥有丰富历史的旧建筑消失了。尽管本地作家李玛丽（Mary Lee）认为旧城"散发出一种无形且难以捉摸的风味，使之变得独一无二"，但批评者认为被保留下来的店屋"只是没有灵活的躯壳。但管它的（或许李光耀会如此反驳）！建筑物被保留下来，这样的结果才是最重要的"。[116]

到了20世纪70年代，新加坡也以发展知识型产业为目标，比如制造和维修机器人及自动化机械。现在新加坡需要高科技投资者，以及接受过先进技术教育（例如工程学）的劳动力。新加坡无时无刻不想着要如何在"物竞天择、适者生存"的国际事务中挣扎求存。在充满焦虑的新加坡看来，这个世界仍旧凶险至极。

20世纪80年代中期的全球经济衰退显示了新加坡在世界市场波动中的脆弱性。我们已经看到了它对船舶维修业的影响。此时，新加坡经济已经在提升价值链方面取得了辉煌的成就。正如大卫·马歇尔在十年以后所说的，政府"不仅填满了我们的饭碗，还给了我们玉杯和玉筷子！"[117]

新加坡掌握了大量的资本，而多数民众都乐于将成功等同于财富增长。对于个人来说，他们把成功归结为五个"C"：事业（career）、公寓（condominium）、信用卡（credit card）、汽车（car）和（高尔夫球）俱乐部（club）。[118]那时，大多数的新加坡人都能满足生活的基本需要；但现在，对一些人而言，生活的质量将成为问题。

第八章

来到当下

1990 年，李光耀卸下总理的职务，担任定位有些暧昧的"内阁资政"一职。虽说他所掌握的实际政治权力不明，但是他显然继续保有巨大的道德权威。他留给了整个国家和接班人一个比独立初期坐在"折叠座手杖"的状态更优越的发展环境。现在的新加坡坐在一张稳固的三脚凳子上，在海事业、制造业和服务业三方面均取得杰出的成就。这些都是精心筹划的改革带来的结果。

早在 20 世纪 60 年代，阿尔伯特·魏森梅斯就已经预见像银行业和金融业等服务，能够与港口业和制造业相辅相成。[1] 旅游业也能够支撑经济，提供一种"速食东方"（Instant Orient）的经验。然而如他所指出的，新加坡没有吸引客的先天条件。这里没有风景，没有古代遗迹和建筑物，没有实质的旅游胜地。在这个彻底都市化的环境中，只有在动物园里才能看到野生动物。新加坡后来每年的旅游收益都超越印度[2]，估计魏森梅斯本人也会感到不可思议。

和香港一样，新加坡丰富的美食文化无疑吸引了不少游客。

但是新加坡提供更多种类的菜肴选择，反映了其更多元的文化融合。美食是新加坡人的喜好，比比皆是的商场和美食中心都能满足你的口腹之欲。印度人、马来人、华人，以及被称为"其他种族"的文化相互交融，几乎不存在绝对纯正的饮食文化。[3] 有些人认为土生华人（娘惹）的美食取各家之长，兼收并蓄，但是其他风格的菜肴也十分诱人。已故《纽约时报》记者 R. W. 艾佩尔（R. W. Apple）以其新闻专业、美食品味及庞大的个人开销著称。他的足迹遍布全球，喜好报道各地的美食。他曾在 2006 年的秋天写过一篇报道，题为《新加坡：一个被压抑的城邦？厨房绝非如此》（"A Repressed City-State? Not in Its Kitchens"）。

艾佩尔在新加坡为"'融合'（fusion）这只难以驯服的野兽"找到了新的意义。他意犹未尽地描述他吃过的一顿晚餐："热烤的扇贝和虾，配上意大利式小方饺，再来一道蛤蜊叻沙叶浓汤，带有一种微妙的海洋风味。"另一道难忘的菜肴名为"随风起舞"，居然是"热腾腾的浓汤，里头有螃蟹、明虾、扇贝、蘑菇，以及（惊喜！）红枣，带有微微的椰香……（盛在）一个椰青之中"。炸绿茶饺子则取了"秋日浮云"如此诗意的菜名。[4]

普通食品的名字展现了新加坡这个国际大都会的历史渊源。"Sarabat"一词来自阿拉伯语的"喝"，现指售卖饮料的摊位。"Laksa"（叻沙）来自波斯语"laksha"一词，意即面条。"Satay"（沙爹）与烤肉串有关，其名称来自泰米尔语的"肉"。来自新大陆的花生，与沙爹密不可分，但其实是后来才被加入酱料之中。虾或豆酱在娘惹菜肴中混合使用。"Roti prata"（印度飞饼）一词来自乌尔都语的"roti"及印地语的"paratha"，意即没有酵母的面包。

米饭和面条仍然是新加坡人的基本主食，筷子和手是主要的餐具。饥饿的人可以在小摊找到各式各样的廉价街头美食，只不过这些菜肴没有艾佩尔形容的那样诗情画意。这些街头美食现已经过政府的仔细检查和批准。你可以尽情地品尝各种口味的饺子，或是一顿简单的"猪杂汤"，或是一碗咖喱鱼头，配以一杯铁观音茶，价格不超过五美元。

美食以外，新加坡的旅游景点均显得有些浮华生硬，像迪士尼那般人工，又像威尼斯那般戏剧化，但是却少了唯有岁月才能赋予的魅力与风味。即便如此，游客依旧络绎不绝，就像世界各地涌向主题公园的游人，他们喜欢人造的景点多于真实的景点。新加坡打着"亚洲精简版"的口号，为游客提供舒适安全、又略带一丝异国风情的亚洲体验。

毗邻市中心有一座曾经名为"绝后岛"（Pulau Blakang Mati）的岛屿。埃索是第一家看中这个前英国军事基地的炼油公司，认为那里非常适合他们开展业务。然而，魏森梅斯建议将之保留作旅游用途。就这样，这座岛屿褪去其旧名，改名为"圣淘沙"（Sentosa）。他后来还为能促成此事而感到自豪。

圣淘沙集酒店、海滩、海洋剧场，以及各类娱乐中心于一身。不是所有的设施都是新建的：旧炮台和相应的展品争着吸引游人的目光，蜡像为西乐索炮台（Fort Siloso）的军事博物馆增添生气。赌场是圣淘沙最新的旅游景点，顾客群主要是针对游客，而非本地人。尽管有部分人士对赌博可能造成的社会风气问题表示担忧，但是新加坡政府仍旧允许建造所谓的"综合度假村"。

许多官员素来抵制建造赌场的想法，而李光耀本人实际上持强烈的反对意见。有媒体援引一名国会议员的话，称这是他第一次听到内阁部长对一个议题持有不同的意见。[5]最后，赌博的诱惑胜过了道德原则。

现在这座城市有两家大赌场。"赌场"（casino）一词源自威尼斯，是威尼斯人对世界文明的贡献。威尼斯的形象和名字仍与世界各地的赌场度假村紧密相连，尤其是在拉斯维加斯和澳门。[6] 新加坡虽然没有人工运河和贡多拉船夫，但其赌场已经证明是一棵摇钱树和旅游胜地。赌场给这座城市带来崭新的面貌，将原本打算去澳门或迪拜的富裕游客吸引过来。新加坡旅游局急于引人关注，称赌场让这座城市变得更加"精彩"[7]。

环境保护

尽管这个称为新加坡的城市比纽约晚了两个世纪才成立，但其现代城市发展对环境的改变程度之巨大，不亚于荷兰时期的曼哈顿。现在大多数人住在多层组屋里；工厂为了节省占地面积而在高楼里运作；购物商场建在地底下。空间有限的新加坡需要寻找足够的土地来安顿其人口。加上新移民，新加坡的人口预计将达到 600 万人以上。新加坡需要建造可供本地人工作和娱乐的场所，并且为旅客提供新的景点。

就像早期的纽约和其他港口一样，新加坡一直通过填海造地扩大土地面积，以满足不同用途的需要，其中包括港口业务。随着港口服务的船舶变得越来越大，所需的用地也相应增加。新加坡没有大面积的领海，而 80% 的领海都用于航运需求。[8] 新加坡利用焚化垃圾和工业垃圾作为填海的材料，既通过废物处理创造新的公共空间，同时又能兼顾生态环境保护。[9]

邻国马来西亚和印度尼西亚都担心新加坡的土地扩张将损害它们的国家利益。为了表示对填海造地的不满，他们禁止向新加坡出口沙石[10]，迫使新加坡从更远的地区引进传统建筑材料和新材料。威尼斯和阿姆斯特丹使用木桩建筑，新加坡则是把钢柱直接打入海床。

荷兰人通过填海造地这一充满戏剧性的方式创造他们的国家。虽然新加坡的规模较小，行事更低调，但手法如出一辙。自独立以来，新加坡的土地面积增加了22%[11]，并且仍在继续扩大中[12]，使得新加坡的海岸线发生了巨大的变化。当局也巧妙地将相邻的外岛加以组合，供化工和石油提炼等污染较高的工业使用，从而在本岛腾出空间作更有价值的用途[13]。更先进的技术让填海过程更加快捷方便，工程可延伸至更深的海域。现在新加坡南部已经几乎没有原来的海岸。如果一切按计划进行，新加坡岛将要比当年莱佛士登陆时大得多。

新加坡的民众似乎没有意识到，海洋环境对国家的整体生态健康具有深远的影响。尽管这些自然栖息地起到了抗沉积和净化的作用，但直到近年才有人开始重视保护它们。现在几乎所有的原始红树林、大部分的海草，以及超过一半以上的珊瑚礁都消失殆尽。

由于新加坡不依赖天然资源来维持经济增长，当局没有充分考虑到这些自然栖息地的内在价值，以及生态破坏的不可估量的代价。这些自然栖息地不仅起到碳汇（carbon sequestration）和维持水质的作用，更有助于发展渔业和生态旅游。日益增加的船舶数量以及劣质柴油产生的废气，导致环境的污染程度更加严重。

新加坡人并非对环境问题彻底无感。他们现在开始抗拒像化工业这样高污染、占地面积大的产业。在20世纪90年代，政府虽然没有征求公众的意见，但其对海洋发展所带来的后果出现态度上的转变。由于新加坡地小人多，可持续发展是一项艰巨的挑战。但是从政府对新加坡河的大规模整治与重新规划可以看出，只要有足够的意志与资金，环境保护是可以做到的。

马六甲海峡的一边是马来半岛，一边是印度尼西亚群岛。由于海峡两岸巍然升起的山脉，中间形成一个犹如水槽的海水盆地，既具有保护作用，又会让人透不过气。马六甲海峡的半封闭特点让其更易于受到空气污染的影响。[14] 来自马来西亚的锡矿、橡胶园及棕榈园的溢流，加上苏门答腊的石油钻井作业，皆有可能污染土壤和地下水。这些最终都必然会影响新加坡的海水。

在海峡最狭窄的地方，污染最为严重，而大部分的问题都超出新加坡的控制范围。政府对于外来污染源束手无策。近年来的苏门答腊林火，时不时给新加坡带来雾霾问题。

造水中心

和香港一样，新加坡的水资源十分有限。新加坡长期向邻近的柔佛州购水，但是马来西亚似乎不太愿意继续按 1965 年协议的低价出售饮用水。马来人对售水价格不满意，而战略意义上的脆弱性引发了新加坡的焦虑。柔佛州也为相邻的雪兰莪州（Selangor）供应水，但是价格要比新加坡支付的来得高。然而，柔佛发展迅速的经济和不断增长的人口，意味着其自身的饮用水需求势必增加，水供的竞争亦将更为剧烈。

新加坡要尽可能保障饮用水的供应。在此动因的驱使下，新加坡政府积极展开供水回收，随后交予私人公司负责。新加坡无法自给自足，必须从外地进口能源，但至少科技能让新加坡依靠自身的水源满足供水需求，甚至将新加坡的局限转化为优势。

美国只需回收流入江河和海洋的水沟水，便可以大大地增加全国的供水量。新加坡的污水经过过滤、消毒和逆渗透（reverse osmosis），便可成为超洁净的可口饮用水。这些水有一部分装在标有"新生水"（NEWater）的瓶子中免费派发给公众，但大部分则是注入现有的水网络，包括现在作为紧急水库的新加坡河。新生水能够满足全国近三分之一的需求。它不仅有更少的化学和微生物污染物，而且也似乎成功地克服公众对新生水的抵制心理。人们对饮用新生水是兴趣大于厌恶。[15]

科技是一种外交工具。它证明了新加坡就算是一个军事实力和天然资源匮乏的蕞尔小国，但是仍然可以在国际上扮演重要的角色。随着科技的进步，新加坡发现了新的商业利基，即成为一个水处理技术的国际中心。水管理逐渐成为全球关注的重要课题，使得这一新兴行业蕴含巨大的潜力。[16] 新加坡将污水再处理技术出口到印度、毛里求斯、泰国和柬埔寨。在一些情况下，新加坡也会出于人道主义或商业目的，对外传授水处理技术，从而实施所谓的"利基外交"（niche diplomacy）。[17]

生产新生水的成本是海水淡化的一半左右，而随着技术的进步，二者的成本将继续下降。新加坡人相信只要他们继续冲厕所，供水便会得到保障。然而，污水回收和海水淡化的生产成本，让一些人担忧供水的自给自足可能会转化为更大的能源依赖性。

现在，新加坡人说他们有四大水喉：雨水、马来西亚、淡化海水和新生水。目前的计划是提高再生水的产量，以达到全国需求的一半，另外30%来自淡化海水，最后20%来自雨水[18]。新加坡将凭借其韧性和可靠性，在2061年实现水供的自给自足。

食物也引发了新加坡人的危机感。农业只占用新加坡1%的土地，其余均作住房、工业、商业等用途。新加坡进口超过90%的食物，大多从十几个国家那里海运过来。因此，新加坡人也和马萨诸塞州（Massachusetts）的人一样，吃着来自加利福尼亚的胡萝卜。

由于对食品进口的依赖，新加坡也尝试在本地生产鸡蛋和蔬菜，或是利用集装箱养殖海鲜。市中心外的新型垂直温室也应运而生，采用鱼菜共生技术（aquaponics），即提取鱼缸的水来种植蔬菜，从而收获双重的经济作物——蔬菜和罗非鱼。在30英尺高的铝架上，蔬菜种植在靠水力驱动的旋转式水槽里，向上升起时能吸收阳光，向下降落时有水灌溉。天鲜农场（Sky Greens）的负责人表示，农场的产量是传统农场的5倍。[19] 利用住宅和商业建筑屋顶种植蔬菜的做法，也开始引起了广泛的兴趣和相应的行动。

当地农业刺激了对原产水果、蔬菜及香料的兴趣。这些农作物不但新鲜可口，而且更加健康，对环境的破坏也更低。另一种名为"气耕法"（aeroponics）的技术，可以让植物在无水无土的条件下生长。此外，还有人正在研发一种能够适应气候变化的水稻品种。新加坡希望拓展其产业的多元性，吸引国际农业企业在新加坡设立总部，开展相关的研究。[20]

隐　患？

海盗这一古老活动长期困扰着马六甲海峡。海上盗窃之所以猖獗，是因为过度捕捞和环境恶化，加之监管懈怠以及对海盗行为的普遍默许。昔时人们对海盗的敬畏之心早已荡然无存。大约有一半的事故没向当局呈报，因为船主担心破坏名声、调查工作导致的延误，以及保险费的提高。

对许多沦为海盗的人来说，这更多是一种走投无路之举，而非刻意为之。这些盗贼通常手持长刀，专挑低干舷的船舶下手。他们犹如"跳跃的松鼠"，搭着竹梯从船尾爬上去突袭船员。他们上船就抢。这些人都是纯粹的机会主义者，攻击下锚的船只，或是在夜里穿过海峡的船只。他们抢劫现金，以及那些没做好保护措施的昂贵设备。

巡逻队在一定程度上阻止了那些企图从事海盗活动的人，但是靠近新加坡的民丹岛（Bintan）、巴淡岛（Batam）和吉里汶岛（Karimun）等，均有很多可供小船藏匿的所谓"老鼠港"。这些小港口作为海盗的出发点，位于监管松懈的印尼海域，因此新加坡对其没有逮捕的权力。

然而，具有高度组织性的犯罪集团也参与海盗活动。他们的野心更大，目标是抢夺船舶、货物，以及小型物件。这种"劫船"（shipjacking）行为，包括把抢夺而来的船舶涂上新颜色、更改船名及伪造登记文件。船只及其货物的贵重程度自是不言而喻。以液体天然气运输船这样一个极端的例子，其造价可高达2.5亿美元，不包括其货物。虽然这个价格的波动很大，但是依然价值不菲。

周期性的经济萧条迫使许多马来西亚和印度尼西亚的沿岸居民当起海盗，为的是补充他们的收入。政治不稳定导致局势更加混乱。最终的结果就像是发生于1998年4月17日对一艘名为"石油漫游者"号（Petrol Ranger）的小型油轮的袭击。这艘船属于一家新加坡公司，船上飘扬着新加坡国旗。当时，油轮正从新加坡开往胡志明市。有十几个来自印度尼西亚、泰国和马来西亚的海盗使用小型攻击艇，在夜里劫持了它。

　　该船当时由 20 名基干船员操作，而正常的编制人数为 35 人。12 名手持大砍刀和手枪的海盗爬上船尾，制服了值班船员后，便闯入桥楼。澳大利亚船长肯·布莱思（Ken Blyth）在听到骚动后赶到现场，但是他见到入侵者手中的武器后便自动投降。他认为别无他法，于是命令船员们一起投降。海盗们把船员绑起来关在下面的船舱里，并升起洪都拉斯的国旗。海盗头子向船长透露，他和他的手下是国际犯罪集团的成员。他们早已获知"石油漫游者"号的航行日期及货物内容。

　　这成了一个劫船事件。海盗船长拥有将船只更名为"威尔比"号（Wilby）的合法文件。几天后，另外两艘油轮出现了，转移了大约一半的石油。两周后，一艘中国海岸警卫队船拦截了这艘油轮，随机检查它的文件。布莱思船长终于有机会将他的处境告诉中国警方。他们把船带到一个中国港口做进一步的调查。布莱思被扣留了一个月后离开中国。那些海盗被逮捕，随后获释并遣送出境，但赃物却始终未能寻回。[21]

　　海盗行为很黑暗，但航运业也未尝不是如此！在许多情况下，船只是在那些法规不严、无须船主提供太多信息的国家注册。他们悬挂一面非船舶所属国的"方便旗"，以便在发生事故时推诿责任。拥有船舶的公司属于某个国家，船上悬挂的国旗属于第二国，船上的人员来自第三国，船上载送的货物属于第四国，船舶航行的水域属于第五国，最后船舶驶入的港口属于第六国。想要有效地监督航运这一国际性业务，各国之间必须相互合作，因为这个行业超出了任何一个单一国家的执法权力。

　　正如新加坡时任副总理陈庆炎（Tony Tan）所言："我们很清楚单一国家的行动是不足够的。海洋是不可分割的，而海洋安全威胁从不考虑边界分划。商业航运本身的性质是跨国性的……若要有效地应对海洋安全威胁，相关方之间的合作变得至关重要。"[22]

尽管新加坡主张所有使用马六甲海峡的国家都应该为海峡的安全做出贡献，但是印度尼西亚和马来西亚却认为这完全是沿海国家的责任。此问题的挑战在于：马来西亚和印度尼西亚都对自身的主权相当敏感，因此不欢迎他国介入这些事务，包括邻国在内。然而，在海峡的三个沿海国家当中，只有新加坡具备一支有效的海岸警卫队。美国在2004年提出要参与海峡的巡逻行动，虽然新加坡欢迎美国的提议，但是其他国家却冷淡置之。

2005年3月，一艘日本拖船遇袭，促使日本政府提议派遣海警一同对抗海盗。这一建议遭到马来西亚的拒绝。随后，一艘泰国油轮也遭到攻击。不久后，劳合社（Lloyd's of London）的联合战争险委员会（Joint War Risks Committee）便于2005年6月20日将马六甲海峡评为"高危战区"。这样的评级对海洋保险商有利，因为他们能够借此大幅度增加保费，而这将导致航运公司避开在马六甲海峡一带的港口停靠。

这显然将对新加坡产生巨大的影响。劳合社的评级促使印度尼西亚、马来西亚和新加坡三国加强合作，联手打击海盗活动，并且欢迎用户国、国际机构和航运公司所提供的援助。尽管这三个沿海国家之间依旧存在分歧，但是它们推出了马六甲海峡巡逻计划（Melaka Straits Patrol, MSP）。如此迅速的反应减少了海盗袭击的数量，让劳合社于2006年8月7日解除负面评价，让相关国家都松了一口气。

国际海事组织（IMO）秘书长盛赞马六甲巡逻计划是处理索马里问题的典范[23]，媒体亦是一片赞誉。新加坡共和国海军有幸参加了在亚丁湾举行的针对索马里海盗的联合演习（2009 年至 2014 年）。新加坡派出军舰和巡逻机到四千海里外的亚丁湾，保卫欧洲与亚洲之间的关键航道。每年有三万艘船舶来往于亚丁湾，运载原油和其他商品，对世界经济发展起到关键性作用。[24]东南亚的海盗一般抢走可轻易脱手的货物，但索马里海盗则是绑架船员索求赎金。

恐怖主义引发了新的担忧。船舶既是攻击目标，也是攻击武器。引爆液化天然气船将造成影响深远且惨烈的后果，即便是很远的地点也将受到火患及热辐射波及。若有一艘大船在狭窄的航道沉没，当局可能要关闭整个海峡，迫使全球将近一半的商船绕道而行。这就需要更多的船舶以维持同等的货运量，进而立即提高全球的运费。[25]

马六甲海峡的货船越来越多，有人便担心那里的交通可能变得像新加坡市中心的高峰时刻一样拥堵。此外，海峡的水深不足以容纳最大型的船舶[26]，航运公司必须选择其他航线，譬如巽他海峡和龙目海峡。此二者皆有缺点。相较于马六甲海峡，船舶需要行驶更远的距离，因而增加航行时间和燃料成本。这一问题让克拉地峡再次得到重视。

正如我们所看到的，经过早前的许多讨论，克拉运河从马六甲航线节省下来的距离，似乎无法证明克拉运河的造价是值得的。就连铁路的造价也太高昂。在未来可能出现的任何竞争中，新加坡早已占据先机，其所有的海事设备随时准备为船舶服务。当下最根本的问题是运河的战略意义和交通量是否足以抵消庞大的建造费用。

此种超大型项目激动人心，但是谨慎的人会对运河的巨额造价及其带来的可预知及未知后果抱持怀疑态度。工程难度极其巨大。打个比方，克拉运河项目所需移除的碎石和土壤，据说仅略低于荷兰人数百年用以建造整个国家的材料总量。[27]

输油管比建造运河要便宜得多，但是它具有环境风险与安全风险。地峡两端需要摆渡服务。在两端装卸石油的船舶均有漏油的风险。再者，巨型油轮需要很深的锚地。由于地峡两侧的近岸水域不深，任何输油管都必须延伸至外海。

泰国将从克拉运河的开发项目中获益。运河将能产生通行费、土地开发和旅游等方面的收入。[28]它确实可以在一个未发展地区创造一个新的工业基地。然而，泰国的舆论始终摇摆不定，时而爆发的骚动更是让所有的建议和计划难以付诸实行。

有一名评论家把克拉运河比作迪士尼。[29]他说，迪士尼每七年就会制作一部《白雪公主》给新一代的儿童观赏。曼谷的舆论认为"运河可能永远不会建成，但它将永远是一个项目"[30]。对泰国的媒体而言，克拉运河成为一个被不断讨论、却始终无法实现的隐喻。

然而，这再次成为新加坡相当关切的问题，因为它完全超出新加坡的掌控。这条横跨半岛的输油管一旦建成，将危及新加坡现在作为"石油港口"的地位。届时新加坡可能又要另谋出路。[31]然而，由于新加坡港的海事服务已经达到不可逾越的地位，船舶还是会继续在新加坡停靠。鉴于两条航线都将有足够的生意，克拉运河或许还能缓解日益拥堵的问题。

当然，现在中国非常依赖马六甲航线的安全，以保障其来自西南亚的进口石油。这一战略甚至可能比经济考量更重要。中国担心美国封锁马六甲海峡。面对"马六甲困局"，中国是否会认为建造一条运河是值得的呢？

倘若中国认为它需要一条替代路线，而泰国也相信建造运河会对他们有益，那么克拉运河可能就会成为现实。但另一个有力的方案是开辟北冰洋航线，而中国对此已表示强烈的兴趣。如果越来越多人使用这些替代航线，那么新加坡将被边缘化。

马来西亚是另一个对新加坡海事地位更为迫近而明显的威胁。马来西亚决心要打破新加坡港在马来半岛长期垄断的局面。为了挑战新加坡港，马来西亚在完全未开发的柔佛海岸建造新的集装箱港口——丹戎帕拉帕斯港（Port of Tanjong Pelepas, PTP）。这个港口与新加坡港相距咫尺，从那里还能看见新加坡岛。

丹戎帕拉帕斯港于1999年开始运作，自此交通量便急剧增长。它把全世界最大的船运公司马士基（Maersk）和长荣海运（Evergreen）从新加坡吸引过去。这个马来西亚港口的优势在于它拥有无限的空间，机械设备也是最先进的。新加坡能做的只是提高效率，并且将盈利活动转移到海外。这样的做法和从前地中海的海事城邦一样。新加坡需要重新选址，开展新建设，才能取得马来西亚现有的优势。

"头脑服务"

新加坡试图招揽企业在本地成立区域总部，从而创造高薪研究工作及其他白领工作。有一名学者称之为"头脑服务"[32]，即生产以外的一系列与通信和管理相关的各类活动：建筑学、工程学、广告及市场研究、法律服务和会计。新加坡正将此类性质的活动带到海外，突破了地中海热那亚与威尼斯的传统海外关系模式。新加坡没有占领海外领土；它没有殖民地，也没有陆地。但是新加坡在世界各地的工业园和港口进行投资，建立了广泛的海外商业网络，其范围远非昔时的威尼斯或热那亚所能想象的。

新加坡希望成为一种新的"港口"，一个区域中心，作为周边国家的低端制造业的总部，同时提供监管服务：营销、分销、研究。这些服务一般以外国跨国企业的名义提供。1989年12月，当时的副总理吴作栋宣布了由经济发展局提出的"成长三角"（Growth Triangle）项目，涵盖新马印三方的工业发展。

这个计划需要马来西亚的柔佛州和印度尼西亚的廖内群岛作为合作伙伴。尽管吴作栋没有这样说（或许也没这样想），但这实际上是恢复了马来地区的一种古老运作模式，而这种模式要远远早于新加坡殖民地成立之时。当时的新加坡仅是其中一员。

根据吴作栋的阐述，日益都市化的新加坡将能因此创造一片它独立以后所没有的农村腹地。新加坡不具有任何领土责任，却可因此获得海外更便宜的土地和劳动力，甚至包括粮食和饮用水。这项计划将能让新加坡的经济发展更上一层楼。

项目名称使用了"成长"这一具有吸引力的词语，但是地图上的等边三角形所隐含的平等机会却是不存在的。作为主权国家的新加坡在谈判中自然占据优势，其他二者则只是其所属国的两个省份。廖内和柔佛之间几乎不存在任何联系。占主导地位的新加坡是二者之间的唯一联系。"成长三角"项目只反映了新加坡的愿望，却不一定是其他人所要的。

新加坡将此项目视为一种缓解国内对外籍劳工的紧张关系的办法：将外籍劳工及其所从事的低端制造业转移到海外，而管理权仍旧保留在本地。[33] 政府也希望通过培训当地人才，让他们有更多接触外界的机会，从而改善与邻国的关系。这能够直接体现出口导向型增长的价值。

在廖内群岛的巴淡岛设厂的计划，成功地吸引了许多跨国公司，包括 AT&T、史密斯科罗纳（Smith Corona）、爱普生（Epson）、住友（Sumimoto）、西门子（Siemens），以及飞利浦。在附近同样未开发的民丹岛，有一部分土地用作另一种投资：度假村以及有组织的旅游业。这些服务特别针对想出国的新加坡人。他们可以选择打高尔夫、享受海滩，或者是耽溺于肉体的欢愉。民丹岛曾一度被称为可媲美曼谷的"性都"。新加坡人可以从本岛冰冷的空调环境、单调乏味的建筑，以及严厉的道德约束中获得解脱。民丹岛的酒吧和妓院成了新加坡人背德享乐的场所。

你或许还记得邻近的吉里汶岛，莱佛士和法夸尔在挑选英国的殖民地地点时曾在那里进行考察。现在它接待的是低预算的游客，其中有一部分人是被美丽的海滩所吸引，其他人则是寻找另一种乐趣。拉皮条的人麇集在码头，骚扰游客，推销廉价妓女。

对新加坡这个主权国家而言，柔佛州和廖内群岛意味着新加坡必须偏离早前的工业化模式。相较于过去几十年的资本内流，新的模式涉及资本外流。这是让新加坡企业在银行业、电信业和制造业走向国际化的途径。尽管邻国印度尼西亚担忧新加坡主导一切，但是他们也想得到新加坡的资本。就业机会和资金让他们愿意接受这项提议。

"成长三角"改变了整个区域。柔佛成为马来西亚最具活力的州。原本以农业和渔业为主的廖内群岛，开始从印尼各地引进工人，以补充其稀少的人口。和新加坡一样，廖内省变成外来劳工的聚集地。对新加坡的管理人员来说，这是一个"没有国界的世界"，但是对印尼劳工而言并非如此。一旦他们找到新工作，他们便会定居下来。

手机和廉价小卡车改变了那里的生活与环境，只是不知是福是祸。年轻的女子在工厂里组装电子产品。为施工而快速清除地物，导致水质受到污染，表土开始侵蚀。原本在岸边无所不在的红树林开始消失。群岛快速的经济发展和社会变化，导致它与整个印尼格格不入。在某种意义上，这些改变被视为华人的剥削行为，成为潜在的导火线议题。成长三角甚至让一些人不安地联想到日本战前的大东亚共荣圈，原先的合作最终将演变为对立。柔佛的州务大臣曾在 2002 年断言："我们不再给新加坡扮演补充性角色。我们要与新加坡直接竞争。"[34]

在三角区以外，新加坡开始为自己创造一个外部经济，就和几个世纪前的热那亚一样。1993 年，时任内阁资政的李光耀在一次演讲中，曾将这一举措定义为新加坡向外输出其所累积整理的"软件"。这其中涉及一套知识体系，以及如何有效地运用这套体系。这是一个小国通过海外投资创造空间的途径。在海外，工业园帮助本地企业刺激外国市场，从而鼓励新加坡人创业。新加坡必须对外宣传它是一个追求长期利益，而非短期利润的国家。

当然，现今想要建立大陆帝国是不太可能了。当代海上贸易国家具有前人所没有的优势，即无须消耗资源来捍卫其领地。我们可以称之为海外投资，即在海外创造经济空间。这也是一种新式的海洋帝国。

胜宝旺集团（Sembawang Corporation）便是一个很好的例子。当杨烈国（Philip Yeo）在 1991 年担任主席时，他认为这是一家成熟的公司，未来需要新的发展方向。他说造船厂是公司的核心，是整个企业的"母牛"[35]。然而，这只母牛过于依赖全球经济周期，增长速度也太慢。他觉得公司必须确立其在本区域的地位，重点发展工程、工业及科技。

于是在 1996 年，胜宝旺集团在中国北部的天津和印度尼西亚的吉里汶岛开设造船厂，前者可谓是在中国扩展势力的立足点。尽管吉里汶岛不具备新加坡的地理优势，但是它拥有深水、可供扩张的空间，以及廉价的劳动队伍。然而，吉里汶岛作为一片未开发的"绿地"，发展必然需要大笔的资金[36]。胜宝旺集团并没有将吉里汶岛看作是"搬迁，而是我们业务的延伸"[37]。换言之，它是公司整体发展的其中一环。公司说，投资中国和印度尼西亚的目的，是把他们的造船厂设在战略性地点，从而降低成本和价格。

在经济以外的各个方面，政府一直宣扬一个全球化的"大新加坡"概念。新加坡融贯中西文化，可以凭借其国际影响力，突破地小人少的局限。新加坡自称为非亚洲人通往亚洲的桥梁。诚然，新加坡的世界性与多样性成了其文化融合的潜在核心，而此种融合早已体现在其饮食与语言中。

美化社会

在战争和日据时期，有许多新加坡人遭受苦难，英勇牺牲，但他们都不是为了捍卫新加坡这个国家。后来也没有人为新加坡争取独立，没有扣人心弦的抗争故事。作为独立国家的新加坡突然成立，过程中并未产生任何英雄。李光耀显然是这种英雄人物的候选人，而他也确实值得被列入考虑范围。然而，他选择不当这样一个英雄人物。

1965 年，新加坡这个充满不确定性的多元种族社会突然被迫独立。它亟须一种社会纽带作为国家的身份认同。政府当时想方设法培养这样一种情感，最终选择了"鱼尾狮"（Merlion）这一虚构的图腾式动物。作为一个文化混合体，鱼尾狮象征着新加坡陆地与海洋的联合：狮头代表新加坡传说中的猛兽[38]，鱼尾则代表新加坡作为海事城市的事实。它原先是一家水族馆的标志，后来新加坡旅游促进局（Singapore Tourism Promotion Board）选择其作为一座雕像的造型，期望为新加坡打造一个像巴黎埃菲尔铁塔或是罗马斗兽场那样的国家符号。

雕像以混凝土浇筑而成，外层由瓷片覆盖。为了吸引游客的兴趣，狮子的嘴会喷水。在新加坡诗人亚菲言（Alfian Sa'at）的眼中，"鱼尾狮被困在那里……仿佛不确定自身应当归属的港口。"[39]这座雕像至少成为摄影者最喜欢拍摄的对象。它伫立在新加坡河河口，恰好位处陆地和海洋之间。它在很多方面成为了新加坡经验的一种隐喻，其中的狮子形象唤起了新加坡作为英国殖民地时代的记忆。狮子在英国的皇家纹章中尤其突出，立狮（lion rampant）的历史可追溯到欧洲的中世纪。鱼尾狮的狮头显然向英国的皇家传统靠拢多于古代《马来纪年》中所描述的"狮子"。然而，狮子（至少我们所知道的狮子）却从未在新加坡生活过。第二座更大、更凶猛的鱼尾狮矗立在圣淘沙岛的山丘上，其雄伟巍峨的存在改变了鱼尾狮原有的形象。

目前来看，与其说鱼尾狮是一个国家符号，不如说它更像是一个旅游地标。它在本地人心中的重要性并不高。很少人会说鱼尾狮的造型美丽。但粉丝们希望在新加坡寻找身份认同的过程中，鱼尾狮会变得越来越有吸引力。新加坡虽然有"狮城"的美称，但是鱼尾狮能告诉我们的信息并不多。

新加坡著名外交官比拉哈里·考斯甘（Bilahari Kausikan）说

过："如果新加坡要在世界立足，我们就必须做到卓越非凡。"[40]滨海湾金沙酒店（Marina Bay Sands）就达到了这一标准。滨海湾金沙酒店要远比鱼尾狮更好地概括新加坡经验，即便是无意为之。

滨海湾金沙酒店号称是全世界最昂贵的酒店，其富丽堂皇的程度令人叹为观止。这家引人注目的酒店展现了新加坡的物质成功，以及新加坡旅游业的重要地位。这座55层楼高、耗资57亿美元打造的建筑物由三栋高楼组成；这三栋高楼并不形成一道将市区与大海阻隔开来的高墙，反而在三栋高楼中间提供了观景空间。建筑设计师摩西·萨夫迪（Moshe Safdie）把这个地方看作是"新加坡人与世界相遇、世界又与新加坡相遇的地点"。[41]因此，它认可了新加坡港口所扮演的门户角色。

有一位风水大师建议萨夫迪不要让建筑对称。考虑到华人的传统风俗和情感，建筑物的一角利用悬臂原理显眼地向外伸出。萨夫迪之所以采用风水说法，是因为他觉得这是文化的一部分，但是他个人对风水的态度不无轻视。他说过："在我个人的经验里，风水其实有点像是声学，你问过多少名风水大师就有多少种不同的意见。"[42]

萨夫迪说，他的任务是建造一个度假胜地，而不仅仅是一家酒店，但是场地又缺乏地面空间。因此，他在建筑物的顶部建造一座"空中公园"。这座公园拥有露天空间、棕榈树，以及一个长度横跨整个建筑物的泳池，给人营造一种整体感。当人们说顶部看起来像是一艘船时，萨夫迪回答道："我一开始并不是想要把大楼顶部做成船的形状。"[43]但现在大众的理解普遍如此，恰好指涉了新加坡的海事传统。

建筑物顶部拥有世界上最高的无限游泳池，长度超过奥运会

图 15　鱼尾狮公园里的鱼尾狮，背景是滨海湾金沙酒店。照片由维基百科用户 Merlion444 提供

标准泳池的三倍。这个户外泳池没有任何围墙或障碍物，给人一种居高临下的脆弱感。水池边的水溢出到下方的汇水区，然后再被泵回游泳池，而游泳者则感觉自己漂浮在陡峭悬崖的边缘。这可以被理解为贯穿新加坡体验的焦虑感的一种隐喻。

新加坡共有两家赌场，其中一家就在这家酒店里。现任总理在宣布赌博合法化的决定时表示："我们要让新加坡拥有 X 元素，那种你在伦敦、巴黎或纽约所能找到的话题性。"[44] 他的父亲改变了主意。他说，如果新加坡禁止赌博，将给世人一个负面的形象，即"我们故步自封，新加坡还是那个整齐干净、禁止口香糖的老样子"。[45] 但是政府非常不鼓励新加坡人参与赌博，并向新加坡人征收高昂的入场费。赌场的顾客群是富裕的外来游客，特别是那些喜欢赌博的人。这个行业能带来丰厚的利润。赌场的出现充分体现了新加坡的实用主义精神。

新政府急于建立身份认同感，想要建立一套共同价值观，将之阐述整理成社会的集体精神[46]，并在国会以法案的形式正式通过。政府手边有一些方便的传播途径：学校、媒体以及年轻男性必须经历的两年服役。此外，政府将公共住房看作是另一种工具，有利于培养一种社区意识。通过有计划的组屋分配建立的具有可塑性的新群体，或许可以取代传统的宗族与种族群体。

这些"国家价值观"把家庭定义为社会的基石。所有人以家庭荣誉为先，强调孝道和对等级制度的服从，包括女人之于男人的从属位置。个人必须孝顺父母，崇敬祖先。个人必须以社群的需要为优先，进而推广至整个国家的需要。整个社会必须维持宗教及种族和谐，以和为贵，放下争论。人权和个人主义被斥为一种自私行为。

这套指定的道德体系赞扬社会纪律及克勤克俭的精神，强调处事态度要务实而具针对性：保持健康、锻炼身体、减去多余体重。精简、干净、准时和有礼貌是理想的状态。开车时要文明；出席婚宴时不要迟到。纪律与文明程度被画上等号。李光耀早前曾说过，"我们的生活里如果能有多一些优雅的仪态，将会让我们这个吃苦耐劳的社会更加精致"。[47]或许就和李光耀本人一样，新加坡的理想是创造一个"现代"而又"具亚洲特色"的文化。

为了塑造一个新社会，新加坡的领导人巧妙地转向过去，选择拥抱具有象征意义的历史而非摒弃之。正如莱佛士当年利用马来历史来美化他新成立的港口，李光耀在魏森梅斯的建议下（又或许是他个人的倾向），和他的同僚一起利用莱佛士来打造这个新国家。决策者不断创造性地使用历史，寻找一种哲学性纽带来团结

图16 一名住客在新加坡滨海湾金沙酒店顶部"空中公园"的无限游泳池中游泳。Reuters/Vivek Prakash/ 档案照片，RTSHK9 或 RTSHABX

这个年轻而多元的国家，努力定义何为"新加坡"。

有组织性的宗教是潜在的竞争对手，但这样的担忧最后并未成真。对许多新加坡人来说，宗教对个人可能很重要，但是他们并不会以此来反抗任何官方意识形态，哪怕占主导的唯物主义与许多宗教的理念相违。信仰是个人的私事。打个比方，新加坡的天主教会认为堕胎是有违道德的，但他们并不抗议堕胎。当代新加坡成功地安抚了宗教。

"亚洲"价值观

新加坡政府声称政治和社会的稳定以及世俗的亚洲价值观，对这个发展中国家的需要而言，是适当且充足的。顺着这一思路，政府推行讲汉语普通话运动，即便普通话不是多数新加坡华人的母语。这一做法也违背了新加坡社会的多元种族特点，将马来人和印度人排除在外。对普通话的重视反映了新加坡转向"后邓小平时代"的中国的新方针[48]，以及李光耀以华人为先的等级观念。

李光耀和他的同僚认为，帝制中国的传统中蕴含了亚洲"文化稳定因素"的基础，那是可从自身文化汲取的核心理念。新加坡政府发起了一场"亚洲价值观"运动，试图阐释新加坡取得成功的原因，并为有时不得不采取的高压手段辩护。政府的论点是经济增长必须以牺牲公民自由为代价。个人的权力必须迁就群体的利益。要在新加坡这个多元社会建立文化网络是非常具有挑战性的。为了完成这一任务，政府精心打造一个对国际商界具有示范意义的国家，一个全球资本主义的胜地。当然，这是带有社会主义特色的资本主义。

"亚洲"一词的意义与"东方"（Oriental）一词一样模糊不清，宽泛得近乎毫无意义。亚洲作为一个地理术语，涵盖极其丰富复杂的民族与文化。受人尊敬的拉惹勒南在 1977 年说过一句话："我非常怀疑'亚洲价值观'是否真的存在。"[49]大卫·马歇尔在退休之前，曾在 1992 年的一场演说中抨击这个说法，引起轩然大波。他主张对权力的顺从或许适用于孔子的时代，但在今时今日是不合时宜的。

此外，马歇尔提倡"生活的乐趣"，他认为这来自对个人的尊重。"简单来说，我们的悲剧在于我们过分强调社会至上，缺少对个人的尊重。"他接着讲述了一段故事："好多年前，我赢了一场官司，客户送我一尊可爱的佛祖瓷像。这尊瓷像有一个大肚皮、一对耷拉到肩膀的耳朵，以及一张胖嘟嘟的脸。我对我的客户说：'你看，你们华人的审美趣味可真是与众不同。你们膜拜的对象怎么那样猥琐？'他回答说：'马歇尔先生，你要试着理解。中国这片土地有数百万人因粮食不足而饿死。能够吃得那么胖，那可是天大的福气！'"

马歇尔总结道："你看，这就是我们政府的态度：能吃就是福，你们应该满足。"[50]

早在 20 世纪 70 年代，就有人开始建立一套独特的"亚洲"价值观（具体说是"儒家"价值观），只不过不是在新加坡。澳大利亚学者迈克·希尔（Michael Hill）指出是美国的社会科学家开启了这场讨论。李光耀及其他领导人所说的价值观有一部分源自儒家思想，但是他们是有选择性地看待儒家这一高度复杂的中国古老社会哲学。

与中国的儒家社会一样，新加坡特别重视等级制度和人伦关系，但是不同之处在于新加坡热衷于管理，执着于持续不断的测量、分类和量化。新加坡政府无所不在，并且主张干预主义。中国的帝王政权与个人保持着一定的距离，它真正关心的只是维持社会秩序和向老百姓收税。

儒家思想或许至少能跟新加坡的华人男性（女性在儒家的等级制度中从属于男性）产生共鸣，但它忽略了马来人、印度人和其他亚裔或非亚裔公民。这些公民没有这样的文化遗产，而他们占新加坡总人口的四分之一。即便是对华人而言，"儒家思想"本身也存在多种解读，不能涵盖整个中华文明。新加坡华人并非文官的后代，而文官才是传承孕育中华文化的主体。新加坡华人主要来自于农民群体，生活困苦但却志向远大。他们生活在中国南部沿海地区，敢于挑战正统文化，并在得到机会后逃离这种文化。

在新加坡的儒家世界里，精英阶层是选自最聪明、最有活力、受过高等教育的人，并且经过一层层的筛选和淘汰。与中国的情况不同，这些精英并不自诩为最贤德的人。新加坡式的儒家思想明显地缺少对艺术和人文主义的关怀。1968 年，李光耀在新加坡国立大学的一场演说中宣称："诗歌是我们消受不起的奢侈。"[51] 他主张文学本身不重要；学生必须培养的是一套"价值体系"[52]。然而在多年以后，当他最爱的妻子卧病在床无法说话时，他会在漫漫长夜中给她朗读莎士比亚的十四行诗，尊重她对文学的喜爱。

中国的领导人用心经营艺术，认为这是德行的一种表现。礼仪要求一个人必须精通书画，作文论道。在当时的中国人看来，这是从政的必要准备。治理的具体细节交由专人处理，非君子所应关注之事。如此一来，高官才有时间修身养性，身体力行。

儒家重农抑商的思想，把商人放在社会秩序中的下层。这方面与维多利亚时期的英国有些相似。和中国人一样，英国的政治家也沉浸于经典著作当中，只是所读的经典不同而已。这样的教育被视为是最适合培养领袖的。

新加坡主要关注的是如何坚定地走商业化的发展道路，而文化似乎被看作是一种商品，一种产业，甚至是精英人士和大众群体的鸦片。执政党的合法性在于其所取得的经济成功，而非艺术成就。经济成功是指导执政党的思想行动的首要课题。拉惹勒南将新加坡的这种精神称为"唯钱主义"（moneytheism）[53]。就如我们之前对热那亚的讨论，我们可以进一步补充。

新加坡对中国的"亚洲"认同无疑植根于中国近年来在国际上的崛起，以及新加坡占主导地位的华人人口。因此，新加坡很重视华人文化氛围浓郁的历史古迹，诸如虎豹别墅、孙中山南洋纪念馆，以及华裔馆。新加坡的马来人和印度人似乎缺少类似的文化公园和纪念博物馆。

以虎豹别墅（又称虎标油花园）为例，它是由胡文虎和胡文豹两兄弟出资建造的彩绘水泥"花园"。我们或许会觉得它浮夸俗艳，粗制滥造，但是其所期望达到的富丽堂皇却是海外华人企业家的成功象征。

虎豹别墅原来是一家家庭博物馆，当家族没钱维持经营后，这个地方便开始衰败。随后政府接手管理，将之改造成一座中国传统民俗版的迪士尼乐园。其中最叹为观止的是"十殿阎罗"，以浓墨重彩的泥塑描绘罪人在地狱须承受的惩罚，包括肉刑和火刑。游客会发现这要比"二十四孝图"更吸引人。唯一的例外或许是"乳姑不怠"的故事：一个妇女用自己的乳汁供养年长的婆婆，却罔顾自己的婴儿。

所有的展品都是要传达惩恶扬善的道德教训。那些主张重建虎豹别墅的人认为它是慈善精神的显著表现，在今天贫富差距不断扩大的社会环境中是一个优良的典范。他们将它看作是公民责任的象征，带有新加坡所缺乏的一种特立独行的幽默感。

另一个主题公园"龙世界"（Dragon World）则是将传统华人主题与激光光束、频闪闪光灯和电子音响等最新的现代技术结合在一起。著名的航海家郑和除了在航向印度洋的途中经过新加坡，他与新加坡其实并没有任何已知的关联。尽管如此，这座公园计划建造一个郑和码头，其中包括喷水龙和郑和船舰的复制品。然而，选址是新加坡珍贵的滨水地带，集装箱终究要比船舰的复制品更为重要。[54]龙世界不受公众欢迎，最后以失败告终。或许新加坡的第一座海事博物馆会更受大家的欢迎。

受教育程度较高的新加坡人想要认同中国的文人传统，而非虎豹别墅和龙世界的粗鄙民俗传统。为了寻找华人的根，成为高等中华文明的继承者，新加坡建造了唐城。然而，唐城最终也没能成功。游客认为它和龙世界一样，票价昂贵，景点又不真实，不中不西，结果东西方的游客都不喜欢。当地有评论家认为，"新加坡显然既没有打造属于自己的迪士尼乐园的资金，也不具备成为小中国的文化资本。"[55]

其他打造文化遗产的尝试做得比较成功。作为一个重要文化地标，孙中山南洋纪念馆于 2002 年正式开幕，推翻中国帝制的革命领袖孙中山曾在那里短暂停留过几次。新加坡这个城市有许多历史遗迹都已消失，但是这栋建筑物却难得被保存下来。孙中山同时是中国大陆和中国台湾的英雄人物，因此对他的认可并不意味着偏袒任何一方。孙中山也为新加坡提供了一个将其自身纳入海外华人以及现代中国的整体成功叙述的机会。

纪念馆将 1911 年中国推翻帝制视为极其重要的文化和政治事件。它阐述了南洋华人，包括新加坡人，在这一事件中所扮演的重要角色。将华人离散包含在新加坡经验之中，不仅能够赚取旅游收入，还能扩大新加坡的情感"空间"。

新加坡只是一个跳板，从来就不是推翻中国帝制的反抗力量及其继承者国民党的活动中心。然而，随着中华人民共和国的崛起，中国成为新加坡投资的重要市场和外来人才的来源地。因此，新加坡对中国的认同变得愈加关键。新加坡教育部积极招收来自中国大陆的学生，并资助他们大部分人的学业。

当邓小平在 1978 年 11 月访问新加坡时，李光耀总理竭力要让邓小平有宾至如归之感，便很贴心地为经常咳嗽吐痰的邓小平提供一个青花瓷痰盂。但邓小平并没有使用这个痰盂，不像他在北京会见坐立难安的撒切尔夫人时那样。或许是出于对主人的尊重，尽管对方提供了烟灰缸，但是邓小平并没有抽他平时爱抽的熊猫牌香烟。新加坡给邓小平留下了深刻印象，认为这是受控改革的模式，也让他意识到外国投资"并不一定如此可怕"[56]。尽管新加坡与中国直到 1990 年才正式建交，但是两国之间一直保持频繁密切的互动。

在退出新加坡政坛后，吴庆瑞在 20 世纪 80 年代中期担任中华人民共和国的官方顾问。中国很欣赏新加坡的经济成功和社会秩序，甚至将之定义为一种"精神文明"。有一名在 2010 年来到新加坡的知名中国访客，借用"摸着石头过河"这·民间俗语，认为新加坡帮助中国"缩短了过河时间"[57]。中国人仍旧在研究新加坡灵活的威权主义如何被运用到中国的政治语境之中。

新加坡控制

"新加坡控制"或"新加坡握力"（Singapore Grip）可以指一种疾病、一种手提箱，或者据闻是当地妓女用来提高顾客快感的一种技法。作家 J. G. 法雷尔（J. G. Farrell）以之作为他描写英属新加坡最后几天的一本通俗小说的书名。这个词语恰如其分地概括了今天新加坡政体的特点。

李光耀在 1990 年辞去总理职务后，巧妙地安排了他的继任者，随即担任内阁资政一职（或许对他的一些直属幕僚而言，他是"部长的折磨者"[58]）。尽管他具体掌握的政治权力不明，但他在内阁仍有相当大的影响力。他在 2011 年的全国大选后卸下内阁资政一职。吴作栋接任总理，于 2004 年卸任，直至 2011 年以国务资政的职衔重返内阁。

李光耀的大儿子李显龙，取代吴作栋担任新加坡总理，形成三位一体的局面(有人戏称为"圣父、圣子、圣吴"[59])。新加坡成功进行两次最高权力的顺利移交。尽管最后一次的权力移交带有世袭的意味,但没有人质疑现任领导人的能力。

在最初的几十年,新加坡政府在结构上类似民主制度,但它的操作模式并不民主。对李光耀及其领导班子而言,好政府要比民主更重要。诚然,新加坡定期举行选举,但大多数新加坡人忠实地投给了人民行动党。参选人都是经过精挑细选,拥有丰富的学术履历。新加坡政府不受利益团体的制约,因而能够提出稳定且前后一致的政策。新加坡政府的效率和廉洁度几乎无可指摘。

新加坡政府全力专注于国家发展与经济成功,提高了人民的生活水平,而新加坡人也愿意以个人权利换取经济繁荣。政府通过两种方法为其干预政策辩护。[60]他们认为经济健康和政治稳定需要政府中央的规划和指导,而人民本身不具备做出明智决定的能力。经济实用主义和政治顺从的原则让这个机制得以顺利地操作。

事实上,新加坡政府所形成的社会契约与帝制中国并无二致。政府通过优越的执政表现来证明其统治的合法性。只要人民的生活过得好,他们便会接受这种合法性的假设。新加坡政府虽然专制,但它并不专横。相反的,它一心一意地要实现人民的福祉,并把人民视为国家最重要的资源。政府通过挑选和培训,找出他们认为最适合治理这个国家的人才。

作为行使管理权的回报,新加坡政府承担了为人民提供高水平生活的责任,包括住房、医疗、教育和养老金。在这个"准马克思主义"的社会[61],以技术专家治国的唯物主义占主导地位,经济发展凌驾于一切之上。然而,随着经济基础转向知识型产业,人们开始质疑这个专制国家在这样的新形势下能否继续蓬勃发展。

新加坡政府素有管制信息流通、压制政治对手的倾向。

如今，新加坡政府担心受过高等教育的人民生育不足，而新加坡也逐渐形成自己的侨民，有损国家的利益。目前有 3.3% 的新加坡人在国外生活或工作，这样的人数对新加坡这个小国而言不容小觑。[62] 许多人出国留学；问题在于那些不愿意回国、继续留在美国、澳大利亚或其他英语国家的新加坡人。

这种趋势在国际上并不常见，因为一般是较不发达的国家才会面对人才流失的问题。此外，选择离开的人往往受过高等教育，这恰恰是新加坡最不愿意失去的人才，让这个问题变得更加严峻。李光耀为流失的人才懊恼不已。每年大约有 1000 名有才华的年轻人放弃国籍，永远地离开新加坡。这会带来国防隐患，大量出走的年轻人将减少参加国民服役的年轻男性。在 10 个最具潜力、受教育程度最高的人当中，有 3 人选择离开新加坡。调查显示，有更多人打算这么做。[63]

一些人移民的动机可能是全球化的结果。尽管工作岗位充足，但是新加坡这个小国无法提供他们想要追求的就业机会范围。其他原因还包括生活开销。一些年长人士提取了储蓄多年的退休金后，便放弃新加坡国籍，选择到外国安享晚年。同一笔钱在新西兰能买到更多的东西。在那里，你可以拥有大房子、汽车和优质的医疗服务。这些商品服务的价格都比新加坡来得便宜。对青年人和中年人来说，他们离开并不一定是为了寻求更好的经济机会。

政治疏离感也不一定是主要的动机。也许更重要的是心理因素，即有一种冲动想要逃离这个"保姆国家"（Nanny State）令人窒息的管控，以及高压的生活方式。有一名年轻女子，她是第四代新加坡人，拥有马来人、华人和印度人血统。她离开新加坡已有五年，选择到附近的印度尼西亚居住。她说："留在新加坡让我很生气，但我又无能为力。"

新移民的感受也可能是五味杂陈的。新加坡吸引了许多外籍旅居者，他们使得当地社会变得更加多姿多彩。他们有些人是劳工，有些人是学生，学生当中有三分之一来自中国。中国人会感觉更加亲切，因为他们能随时吃到中餐，继续使用汉语，看到许多华人面孔。对学生而言，慷慨的经济资助往往是另一种诱因。新加坡也可以让他们在一个国际化的环境中学习，提升他们的英语水平。

但近年来，这些中国人遭受到一些新加坡人对政府宽松的移民政策的不满情绪。有一名不愿透露姓名的中国学生表示："我们在这里感到越来越不舒服了。"

在殖民时期，新加坡作为人员与商品的集散地，从自由流动的移民和商品中获益甚多。有些人途经新加坡时做短暂的停留，但大多数人选择定居在新加坡。自独立以来，新加坡政府对人员流入实行更严格的管制，依据国家的经济状况和工作岗位数量来调整移民政策。但是政府还是很重视部分移民的价值。

李光耀说："如果你看看伦敦、纽约或上海，那些让这些地方闪闪发亮、热情洋溢、熠熠生辉的人，都不是在本地出生的。"[64] 注入新血对提升人力资本至关重要，新加坡的新来者也一直在为经济发展贡献他们的技能，让新加坡的经济得以从劳动密集型转向科技驱动型。将近三分之一的新加坡人口是外籍人士，占550万总人口中的150万。[65] 现在随着人口老龄化，对年轻人的需求将越来越高。然而，移民人数的增加将威胁到政府急于唤起的国家认同感。

许多外国人都是劳工或家庭帮佣，填补那些最缺人、新加坡人不愿从事的工作岗位，譬如造船厂的工作。其他外国人则具备较专业化的知识技能，譬如从事医学研究。

新加坡正积极参与所谓的"全球人才争夺战"[66]，四处招揽有能力的人。东方海皇航运近来委任一名丹麦人来领导公司。这项任命既实际考虑了对方的个人经验，亦具有其象征性意义，显示新加坡对唯才是用原则的坚持。这个做法弥补了新加坡因移民而流失的本地人才。来自中国、印度、欧洲和美国的专业人士被吸引到新加坡来，因为这些机会是他们在自己的国家不易得到的。

对科学家而言，最具吸引力的是设备精良的实验室和丰厚的研究资金与薪金。在 20 世纪 80 年代初期，新加坡几乎没有任何研究基地。政府开始意识到他们必须成立一个研究基地，提供良好的工作环境、经济奖励，并承诺建立一个由智库与大学组成的活跃蓬勃的知识界。他们希望和来自先进国家的科学家签约，聘请他们到新加坡进行研究，尤其是像生物医药等有望投入商业应用的新领域。然而，大量的金钱投资并不能保证知识型产业的成功；投资不一定能取代个体创业家的灵感及才华所能产生的创意火花。没有任何原创的"新加坡制造"产品取得全球性成功。

美国人把"科技园"构想成一种培养创意的机制。斯坦福大学于 20 世纪 50 年代初创建了第一个为研究开发而设的科技园。科技园有可能沦落为"一个虚有其名的房地产开发项目"[67]，有些人也怀疑把人才聚集起来是不是就能产生创意。毕竟，创新需要一种创业精神与勇气，一种愿意冒险的精神，而有人就抱怨这些特质在新加坡的文化中并不突出。福建方言中甚至有"怕输"（kiasu）一词，这可以被解读一种"不甘落人后"的好胜心理。

1989 年 10 月，一个香港咨询集团在报告中写道，尽管新加坡"尤其擅长建造、维持高质量的基础设施"，但是要营造"将国家转变为科技创新中心所需的活力充沛、无拘无束的氛围"却是迥然不同的。而这种努力的结果往往是不可预测的。[68]

但这是好久以前的事了。最近，新加坡已经成为世界级的医学研究中心，许多人都曾在北美的主要大学，或是与之有合作关系的两家本地医学院受训。大型的启奥生物医药园（Biopolis）代表了新加坡在这方面的巨大投资，汇集了一大批杰出的研究专才。礼来公司（Eli Lilly）将一个实验室从印第安纳波利斯（Indianapolis）迁移到这里，所有的大型国际药剂公司都在新加坡设有分部。附近高耸的双峰塔是启汇园（Fusionopolis），那里专门进行物理科学、工程学及信息技术方面的研究。成立这些科技园的目的是创新。新加坡认识到自己必须走出"廉价而快速"的发展模式，因为它已经无法在这个方面与中国或印度竞争了。

新加坡国立大学（NUS）在世界排名前 30，目前正在四处招募人才。耶鲁大学选择在新加坡设立学院，一方面是希望能在海外成立分校，另一方面是被新加坡提供的学习环境所吸引，加之新加坡政府愿意承担一切的费用。学校为国际学生群体提供由耶鲁教职人员教授的博雅课程，但是限制学生的政治活动，譬如不可在未获得官方批准的情况下在公共场所举行示威。耶鲁—新加坡国大学院执行董事部主席郭雯光（Kay Kuok）如是说："我们必须把'liberal'一词理解为宽广之意，而不是自由。我说的是思想自由，不一定是言论自由。"[69] 当地的政治文化在多大程度上会影响新学院的博雅教育课程中所隐含的对自由精神的坚持？当下的共识是静观其变，毕竟新学院的身份认同还未完全成型。

耶鲁大学极具争议的决定引起了美国大学教授协会（American Association of University Professors）的批评、一部分耶鲁教职人员的强烈反对，以及一些毕业生的怨言。不过有一名曾在新加坡执教的毕业生反驳道："民主纯粹主义者对新加坡持续不断的威逼，根据经验现实其实是不合理的。"[70]

当然，新加坡科学家可以在没有意识形态限制的情况下工作。新加坡领导人毫无异议地接受了国际社会针对气候变化的共识。干细胞研究者不会面对他们在美国所遭受的政治限制。克隆绵羊多利的英国团队在新加坡找到了一个支持他们的研究环境。新加坡人会告诉你，尽管他们的政治可能是敏感的，但在如基因研究等科学课题方面则不受任何意识形态的束缚。

来自美国的住院医师和医学研究人员发现新加坡的社会政策令人钦佩，而他们个人也从中受惠。他们赞许新加坡的全民医疗制度、免费教育、住房补贴，也喜欢参观耗费巨资建成的博物馆。但是也有人抱怨一些妨碍工作效率的事；"有太多用意良好的官员"在分配研究资金时，对腐败行为持过分谨慎的态度。"你连买一支回形针，他们都要知道原因。"[71]

在 2011 年 5 月的新加坡大选前，从那些时而激烈的讨论中可以看出，一部分本地人对外籍专业人士心怀不满，认为他们享受过多的福利，且对新加坡没有任何忠诚度。新加坡人的这种怨恨也加剧成为一种阶级差异。在全球各地游走的"世界主义者"和一般打工的"草根民众"之间出现了一道社会裂隙。

如果新加坡要继续发展经济，就必须维持足够数量的人才，以产生新的想法、新的产品和新的就业机会。如果我们以在美国的专利申请评价新加坡的创新程度，新加坡在 2014 年共取得 946

项专利，数量跟丹麦一样，而丹麦的人口比新加坡略多。从人均数量来看，新加坡和荷兰不相上下，并且是俄罗斯的三倍。[72]

新加坡非常成功地创造了一个经济繁荣、秩序井然的国家与社会。这个海事城邦也必须创造一个对创意人才具有吸引力的心理环境，供其工作和玩乐。新加坡在 2002 年遭遇了自 1965 年独立以来最严重的经济萧条，因而催生出一份题为《创意产业发展战略：推进新加坡创意经济 2002》(*Creative Industries Development Strategy: Propelling Singapore's Creative Economy 2002*) 的报告。

报告认为可以通过文化"产业化"，把艺术、设计和媒体结合在一起。"创意产业"的概念并非始于新加坡。理查德·佛罗里达 (Richard Florida) 在其著作《创意阶层的崛起》(*Rise of the Creative Class*, 2002) 中提出这个概念。这个概念是指一群受过高等教育的高薪人士，他们不遵循一般的工作方式，拒斥着装规定和传统办事空间。这些人将能使未来世界的经济生机勃勃，丰富多彩。新加坡认为这个目标非常具有吸引力，但是实现办法却将挑战国家文化所重视的整齐划一。这也意味着培养新加坡人的冒险精神和创业精神，鼓励外来的创意人才定居本地。最终的希望是创造文化，而非进口文化。新加坡领导人断言他们是亚洲首个制定如此战略的国家。

当然，艺术可以提供一种创造就业和财富的手段，形成一个能够招商引资的社群，把新加坡发展成为一个工作、生活和玩乐的理想城市。新加坡政府的动机是商业性的，与艺术无关；它强调的是集体，而非个人。政府的想法是艺术是一种可以操纵利用的东西，为的是实现经济利益而非艺术自身。如果文化不存在，政府会尝试创造文化，因为他们认为文化活力能够促进经济繁荣，巩固新加坡渴望扮演的国际角色。

领导人们开始宣扬通过享受参与艺术、音乐、文学及思想的世界来完成自我实现。为了改变观念，政府希望建立一个正面的公众形象。有一名国会议员在 2007 年宣称：就算是以牺牲一定的社会秩序为代价，"我们也需要创建一个'酷'的新加坡形象"。他引用一句古老的中国格言："水至清则无鱼。"[73]

有些人认为这一切都只是为了作秀，给国际社会制造一个表象以提升旅游业的收入，但是在政策上并没有任何实质性的改变。2002 年 10 月启用的巨型剧院能很好地说明这一点。它适合上演像音乐剧《狮子王》这种面向大众的商业表演，但是其过大的舞台并不适合试验性质或非主流的表演。就有评论者斥之为"国际表演走过场的一具空壳"[74]。

创建裕廊和飞禽公园的吴庆瑞认定一个伟大的城市不能缺少一支交响乐团。他在新加坡交响乐团（Singapore Symphony Orchestra, SSO）的组建过程中扮演了举足轻重的角色。新加坡交响乐团在 1979 年 1 月 24 日举行了首场音乐会。吴庆瑞说过："英国绝对不是音乐传统底蕴最深厚的欧洲国家。利物浦和新加坡一样是个海港，但是人口不到新加坡的三分之一。和新加坡一样，它不是一个艺术或文化的中心。然而，皇家利物浦爱乐乐团（Royal Liverpool Philharmonic Orchestra）已经取得国际知名度。"[75]利物浦有一个很好的演奏大厅，但这不是乐队取得今日成就的原因。

基础设施固然重要，但是它无法指挥文化。新加坡政府认识到它可以为文化奠定物质基础。艺术与知识的实质则另当别论。然而，当局却提防着即兴的艺术，对任何自发性、难以预测和无法控制的事物充满不信任。

戏剧挑战社会接受度的界限，或许是当代新加坡最激动人心的艺术形式。英语是新加坡剧场的主要语言。像郭宝崑这样的华人剧作家会以英文创作剧本、策划演出、表演剧目。然而,他们有时也会创作中文剧本。泰米尔语、马来语和汉语方言等其他语言的剧目数量虽然不多,但是它们与英语和汉语普通话戏剧相得益彰,体现了新加坡的文化多元性。

郭宝崑的戏剧作品《郑和的后代》以明朝太监郑和的一生作为当代新加坡的隐喻,描述这名航海家为了满足专制皇帝的利益,丧失了自己的男子气概与伊斯兰的渊源。然而,郑和穿越孤寂空间的伟大航行,将他从独裁专制的世界中解放出来。剧作家产生了这样的联想:"也许他(郑和)的感受和我们出国旅行时的感受一样。尽管处于一种中间状态,但却挣脱了约束和控制。"[76] 警方有权审查那些被视为有违道德或可能引发矛盾的剧目。郭宝崑早年触犯过新加坡的法律,让这名剧作家陷入牢狱之灾。[77]

艺术显然是危险的,因为它打破了等级制度和文化/族裔界限。正如贝托尔特·布莱希特(Berthold Brecht)所言,"艺术是一把塑造社会的锤子"。最有意思的艺术表达大多来自于文化边缘,而新加坡政府对边缘充满不安。政府赞许"创意"是信息社会中必不可少的特质,但是他们却要以此推动科技发展与创业精神。换言之,他们希望艺术成为创造财富的商品,让既有的社会秩序更加优雅细致。政府认为文化是使新加坡成为区域,乃至世界中心的重要一环。政府无意于把艺术视为人类经验的一种表达方式。

为了追求现代性,新加坡将纪律和礼仪放在艺术和民主之上。艺术被视为凌乱、张扬且离经叛道,而民主则被视为混乱不堪。马凯硕(Kishore Mahbubani)是亚洲价值观的重要支持者。他的论证思路可以如是概括:"一个发展中社会必须先成功取得经济发展，然后才能实现发达国家所享有的社会与政治自由。"[78] 不过问题在于，这个关键点到什么时候才能发生？

关于价值观的争论依旧持续着；"西方"文化代替共产主义和种族主义，被视为对国家社会稳定的新威胁。批评者把"西方"等同于具有破坏性的个人主义、颓废自恋之风、道德与经济的衰败、人民无家可归、滥用毒品、街头犯罪等不良问题。简言之，西方是一个紊乱没落的社会。尽管"西方"文化有诸多消极面，但是它整体上仍然对许多新加坡人具有强大的吸引力。

当局坚信他们必须与这种污染作斗争。这意味着要排除异议，捍卫新加坡现有的政治秩序。至少在2011年大选之前，反对人民行动党的人士除了大选之外，几乎没有任何有组织性的方式能够让他们表达诉求。政府对反对党的能力没有信心，担心他们一旦执政必会挥霍公帑。于是政府不断地压制反对党，在法庭上对反对党人提告，而诽谤和逃税是最常使用的罪名。和其他方面的殖民经验一样，新加坡的诽谤法承自英国，一般都偏向原告。

因此，这些官司似乎不可避免地由政府胜诉，而败诉方则须承担巨额的赔偿金。新加坡政府明显地为言论自由设下限制，而限制的界线又不清晰。这就造成了自我审查的情况，甚至是新加坡知名作家林宝音（Catherine Lim）所谓的"恐惧的气氛"。在她看来，人民害怕政府，而政府也害怕人民。[79] 但是这样的情况在最新一代的选民当中发生了很大的变化。

言论界限

在就任总理后不久，李显龙于2004年1月6日在新加坡哈佛俱乐部致辞时表示："我非常确定我们的社会必须更加开放。"虽然他和前任总理都是从务实的商业观点来处理文化课题，即一个社会必须追求利润和物质享受，但是李显龙至少认识到新加坡必须创新，否则整个社会将连同文化一起衰亡。

李光耀担任总理的时期，政府的态度强硬，人民很清楚政府要的是什么。今天的政治环境更复杂，人民的要求也变得更多。这迫使新加坡政府行事不得不更谨慎，以平衡批评的声音以及政府所认定的国家需要。

李显龙总理说："我们必须开始试验。以一个空白的头脑去获取知识、让自己接受培训这样的简单事情，我们都已经做了。现在困难的部分来了。要让识字识数的头脑变得更有创意、更具生产力绝非易事。这需要思维改变和一套不同的价值观。"[80] 然而，言论界限还是必须遵守的。正如时任新闻及艺术部长杨荣文（George Yeo）曾说过，新加坡需要有一扇"敞开的窗口，但是还有打苍蝇的必要"。[81] 因此，新加坡政府开始允许"吧台舞蹈"以及同性恋者加入公共服务。同性恋行为依旧是违法的，但是没有人因此遭到起诉。

新加坡政府对审查制度的看法，源自他们相信媒体具有煽动性，并以 1964 年的种族骚乱为戒。审查人员不太干涉与商业和教育相关的信息，但是他们认为艺术是敏感的，政治更是如此。诸如色情、种族偏见、毒品文化、暴力及犯罪行为等主题皆被明确界定为 OB（out-of-bounds，意即出轨）。然而，出轨的定义却又刻意保持模糊，从而鼓励媒体自我审查。

审查的范围延伸到对历史的诠释；政府提出自己的历史，其中以建国总理的回忆录为典范。因此，有部分学者认为左派分子被贬谪到主流历史叙述的阴暗边缘，对他们的描述是不公平且不准确的。

审查管理延伸到外国媒体。鲁伯特·默多克（Rupert Murdoch）曾被引述称新加坡为"世界上最开放和最透明的社会"[82]。没有多少外国记者会认同这样的评价。如果默多克的媒体与新加坡政府发生冲突，新加坡政府的反应很可能会让他改变观点。许多外国媒体，包括《时代》（Times）、《经济学人》（The Economist）、《国际先驱论坛报》（The International Herald Tribune）、《亚洲周刊》以及停刊的《远东经济评论》等等，都曾因为刊登批评性报道而惹怒新加坡政府，并遭受惩罚。《远东经济评论》编辑德雷克·戴维斯（Derek Davis）说过："我们已经尽力玩好这场游戏，要是我们知道规则该多好。"[83]

新加坡国立大学的一名访问学者克里斯托夫·林格尔（Christopher Lingle）于1994年10月7日在《国际先驱论坛报》上发表了一篇文章，声称"有一些东南亚国家利用'顺从的司法机构'来'让反对党党员倾家荡产'"。新加坡政府随即提告，认定林格尔所指的国家便是新加坡。林格尔被起诉，必须缴付巨额赔偿金，最终离开新加坡。

2001年，《经济学人》在8月14日的杂志中刊登一篇文章，影射李显龙总理夫人何晶（Ho Ching）担任新加坡政府投资基金淡马锡控股（Temasek Holdings）的首席执行官有任人唯亲之嫌。为此，《经济学人》向李氏父子二人支付了赔偿金。但是以上事件都未能如早前迈克·菲（Michael Fay）案在国际舆论引起如此广泛的关注与愤慨。

1993年9月，有许多外国人士居住的新加坡高级住宅区东陵（Tanglin）发生了一系列破坏汽车行为，包括喷漆涂鸦、扔掷鸡蛋和打凹车面。警方设下埋伏，并在凌晨时分逮捕一名 16 岁中国香港青年。他当时无照驾驶一辆红色奔驰轿车。这名青年因为拥有外交豁免权而被释放，但是警方之前对他进行了漫长的审问。青年供出了参与破坏公物的其他人，他们皆为美国学校的学生。其中一人便是美国商人之子迈克·菲。

警方来到迈克·菲的家中，发现了一些被盗的告示牌，包括"禁止通过"和"严禁吸烟"。迈克·菲因涉嫌多起破坏及偷窃行为，连同其他人一起被拘捕，接受审问。根据他的描述，他当时被警方粗暴地对待，最后在胁迫下承认了 53 项指控中的 5 项。他被判处四个月监禁及六下鞭刑。[84]

群情激愤，怒火延烧至海内外。《纽约时报》公开谴责鞭刑，将其比作酷刑。不少美国参议员也纷纷站出来表示抗议。时任美国总统克林顿请求宽赦。然而，许多美国人因对本国内的涂鸦和轻罪深恶痛绝，认为给予迈克·菲的刑罚合理恰当。

当时生活在新加坡的一名美国牙医认为迈克·菲"罪有应得"[85]。谈及她在新加坡生活的总体感受时，她说她愿意为了安全与效率牺牲一点自由。就迈克·菲的这起案件，许多人都赞同这名牙医的观点。海外商界很明显地并未响应《纽约时报》敦促众人为美国少年请命的诉求。

为了维护美国和新加坡之间的关系，王鼎昌（Ong Teng Cheong）总统将鞭刑从六下减至四下。迈克·菲仅服刑 83 天。他回到美国后，上了"拉里·金现场"（Larry King Live）节目现身说法，强调他目前只想继续过自己的生活。

新加坡法律可能有其特点，但是它植根于英国的传统，这种情况不仅限于诽谤法。1959 年，英国殖民政府实行在未经审讯的情况下拘留嫌疑人的权力。鞭刑的传统源自于英国公立学校对犯错的未成年人所实施的正式惩罚。直至 19 世纪 70 年代，英国皇家海军仍会使用恶名昭著的九尾鞭，作为标准惩罚鞭笞犯错的水手。新加坡媒体认为美方对迈克·菲案件的不友善反应，揭示了其对另一种文化不屑一顾的无理态度。内阁资政李光耀尖锐地批评美方的敌意态度暴露了美国社会的道德败坏。

互联网的声音

由于忙碌的生活节奏和对物质文化的执着追求，让许多新加坡人抱怨自己承受了巨大的压力与紧张情绪。一些人会说："所有的一切都和钱有关。"有一名学者说："你知道 PAP（人民行动党）代表什么吗？付钱再付钱（Pay and pay）！"这些负面情绪不时表现为 2011 年 5 月大选前愤怒的网上言论。互联网成为信息革命的声音，为用户提供了匿名的外衣，让他们能在官方的控制范围外畅所欲言；更多的人对政府提出了更多的要求。

新加坡政府赞扬并鼓励竞争，唯政治除外。人民行动党在不实行威逼恐吓或操纵结果的前提下连续举行自由选举，却依然能够保持从不败选的记录。在 2011 年的大选中，尽管面对反对党前所未有的优秀候选人和竞选力度，人民行动党的表现看似不俗，仍然取得了 60.1% 的选票，投票率为 93%。反对党赢得国会 87 个席位中的 6 席；它之前才只有两个席位。

大多数民主国家的执政党都会对这样的选举结果感到非常满意。然而，这是人民行动党自新加坡独立前两年（1963 年）以来最糟糕的选举结果。

反对党的领袖比过去更具资格。一些竞选人的履历至少与现任者的一样令人眼花缭乱。反对党的发言比以前更有信心，利用民众的不满情绪，在若干议题上大做文章，包括日益高涨的住房价格和医疗费用，以及允许大量新移民涌入的移民政策。许多民众认为大量的新移民将与本地人竞争就业机会，并导致公共交通过度拥挤。当外籍人口超过总人口的三分之一时，作家林宝音写道："我们现在几乎像是一个外国国家，我们有那么多外国人。"[86]另一个在互联网上爆发的控诉是认为人民行动党变得嚣张傲慢，不再体恤普通老百姓的需求。

大量的投诉，包括对在职者缺乏问责的指控，反映了人民对一些政府高层人员的能力的不信任，以及对他们所获得的巨额薪资的不满。政府官员的薪资被广泛议论：新加坡总理的薪资是美国总统的六倍，内阁成员即便在任也能从 55 岁开始享受养老金。

批评者说，他们希望有更多关于公共议题的辩论。其中一个反对党便打出了"迈向第一世界国会"的口号，但是他们没有具体说明其中的含义，也未能有说服力地阐述他们如果有机会当选会采取怎样的行动。反对党并无任何执政的经验。当时的内阁资政李光耀说了两句尖锐的话，可能导致人民行动党的选票流失。他说："马来人还未很好地适应新加坡。"他也警告打算投票给反对党会的人，他们会在接下来的五年里为他们的选择"后悔"[87]。人民行动党毫不讳言地把资金优先分配给在大选中支持人民行动党的选区。这对住房翻新的投入有一定的影响。这句话可能是导致外交部部长杨荣文失去国会席位及部长职位的因素之一。杨荣文的败选让很多人感到惋惜。他深受众人欢迎，不仅是因其优异的外交技巧和渊博的学识，许多人也看好他能够带领人民行动党进行内部改革。

2011 年，新加坡政府面对的是一批消息灵通、不那么听话的选民。他们年纪较轻，没有经历过建国初期的艰苦。选举前的各种传言对政府高层产生一定的影响。总理开始尝试与人民建立联系，他第一次使用脸书聊天室，并在结束时打出"TTFN"（"Tata for now"，意即下回见）的网络缩略语，让许多人诧异不已。他史无前例地在竞选期间向人民道歉。他并非就他的政策道歉，而是为在实施政策的过程中所犯下的失误道歉。其他的官员们则似乎不太愿意倾听并回应人民的诉求，这引起了人们相当强烈的不满。

新加坡是全世界互联网最发达的国家之一。互联网为用户提供一个发表政治意见的新媒介，这就意味着有更多的声音对政府提出更多的要求。新加坡政府未能像控制传统媒体那样来控制互联网。人民行动党的忠实支持者认为这些言论极度不公，完全忽视了领导人所取得的巨大成就。一名人民行动党的铁杆拥护者认定这些批评者被"宠坏"了，这是"管教无方"所导致的。她指责这些人拒绝承认新加坡要比世界上的许多国家来得富裕，包括像日本这样的发达国家。

选举后的一周，李光耀出乎意料地辞去内阁资政一职，但这并不意味着他的政治生涯已宣告结束。这位精明的政治强人保留了他在国会中的议席，给他提供一个方便的平台来发表声明，监督确保新加坡按照他所规划的成功路线继续发展。他在 1988 年曾告诫全国人民："就算我躺在病榻上，就算你们把我埋进坟墓里，只要我觉得哪里有问题，我就会爬起来。"[88]

许多外国人，不仅仅是旅居新加坡的美国牙医，都十分钦佩李光耀。在许多新加坡人的心里，他受到近乎神一般的景仰。他具有中国帝王的魅力，又拥有改善老百姓生活的革命之父的光环。

在他离世时，成千上万的新加坡人在路边等待数小时，只为了目送他的灵柩。他的逝世让整个国家拥有一种新的身份认同感，也引发了对未来新时代的不确定性。

第九章

全球枢纽？

新加坡作为转运口岸的海事经验，让其在互联网的全球架构中处于优越的位置，一跃成为一座世界级城市。新加坡正好位于"21世纪最重要海洋的最重要地理轴线"[1]。

实体商品仍然以海运为主，未来也很可能继续如此。但是自新加坡独立以来，全球港口的性质一直在发生变化。主要的港口现在都缺少了与城市的传统联系。这种物理联系大大地丰富了与城市社群的互动关系。自动化现在占主导地位。港口鲜少能看到人的身影了。然而，数字媒体正以前所未有的规模，将码头的周边地区与世界相连。海底光纤电缆通常沿着海上的传统路径铺设，因而给予港口丰富的资产，延续了其昔日作为信息接收者与传递者的角色。港口为其从业人员提供了一道桥梁，让他们深刻感受到全球发展的最新变化。

我们了解到成就新加坡故事的重要元素：不断进步的海事技术、地理位置、马来文化遗产、英国法律与干劲十足的华人企业家的成功结合、有才华的领导班子，以及好运气。新加坡在1965

年独立，恰逢全球海运业的飞速增长，让这个国家寻得一个重要且有利可图的定位。即使在 20 世纪初，人们还在使用隆隆作响的牛车，当时的港口就已经属于"第一世界"，早在任何人使用这一术语之前。港口业远远地走在新加坡其他方面的经济与生活水平前面。新加坡一直把港口作为主要的投资项目，这为新加坡的基础设施建设奠定了基础，将整个国家带入现代化的进程。

对海上航运而言，距离是一切。因为距离就是时间，而时间就是金钱。新加坡距离全球最大的消费市场——美国非常遥远。中国的珠江三角洲比新加坡更接近北美洲 1000 英里，而长江三角洲又将这个距离再缩短 1000 英里。然而，新加坡不会与中国竞争销往美国的商品。新加坡更大的潜力是在较为邻近的亚洲市场，诸如中国和印度。

世界上许多见多识广的人直到现在才开始发觉，印度和中国在 1800 年对全球经济的贡献是 50%。当时两国并未借由海洋实现全球化，而它们最终都在西方世界的强攻猛击之下衰败式微。中国一向都是该地区的龙头老大，但是今日的中国把海洋当作路径和潜在的竞争场域，在历史上首次成为一个具有全球影响力的世界大国。印度对海洋展现出前所未有的兴趣。印度庞大的中产阶层正不断增加，人数可媲美中国，远超美国。这将使得印度的新兴市场变得愈加重要。

对新加坡而言，印度提供的只是机遇。无论是在经济或战略层面，中国的崛起给新加坡提供机会，其中也包括不确定性。也许有了中国的资金注入，克拉运河或是跨马来西亚的输油管将得以建成，导致新加坡港口处于地理劣势（但是新加坡港先进的海事支援网络仍然遥遥领先）。然而，中国也有可能把目光投向北方；

他们对北冰洋深感兴趣。全球变暖可能将全球运输路线转移到极北之地，正如当年大运河将全球航运从极南的好望角带到赤道以北。这虽然将损害新加坡的战略意义，但是北极或许亦能为新加坡的海事业开辟新的市场。但是从长远来看，北极航线对全球航运的意义将在很大程度上取决于世界经济最主要的生产中心与消费中心的地理位置。

新加坡有可能从中国与印度崛起的战略形势中获得新的优势。新加坡兼具中国与印度的文化遗产，它或许能够充当两国的文化与经济中介人，甚至可能成为中印两国与国际社会之间的全球枢纽。

可是正如信息流通对巩固商业实力至关重要，现在时间也已取代了距离成为关键因素。时区的划分对世界的影响，要比以往的任何时候都来得重要。在20世纪60年代，阿尔伯特·魏森梅斯也许是第一个指出新加坡可从其时区获益的人。苏黎世金融市场在上午九点开市；伦敦的开市时间晚一小时。等到伦敦闭市，就轮到华尔街开市了。当纽约闭市，洛杉矶的交易仍在进行中。新加坡可以跟香港与东京竞争，填补美国闭市与瑞士开市之间的空当，从而完成全球的金融周期。国际社会对新加坡的政治稳定性、组织能力及财富增长的普遍赞赏，进一步强化了新加坡的时区优势。

新加坡证明了在今时今日，通过经济发展与组织能力建立一个富裕繁荣的海事城邦，并非天方夜谭。历史上已有威尼斯、热那亚或阿姆斯特丹的经验可资借鉴。那些早期的成功海事城邦并没有把自己局限在海事活动，而是以其为催化剂或跳板，从事其他高利润的经济活动。每个城邦都发展出自己与众不同的特性，但是和新加坡一样，它们之间的共同特点是自我创新。

热那亚人最早是渔民和海盗，后来从事贸易，最终是银行业。威尼斯人在 1000 年以前以售卖鱼和盐发迹。虽然威尼斯的政治与商业实力到了近代就已衰落，但是它所建立的优秀文化仍旧吸引无数游人前往参观，为之着迷，直到海水将整个城市淹没的那一天。阿姆斯特丹实际上也是一个城邦。有人说这座城市是建立在鲱鱼骨上，因为渔业是它早期的收入来源。阿姆斯特丹让荷兰成功地成为一个海事贸易大国，为荷兰现有的国家财富奠定基础。

和其他欧洲的海事城邦一样，新加坡巧妙地利用自身的处境来打造领先世界的海事经济。尽管新加坡不是变革的发动者，但它反应敏捷，积极拥抱新科技。在过去两个世纪里，海洋空间的利用方式发生了一系列的革命性转变，其中包括国际航线的转变、船舶驱动力的转变、货物类型与运输方式的转变等等。无论是在哪一个转变阶段，新加坡均能调整自我，应对这些转变的需求。

海事业现在占新加坡国民生产总值的 7%，服务业的 10%。[2]这充分地证明新加坡具备提升经济价值链的能力。海事业的影响力要比这些可测量的数据所显示的更大。海事企业为新加坡的经济引入相关的制造业和服务业，譬如造船及维修、保险、法律服务、会计和银行服务等。海事业给新加坡社会带来了紧密的国际关系、贸易与经济合作、国际组织的参与机会，以及与游客的个人直接联系。新加坡把一个码头变成一个海港，把一个渔村变成一个城市。在这个过程中，新加坡不仅幸存下来，甚至还能在对国际权力与财富平衡具有深刻影响的一系列全球性转型当中繁荣发展。此外，新加坡港务局在 15 个国家的外国港口均有投资[3]，与世界其他的海港建立起一个巨大的互联互通网络。在本国内，分散的数个码头将被整合为一，为 200 家航运公司服务，连接全球 123 个国家的 600 个港口[4]，其中较为主要的港口每天会有多趟航班。

表2　新加坡如何从世界财富和世界贸易的增长中获益

年份	全球 GDP[*]	贸易量（GDP 占比）[**]
1965	14.2	24
1975	22.2	33
1985	31.7	38
1995	43.4	43
2005	62.4	54
2010	74.4	56

[*] 万亿美元，根据购买力平价计算（2010年美元汇率）。The Earth Policy Institute, "Gross World Product, 1950—2011"，引用世界大型企业联合会（The Conference Board）和国际货币基金组织（International Monetary Fund）的数据。
[**] 世界银行数据。根据国际海事组织，这些数据有 90% 是海运贸易。

　　但这并不是一个一帆风顺的发展故事，新加坡的成功从来就不在预料之中。在叙述的表层事件之下，暗藏着躁动的雄心与焦虑感：不断向前冲刺的殷切渴望与惴惴不安的强烈情绪相互交融；雄心着重于经济发展，焦虑感则是针对政治与经济挑战。

　　这种朝不保夕的主题由一系列真实或想象的危机所激发，贯穿了整个新加坡经验。

　　我们不知道古代淡马锡／新加坡如何灭亡，但是它早已"与尼尼微和推罗一同消亡"，只留给后人极少的遗迹与资料。自新加坡于 1819 年成为英国殖民地以后，新加坡就面对诸多威胁。当时的殖民者必须在危险而浓密的丛林中开辟一块临时的安身地，这些殖民者对新加坡的热带环境十分陌生而不安。过了好一段时间，英国政府才终于批准新加坡成为大英帝国的新殖民地。

世界商品市场的后续波动，以及第二次世界大战日据时期所造成的创伤，彻底地暴露了新加坡在面对外部世界无法掌控的变化时的脆弱性。在与马来西亚经过短暂且动荡的联合之后，新加坡于 1965 年突然被迫独立。许多人，甚至是李光耀本人，都担忧这个新国家无法生存。的确，种族主义、共产主义，以及国家身份认同的缺失等国内挑战非常严峻，邻国也毫不掩饰对新加坡的敌意。

对政治家杨荣文而言，新加坡的脆弱感已经成为一种强迫症。他说："我们的成功是焦虑的结果，而这种焦虑又是无法被成功所完全安抚的。"[5] 新加坡政府一直强调新加坡成功的脆弱性，人民必须居安思危。当代新加坡证明了小型海事城邦并非格格不入、不合时宜。在政府的严格管控之下，新加坡的经济不断升级，从贸易发展到制造业，再发展到服务业。如今，新加坡希望能强化其作为研究与创新中心的地位，发展知识型经济。用杨荣文的话来说："我们从海港发展为机场，再从机场发展为信息枢纽"[6]，但是新加坡仍会确保三者的发展齐头并进。

港口城市有其特殊的脆弱性。阿姆斯特丹最终无法与伦敦竞争。随着大西洋航线的开放，欧洲国家可以通过海运直达远东，偏居一隅的威尼斯因此衰落了。此外，连续不断的战争导致像威尼斯或热那亚这样的城邦，无法在资源上与新兴的民族大国抗衡。

近年来，上海飞速崛起成为世界领先的海港，与之相对的纽约港出乎意料地迅速萎缩，伦敦港则是彻底消失了。这些都在显示海事业的变化速度正在加快，充满不确定性。正因为海事业与一国经济的方方面面密不可分，港口的衰败往往预示着一个国家的国际地位将整体下降。阿姆斯特丹便是一个早期的例子，伦敦和纽约日后也可能如此。这些国家都是煊赫一时的世界强国。这表示新加坡应当继续发展海港，同时也要大力拓展其他的经济领域。

新加坡积极地将自己打造为一座国际化城市。它不只要成为区域性的国际商业中心，更希冀成为世界海事之都，即"新伦敦"。伦敦的泰晤士河长期为大英帝国的统治服务。即便是在新加坡宣布独立的1965年，伦敦仍然是世界的主要港口。然而，伦敦港随后以迅雷不及掩耳之势分崩离析，速度要更胜于大英帝国的瓦解。1981年10月下旬，最后一艘船在伦敦港卸货。[7]

今天，有成千上万的伦敦人从未见过运作中的码头，甚至是没见过一艘船。泰晤士河畔的码头区因不能容纳散货船或集装箱，不得不在其昔日繁华的海事业之中努力寻找新的商业定位。想要欣赏艺术品的游客，可以到由集装箱改装而成的小型咖啡馆用餐。讽刺的是，集装箱恰恰是码头区衰亡的罪魁祸首。

金丝雀码头（Canary Wharf）很好地体现这一改变：它不再是一个码头，而是一栋很大的滨河办公大楼，聚集了来自世界各地的人才着手处理重大问题。伦敦是一个全球金融中心，伦敦银行同业拆借利率（London Interbank Offered Rate, LIBOR）便是在这里设定的。伦敦比其他的金融中心拥有更多的外国银行；它与跨国公司建立了一个商业网络，其中包括石油公司和希腊船运公司。伦敦不只是一个国际市场，还是债券和货币的主要交易中心，以及国际通用语言的中心。它为海事法律与海事仲裁设下标准。格林尼治标准时间（Greenwich Mean Time）是全球时间的标准。

伦敦的银行家、律师和会计师都具备丰富的知识经验来处理海事需求，而这座城市也继续发挥其处理船舶销售和包租的能力。劳埃德船级社（Lloyd's Register）是船舶定级的领头人。伦敦是海事新闻情报的中心，《劳埃德船舶日报》（Lloyd's List）就是最佳范例。伦敦也是与海事企业相关的国际性组织的总部，特别是联合国国际海事组织。这些都对新加坡成为全球海事中心的野心，构成了难以逾越的障碍。

伦敦向来能在政治稳定的环境中提供丰富多彩的文化氛围。尽管伦敦常年阴天，但是在从事知识型产业的人们眼中，伦敦是一个异彩纷呈的城市，哪怕这里的生活消费会比较高。相对于阳光明媚的新加坡，他们恐怕有更多人会选择伦敦。不管是新加坡或是其他的地方，想要汇聚伦敦目前所拥有的海事人才是极其困难的。只要有人愿意留下来，生意就会继续。没有船舶的伦敦还能保持多久其在海事业务的卓越地位？缺少有形的物质基础，抽象的无形之物还能否兴盛繁荣？一个不属于欧盟的伦敦能否维持它的海事重要性？

一家挪威咨询公司梅农（Menon）曾对来自33个国家的196名海事专业人士进行调查，他们把新加坡评为全球最重要的海事中心。[8]受访者根据航运、法律与金融、物流与港口，以及竞争力四个方面进行评分。新加坡不是每个项目的榜首，它在金融与法律只排在第四名（伦敦排名第一），但是总体排名第一。德国汉堡目前排名第二。全球最大的港口上海预计将成为世界第二重要的海事城市。[9]调查指出新加坡的主要弱点是人力资本短缺。[10]

新加坡的应对之法是海事业奖励计划（Maritime Sector Incentive）。这笔资金可用于提升公众对海港及其多元海陆职业选择的认识、提供贷款、减免税务、研究培训，以及设立海事职业奖学金，从而培养本地的核心人才。

新加坡计划建造一个超大型船厂[11]，目的是成为世界上最大的船舶修理中心，配置更多的自动化设备和基础设施：干船坞、指形突码头。2013年，交通部部长宣布了一个宏伟的计划，要把市区的整个港口网络集中迁移到大士（Tuas）。大士是位于新加坡岛最西部的填海区，不在多数新加坡人的视线范围内。这将腾出数千英亩邻近市中心的宝贵土地。这些地段大多滨海，可以在改造城市景观的宏观规划中作更有利可图的新用途。

大士项目会动用政府特殊的海事创新及科技基金（Maritime Innovation and Technology, MINT），进行设计与创新方面的研究。该项目预计将于2030年竣工，涉及大量的疏浚及填海工程，使用的材料包括海沙，以及从海床或新加坡他处挖掘的沙石。目前散布在新加坡的五个港口使用货车来分类、传输货物，造成交通阻塞及空气污染。新的超级港口的码头将有一条自动化隧道（"集装箱的地下道"）与工业区直接相连，既节省时间，又减少嘈杂的货车，进而缓解交通堵塞及空气污染问题。洛杉矶和长滩，要小心了！

大士项目将使新加坡每年的集装箱处理量提升一倍以上，从现有的3000万个20英尺标准集装箱（Twenty-Foot Equivalent Unit, TEU），增加至6500万个。相比之下，美国的主要港口中心洛杉矶—长滩目前一年处理不到1500万个。欧洲的主要集装箱港口鹿特丹的处理量才不到1200万个。

民族国家仍然是组织资源和行使权力的主要媒介。然而，倘若国家与地区在执行政策时出了问题，那么国际性城市将成为推动发展的替代中心。新加坡渴望成为这样一座城市，它已经满足了海事业研究者所设定的部分标准。它现在是唯一一座政治独立的全球化城市（或者至少具备全球化的潜力）。因此，新加坡会继续对外宣传自己作为国际社会的一份子。与此同时，自1965年独立以来，新加坡会继续创造培养国民的国家身份认同。

看到新加坡现在能在一个大国世界中屹立不倒，有人便因此提出：体积小、同一化管理以及求同存异的原则或许是未来的发展趋势；至少在一些特定的领域中，城市会比国家发挥更重要的作用。城市素来就是生成想法和制造产品的中心。民族国家将继续存在，但是会有越来越多的政策议题需要在市级层面处理。这也许将在全球范围开创新的竞争与合作模式，类似于海事城邦处于鼎盛时期的西欧局势。[12]

截至2014年，新加坡在各类评估城市的调查中表现优异，其中包括商业活动、人力资本、信息交流、文化体验及国际影响力。[13]这些排名列出了许多评判标准：政治、经济和文化，包括一个精心规划、具有吸引力的实体框架，其中要有一些特色性建筑物；一个稳定且能干的政府；良好的公路和大众运输服务；一个与国际相连、具有高流量的运输及通信中心；具备杰出医疗人才的优质医院及诊所；提供高素质法律、会计、银行和中介服务的经济体。此外，一个国际性城市还要提供丰富的休闲与学习机会，拥有多元且多样的饮食文化、世界级的博物馆、画廊、剧院、动物园、植物园、体育馆、公园和运动场。在这个清单中，我们还可以加入高等学府、图书馆和研究机构。这些机构不只要服务本地人，还必须能吸引外籍学生和访问学者。

新加坡耗资数十亿元建造新的博物馆和表演艺术中心、委托世界知名的建筑设计师如摩西·萨夫迪和诺曼·福斯特（Norman

Foster），甚至定期举办艺术节和音乐会。然而，这些举措都无法立刻培养出一批具有艺术鉴赏力及回应能力的观众，也无法抵消政府的艺术审查所造成的心理压力。政府素来会对探讨性爱、种族、法律、政治等敏感议题的艺术表演者进行调查、起诉及罚款。

新加坡立志成为一个"思考型国家"（thinking nation）。"思考"（Think）是 IBM 长期使用的宣传语。记者威廉·吉布森（William Gibson）曾评论道："如果 IBM 想要占有一个实体国家，那个国家会和新加坡有许多共同之处。"[14]乔布斯和苹果不合语法的标语"不同凡想"（Think Different），是对那些推动变革、不安于现状的叛逆分子的赞扬。这恰恰与新加坡所追求的理想背道而驰。乔布斯本人就代表了这种差异：他天资聪颖，却不修边幅，粗鄙蛮横。他绝对不会穿上一件整洁的白色衬衫。新加坡不鼓励这种离经叛道、愤世嫉俗、具有颠覆性的特质。

伊曼纽尔·康德（Immanuel Kant）"不要思考，只要服从"的指令似乎适合新加坡的初期发展阶段。由最新一代新加坡人所组成的成熟社会则更适合康德的第二阶段："服从并思考"。换言之，你按时交税，但随你怎么抱怨投诉。这是现在新加坡人的写照。

到底新加坡是杨荣文所宣称的"亚洲的大苹果"？抑或是威廉·吉布森说的"有死刑的迪士尼乐园"[15]？前者是对新加坡的赞许，后者是对新加坡的蔑视。在新加坡光鲜亮丽的外表之下，些许愤懑情绪正在涌动着。一般出租车司机会一针见血地提出他的人生观点。当我问一名印度人司机在新加坡的生活情况时，他以一个笑话做回应："有两只狗在马六甲海峡上游向彼此。来自印度尼西亚的狗说：'我迫不及待要去新加坡。我要找一份好工作，住在装有空调的组屋。'另一只来自新加坡的狗说：'我只想要吠叫。'"然而，出租车司机的观点各不相同。另一名司机说："新加坡是个生活的好地方：干净、绿色、安全、气候温热。你不必穿太多件衣服。"他心满意足地扯了一扯身上单薄的 T 恤。

虽然新加坡被国际社会誉为经济奇迹，但是批评者能直接指出专制政权对个人自由的限制。新加坡政府规定、管理国民的生活方式，干预的程度虽然比日据政府少，但却远比英国殖民政府多。尽管如此，人民一直都享有投票的自由。尽管有媒体管制，但是民众可以通过互联网发表自己的意见。互联网的声音通常是批判性的，可是在 2015 年 9 月的大选中，人民行动党赢得将近 70% 的选票，并获得国会 89 个席位中的 83 席。

如今，新加坡和其他先进国家面临着相同的根本问题。要如何确保经济的可持续增长？这取决于我们如何领导管理"电传"（telectronic）社会[16]中的全球往来，取决于我们如何努力消化并善用网络空间中跨越地域、与日俱增的海量信息。对于美国人和新加坡人来说，管理信息交流的理想状态，即是政府能够在自由与不断变化的安全需求之间取得平衡。政府必须让人民能够毫无畏惧地自由提出关乎人类生存状态的根本问题，即便这些问题有可能打破现有的常规。

新加坡已经在当代世界中脱颖而出，成为物质成功和秩序的隐喻。但是它还没有建立一套有利于创造性破坏和生成新想法的制度。这是新加坡的最大挑战。相关的辞令已经存在，但还未能成为现实。

人类的手重塑了新加坡的物质世界，改变了岛屿的地形、景观和海岸。这双手雕刻着新加坡的脸庞，抚平柔化了它的皱褶，根据新用途的需要改变它的容貌，仿佛这座城邦有"变脸强迫症"。在这里，偶然和意外几乎不存在。新加坡被称为"纯粹的意图"[17]，代表着"当代的一种特殊的生态"，而新加坡的面貌则是这种永无止境的操控体验的隐喻。"新加坡永远不会完工。"[18]

新加坡显然在高峰期抓准了时机：天时、地利、人和成就了今日的新加坡。水无常形，新加坡能够根据不断变化的局势，充分地发挥其四面环海的物质优势。现在，这个岛国所面临的挑战是要如何成就无形之物，在预设的模式之外培养创造。如果要对局势做出全面的评估，我们的目光就必须超越资产负债表上的函数与数据。无形之物才是真正的宝藏。正如美国科学家和实业家埃德温·H. 兰德（Edwin H. Land）所言："天堂才是底线。"[19]那究竟何为"成功"？新加坡现在正在努力定义成功。我们所有人未尝不是如此。

鸣　谢

　　海洋历史难以划分，因为海洋涵盖的人类活动范围实在太广。研究海洋的学者必须对研究对象做出明确的界定，并时刻思考应该如何将不同的信息碎片组织在一起。我借鉴了伟大的历史学家菲利普·柯廷的研究方法。这本书不主张以新代旧，而是按照新的研究视角重新组织原有信息，以此建构我的研究框架。以下是帮我找到信息"瓦片"或按照新的设计蓝图帮我打磨"瓦片"的人，他们影响了这本书的整体设计。如果没有这些人的多番鼓励和慷慨的美言，这本书应该会很难写成。

　　海员们习惯把船只前行时产生的气泡称为"历史"。也许气泡的破灭正是一个隐喻，象征着在短暂的历史中，人们将会记住什么，又将会书写什么。这本书记录的是李光耀先生逝世之前的新加坡历史，但我很清楚，新加坡会继续扬帆远航，驶入新的水域。而以新加坡的活力和适应能力，这个国家的故事将会不断地被重塑。

　　一些材料来源于我的讲堂课。身为老师，我习惯不断地修改讲义，有时在课堂上临场发挥，或听到其他人分享有趣的言论，我都会一一记录在讲义中。因此，书中有一些形容性语句和比方可能欠缺脚注，这或许是我听了他人的分享后自己总结得来的。参考书目里囊括了所有我能记住出处的信息来源。我万分钦佩其他作者的研究成果，是他们助我一臂之力，使这本书得以完成。我对下列名单中任何的遗漏深表歉意。

我在新加坡的一些信息来源选择保持匿名。

我要感谢塔夫茨大学弗莱彻学院的几届学生。在我尝试写这本书的这么多年以来，他们在许多方面为我提供帮助。帮我收集材料的有：Ivan Boekelheide, Erik Iverson, Hanna Jong, Sangeetha Madaswamy, Ryan Martinson, Caleb McClennon, Galen Murton, Derek O'Leary, Jim Platte, Zachary Przystup, Francisco Resnicoff, Kevin Rosier, Grigore Scarlatoiu, Fawziah Selamat, Aaron Strong, Nancy Webster 以及 Jack Whitacre。关于新加坡，我曾与 Galen Tan 做过多次深入的交流，为此我十分感谢他。

关于图片的获取及使用，我想向皮博迪博物馆的 Albert Buixade Farre 和 Catherine Robertson 致谢。Patrick Florance 和塔夫茨制图实验室（Tufts Cartographic Laboratory）为我提供地图，Franklin Crump 也从旁协助。

弗莱彻 Ginn 图书馆的 Ellen McDonald 极力为我寻找来自美国和国外的资料，经常为我搜集到罕见的材料。同样地，Miriam Seltzer 在我研究的早期阶段，也为我提供了相似的帮助。

非常感谢其他人，特别是 Seth Pate，为我花了很多个小时提供研究帮助。向 Donald Cutler 致谢，他从一堆乱糟糟的手稿中嗅到了一本书的可能性。感谢我能力非凡的经理人 Wendy

Strothman，她坚持把这份手稿推荐给牛津大学出版社，也感谢
Dave McBride 细致而深入的编辑，和其得力助手 Katie Weaver 从
旁辅助。Steve Hosmer 和 Ezra Vogel 帮我阅读了这本书早期的草
稿，我从他们提供的宝贵意见中获益匪浅。

我非常感谢家人、同事和朋友，他们以各种不同的方式帮助
我。Elizabeth Goodwin Perry，Eloise Burtis，Peter Remsen，
Karen Waddell，Ben Stroup，Bobby Waddell，Nakahara
Michiko，Mike Glennon，Peter Rand，Geoffrey Gresh，Scott
Borgerson，Rockford Weitz，Dan Finamore，Dan Esty，John
Bethell 和已故的 Steve Bosworth。我感谢新加坡的 Alex Tan
Tiong Hee 耐心解答我提出的许多问题，并对此提出真诚的见
解。我也要感谢以下为我提供各种帮助的人们：Khartini Abdul
Khalid，Lee Hoong Chua，Catherine Lim（弗莱彻学院毕业的学
生，不是同名作者），Tai Ann Koh，Tan Wee Cheng，Wee Ping
Tan，Dewayne Wan，Goh Yong Seng 和许通美（Tommy Koh）。
我要感谢 Barry Desker，他是我在南洋理工大学拉惹勒南国际研
究院的接待人。也感谢柯宗元（Chongguan Kwa）与我分享他非凡
的学识。Zhang Hongzhou 策划了我在拉惹勒南国际研究院的时间
表，对我帮助很大。

我非常感谢 Yohei Sasakawa 和日本财团（Nippon Foundation）
为我早期的海运研究提供慷慨的资金资助，并感谢他们耐心等待我
的学术成果。

当然，我将为书中所有的失误负全责。

注 释

前 言

1 Perry 1994, 203–249.

2 美国在新加坡的投资比在中国的多出一倍。2012 年 7 月 13 日，美国国会研究服务部分析师韦恩·莫里森（Wayne Morrison）在《纽约时报》的访谈中指出："2010 年，美国在中国的累计直接投资为 600 亿美金，新加坡则为 1060 亿美金。"此外，美国驻新加坡大使海大卫（David Adelman）也曾指出："美国在新加坡的对外直接投资额高达 1160 亿。这是美国在中国对外直接投资额的两倍、是在印度的对外直接投资额的 5—6 倍，也高于美国在其他东南亚国家和非洲对外直接投资总额的总和。"海大卫的说法引自 *UCLA Today*, August 30, 2012。在新加坡设立办事处的知名美国企业包括：埃克森美孚、惠普公司、辉瑞公司、默克集团、宝洁公司、亚马逊、谷歌、IBM、贝恩咨询公司、美国银行、雷神公司、道琼斯、通用汽车等。

3 McKinsey 2012.

4 1995 年 5 月 25 日，杨荣文于在于东京举办的《读卖新闻》国际论坛上发表的演讲。

5 吴作栋于 2012 年 10 月 15 日的演讲。

6　Florida, March 3, 2015.

7　http://www.doingbusiness.org/rankings.

8　Schein 1996; Lester Thurow, preface, 1.

9　世界银行数据。

10　世界银行数据。人均 GDP 根据 2014 年的购买力平价（PPP）计算。

11　Singapore Ministry of Manpower, April 28, 2016.

12　"Mens Sana in Corpore Sano," *The Economist*, July 1, 2010.

13　Winnie Hu, "Singapore Math Adopted in More U.S. Schools, *New York Times*, September 30, 2010.

14　Charles M. Blow, "Empire at the End of Decadence," *New York Times*, February 19, 2011.

15　*Financial Times*, October 1, 1973, 引自 Huff 1997, 342。

16　*The Economist*, August 21, 2010.

17　*The Economist*, July 16, 2011.

18　Michael Wines, *New York Times*, April 7, 2012.

19　*The Economist*, February 25, 2012.

20　Jonathan Vatner, "In Flushing's Downtown and Waterfront, Developers Dream Big," *New York Times*, April 13, 2011.

21　1 平方英里约等于 2.59 平方千米。——编者

22　Lee Kuan Yew 2000, 667–668.

23　马六甲海峡的英文拼写可以是 "Melaka" 或 "Malacca"，前者的拼写源自马来语。在这本书中，我使用 "Melaka" 作为当地地名。

24　马六甲占据每年世界海运近半的贸易额总数。如果这个通道有一天被封闭，船只必须改道，绕行印尼群岛。*US Energy Information Administration, World Oil Transit Chokepoints*, November 10, 2014, 11.

　　船只被迫绕行将会限制全球的海运总量，使航行成本增加，继而导致商品价格上调。2010 年 3 月 2 日，*FACTBOX Reuters* 指出每年有超过 5 万艘船通过马六甲海峡。

25　*The Economist*, July 3, 2010.

26　每年的比较数据都有所不同，但新加坡持续被列为全球处理集装箱
　　总数最高的国家。*Review of Maritime Transport 2010*, United Nations
　　Conference of Trade and Development, 140.

27　Doshi 2015, 170.

28　"Address by Lee Kuan Yew at Singapore Port Workers' Union 25th
　　Anniversary Dinner," October 11, 1991.

29　李光耀在 1989 年的一次访谈中如是说。Schein 1996.

第一章　起　源

1　1 英里约为 1.6 千米。——编者

2　西方世界之所以被香料深深吸引，原因有二。肉类价格便宜，但香
　　料价格昂贵，涂抹在质量不明的肉块上实在令人心疼。但香料能够
　　提味，许多人也相信香料具有保健功能，能调节西方人所谓的支配
　　人体健康的四种体液的平衡，因而可以对抗疾病。

3　Hawks 1856, 126.

4　1 英寻约为 1.8 米。——编者

5　Sopher 1965, 105, 引述自莱佛士的一名抄写员。该抄写员名为阿卜杜
　　拉·伊本·阿卜杜勒卡迪尔（Abdullah ibn Abdulkadir），人称"书记"
　　（Munshi），拥有马来、阿拉伯和泰米尔血统。也见 Leonard Andaya
　　2008, 173。

6　同上，88 页。

7　同上，254 页。

8　Miksic 1985, 20, 引自马来手稿 Sejarah Melayu（英文：Malay Annals)。

9　同上。也可见 Miksic and Low 2004 对照资料。

10　Kwa, Heng, and Tan 2009, 47.

11　Miksic 1985，106。引述自一名 14 世纪的中国旅行者。

12　Miksic in Hack and Margolin 2010, 128–129.

13　若要了解更多详情，请见 Thomaz in Reid 1993。

14 Cleary 2000, 89.

15 Thomaz in Reid 1993, 76.

16 请见 Thomaz 的表述。

17 Kwa n.d., 2.

18 Cortesão 1967, 287.

19 McNeill 1974, 57.

20 Frost 2005, 65.

21 Huang 1981, 165.

22 Spence and Wills 1979, 215.

23 Finlay 1991, 3.

24 Wade 2004, 2.

25 这句话由杨荣文在 2005 年 6 月 6 日的一篇演讲中提及。

26 Carletti 1967, 187.

27 McPhee 2007, 990.

28 Wee 2003; Kuo, *Two Plays*, epigraph.

29 Bogaars 1976, 156.

第二章　以帆为翼

1 Borschberg 2002, 2:35. 非常感谢柯宗元（Kwa Chong Guan）提供此信息供我参考。实际上，柯宗元也提供了本书中许多关于新加坡初期历史的资料。

2 同上, 54。

3 John Evelyn 1672, 83.

4 Phillips 1949, 2.

5 同上, 45。

6 Collis 1966, 26.

7 Wurtzburg 1984, 51.

8 Wake 1975, 47.

9 Wurtzburg 1984, 26.

10 Dobby 1964, 144.

11 Skott 2010, 156.

12 也称甘蜜。——译者

13 Kwa 2006, 264.

14 Stewart 1982, 17.

15 Bastin 1965, 177n51.

16 Raffles 1835, 1:89.

17 Raffles 1835, 1:75.

18 Murphey 1977, 97.

19 The Parliamentary Debates, vol. 11, June 17, 1824, 1446, http://ufdc.
ufl.edu/UF00073533/00011.

20 Heng 2010, 112.

21 Boulger 1897, 309.

22 Boulger 1897, 309.

23 Skott 2010, 155.

24 Wurtzburg 1958, 486.

25 Thomson 1875, 53.

26 Wurtzburg 1984, 486.

27 Neidpath 1981, 13, citing Raffles 1830, 383.

28 请见 Beckert 2015 的《导言》。

29 Boulger 1897, 312.

30 Coupland 1946, 119.

31 Bastin 2014, 122.

32 Wong Lin Ken 1978, 59.

33 Ling and Shaw 2004, 24.

第三章 "远东女王"

1 Clammer 1985, 120–21.

2 2012 年 3 月 9 日，与 Fawziah Selamat 的访谈。

3 Subramanian 2010, 52 .

4 Mattar 2004, 170.

5 Subramanian 2010, 174.

6 Mattar 2004, 174.

7 同上 , 175。

8 同上 , 175。

9 即新加坡的唐人街。——译者

10 Yeung and Chu 2000, 2–3.

11 Antony 2003, 55.

12 Rathborne 1898, 13.

13 Ee 1961, 37.

14 2007 年，个人经历。

15 Mattar 2004, 166.

16 Bird 1883, 149.

17 1 英尺约为 0.3 米。——编者

18 Brooke in Makepeace 1921, 294.

19 Collis 1965, 56–58。引述 "墨尔本子爵" 号的一位下级军官的故事，该军官姓名不详。

20 Kwa 2009, 105.

21 Osborn 1987, 2.

22 Bird 1883, 149.

23 Wallace 1898, 17.

24 Kipling 1927, 233–234.

25 Wong Lin Ken 1978, 60, 引自 Thomson 1875, 11–13.

26 Thomson 1875, 11–13.

27　Rathborne 1898, 8.

28　Trocki 1999, 20. 其中指出，国家收入的 35% 至 60% 可能来自这些垄断企业。

29　Booth 1996, 81.

30　Fairbank 1940, 5.

31　Waley 1958, 65.

32　Fairbank 1940, 5–6.

33　Huff 1997, 137.

34　Bogaars 1956, 212.

35　同上 , 161。

36　同上 , 176。

37　同上 , 136。

第四章　巅峰时期的大英帝国

1　Buckley 1902, 85.

2　*P&O Pocket Book* 1908, 19.

3　Karabell 2003, 32.

4　Schonfield 1953, 9。此处引用了黎凡特公司 (British Levant Company) 乔治·鲍德温（George Baldwin）的说法。

5　同上 , 10–11。

6　Farnie 1969, 14, 引自 F. Scheer, *The Cape of Good Hope versus Egypt* (London: Steil: 1839), 13, 16.

7　*Edinburgh Review*, January and April 1866, 136.

8　Bogaars 1955, 106.

9　Farnie 1969, 199, 引自 *Mitchell's Maritime Register*, December 6, 1871, 17iii。

10　引自 Bogaars 1955, 101.

11　Cameron 1898, 246.

12　Siegfried 1940, 25.

13　McLeod 1997, 81.

14　Conrad 1995, 192.

15　Siegfried 1940, 152.

16　Abbas Hilmi II, "A Few Words on the Anglo-Egyptian Settlement," London: 1930, 收录于 Hallberg 1931, 375。

17　Kiernan 1956, 13.

18　Singhanat 1973, n.p.

19　Parliamentary Papers, 1859 Session 2, vol 23, C 2572.

20　同上。

21　同上。

22　Loftus 1883, appendix, 45.

23　Ronan 1936, 407.

24　Loftus 1883, 16.

25　同上 , 7 and 12。

26　同上 , appendix, 45, 引述 Fraser。

27　同上 , 37。

28　同上 , 34。

29　Ronan 1936, 410.

30　Kiernan 1956, 152, 引 述 Ernest Satow, memorandum on the Malayan question, June 20, 1883, FO 69/103。

31　Ronan 1936, 410.

32　Tirpitz 1909, 1:70.

33　"帝国碎纸屑"的说法由西蒙·温彻斯特（Simon Winchester）提出。

34　Kennedy 1971, 748.

35　Headrick 1988, 110.

36　Kennedy 1971, 731.

37　1900 年，新加坡注册净吨位是 570 万，与世界最大的港口伦敦（进口 950 万吨，出口 710 万吨）相比并不逊色多少。信息取自 Hanley

2004, 310, and *Journal of the Royal Society of Arts*, vol. 55, "Home Industries," 319。

38　Thomson 1875, 56.

39　Carpenter 1982, 1101.

40　Tregonning 1967, 20.

41　Bogaars 1956, 129.

42　同上, 178, 引自 *The Straits Times*, March 13, 1869。

43　同上, 199。

44　同上, 217。

45　Huff 1997, 236.

46　Woodcock 1969, 91.

47　Brooke 1921, 79.

48　Wise 2012, 36, 引自 Howard Malcolm, *Travels in South-Eastern Asia, Embracing Hindustan, Malaya, Siam, and China*, 1839。

49　Tregonning 1967, 91.

50　Blain 1940, 126.

51　Huff 1997, 120.

52　Ling and Shaw 2003, 22.

53　P & O Pocket Book 1908, 9.

54　Colquhoun 1902, 240.

55　Marriner and Hyde 2000, 4.

56　Jennings 1980, 3.

57　Tate 1971, 2:5.

58　Peet 1985, 10.

59　Bird 1883, 137.

60　Caine 1892, xi.

61　Thackeray 1879, 192.

62　Cable 1937, 97.

63　Caine 1892, xi.

64　Irick 1982, 121.

65　同上 , 27.

66　Morris and Fermor-Hesketh 1986, 31.

67　Morris and Winchester 1983, 225.

68　Goldblum in T. C. Wong et al. 2008, 24.

69　Colquhoun 1902, 237.

70　Bruce Lockhart 1936, 72.

71　Colquhoun 1902, 228.

72　同上 , 238。

73　具体细节请参考 Tregonning 1967, 41–42。

74　Filler, May 10, 2012, 42.

75　Koolhaus and Mau 1995, 1011.

76　Falkus 1990, 137–138.

77　Kirkaldy 1914, 452.

78　同上 , 461。

79　Hurd 1922, 133.

80　Letter to Sir John A. Macdonald, Benians 1959, 443.

81　Wong Lin Ken March 1978, 81.

82　指第二次英阿战争。——编者

83　Shimizu and Hirakawa 1999, 136.

第五章　乌云、雷电、暴风雨（1918—1942）

1　引自 Carpenter。Hope 1982，391。

2　Wang Lin Ken 1978，83。

3　Huff 1997, 284.

4　同上 , 217–218。

5　Bruce Lockhart 1936, 97.

6　Hahn 1946, 44.

7 同上 , 75。

8 同上 , 98。

9 Woodcock 1969, 180.

10 Butcher 1979, 128, 引述 Harry L. Foster, *A Beachcomber in the Orient* (New York: 1923), 194, 217。

11 同上 , 84。

12 同上 , 86–87。

13 同上 , 79。

14 Bruce Lockhart 1936, 83.

15 同上 , 245。

16 Field 2004, 22.

17 Lichfield, May 22, 2014.

18 Neidpath 1991, 30.

19 Miller 1942, 29.

20 Maurice, October 1926, 111.

21 Bruce Lockhart 1936, 83.

22 *Parliamentary Debates*, July 23, 1923, vol. 167, cc79.

23 同上。

24 在今天的国际航空代码中，新加坡的代码是 "SIN"，英文中小写的 "sin" 意为 "罪恶"。坊间传闻上层正在施压，意图修改该航空代码。

25 Miller, 22, 引自 *Parliamentary Debates*, December 9, 1924, 179, 163.

26 Hack and Blackburn 2003, 102–105.

27 Murfett 1999, 223.

28 Parkinson 1955, 34.

29 Chew 1998, 42.

30 同上。

31 Neidpath 1981, 78–79.

32 Wrigley 2002, 137.

33 Brendon 2007, 424.

34 Myint-U 2006, 222.

35 Chew 1998, 63.

36 樟宜博物馆的其中一个照片标题。

37 Nakahara 2008, 191.

38 Krug 2001, 259, 引述 Military Agreements Concerning Joint Warfare, December 11, 1941。

39 Bayly and Harper 2005, 112.

40 Middlebrook and Mahoney 1977, 39.

41 Thomas 2006, 25.

42 Murfett 1999, 223.

43 Chew 1998, 16.

44 樟宜博物馆内的一项告示。

45 Lee Geok Boi 2005, 65.

46 Krug 2001, 74, 引自 Ugaki Diary, 263–264。

47 西乐索军事博物馆的一项告示，引自 Ken Harrison。

48 约翰娜·曼齐尔·麦斯基尔（Johanna Menzel Meskill）在她的一本书的名字（*Nazi Germany and Imperial Japan: The Hollow Diplomatic Alliance*）中将轴心国联盟形容为是“空心的、虚有其表的”。这个形容太妙了。

49 Latif 2007, 92.

50 Chew 1996, 69.

51 Bruce Lockhart 1936, 245, 引述一名荷兰商人。

52 Blackburn 2010, 218, 引自曾为日本海军工作的 Suong Bin Bachok。

53 美国外交电报，引自 *The Guardian*, November 24, 2010。

54 Lee Kuan Yew 1998, 67.

55 Shimizu 1999, 136.

56 Chew 1998, 70.

57 Foong 1997, 256.

58 Lee Geok Boi 2005, 110.

59　Bose 2011, 3.

60　Bose 2011, 228–29. 目击者记录请见 Hassan 1984。也见 Krug 2001 中 Sander Nagashima 引述的德国档案。该档案指出旅程的首要目的不是 把鲍斯带回亚洲。

61　Bucheim 1978, n.p.

62　Hachett, June 12, 2006, n.p.

63　Kwa 2012, 13. 欲知更多详情，请见 Sengupta: n.d.。女战士的相关信 息，请见 *The Economist*, August 4, 2012, 82。

64　Fisher 1947, 94.

65　Havens 1978, 114.

66　日本居民并没有在战争期间挨饿，但战争结束时，他们的卡路里摄 取量已经接近饥饿水平。Collingham 2012, 311.

67　Diana Wong，取自 Fujitani 2001, 226。

第六章 "走在剃刀边缘"（1945—1965）

1　Diana Wong, 2001, 227, 引自 Ackbar Aisha, Aishabee at War: A Very Frank Memoir (Singapore: Landmark Books, 1990), 229。

2　Turnbull 1992, 221, 引自 C. Gamba, The Origins of Trade Unionism in Malaya (Singapore: Eastern Universities Press, 1962), 45。

3　Yadov 2006. 1994 年访谈。

4　Dale 1999, 见 97–101。

5　Chew 1998, 63.

6　Judt 2005, 161, 引自"一名战时的财政大臣"。

7　Judt 2005, 162, 引自 Cyril Connelly, 1947 年 4 月。

8　1879 年 6 月 25 日的信件。收录于 Pinney 1990, 2:303。

9　Tremewan 1994, 12.

10　同上。

11　Hanna 1964, 6.

12　同上。

13　Meow 1975, 118.

14　Trocki 2006, 193, 引自马歇尔。

15　同上。

16　Tilman 1990, 60, 收录于 Sandhu and Wheatley 1989。

17　Goh Keng Swee 1972, xi–xii.

18　Nair 1987, 110.

19　Dobbs 2010, 70.

20　Nair 1987, 119.

21　Fernandez and Tan 2006, 收录于 Loh and Liew 2010, 293。

22　同上 , 302。

23　见 Thum , 收录于 Loh and Lieu 2010。

24　在 1960 年, 15 岁或以上居民的识字率为 52.6%（新加坡统计局）。

25　引自 Turnbull 1998, 278。

26　Winsemus, Disc 1.

27　同上。

28　Lee 2000, 66.

29　Winsemius, Disc 6.

30　UN Report 1961, 1.

31　Winsemius, Disc 11.

32　UN Report 1961, ii.

33　Vasil 收录于 Sandhu and Wheatley 1989, 155。

34　UN Report 1961, iv.

35　Winsemius, Disc 16.

36　UN Report 1961, v.

37　同上 , xii。

38　同上 , 97。

39　Lloyd's Register of Ships 1955/1956. 根据《格拉斯哥先驱报》（ *The Glasgow Herald* ）1957 年 12 月 26 日的报道，尽管 "面对各种劳工问

题"，英国造船厂于 1957 年共有 1 469 155 吨的船舶下水，只比 1956 年的 1 409 830 吨稍多。日本自 1956 年起两度位居世界第一，共计 2 300 000 吨，比 1956 年多出 550 000 吨。取自 Google News。

40　Shimizu and Hirakawa 1999, 200.

41　Huff 1997, 245.

42　Lankton 2008, 256–258.

第七章　"被赶出来"

1　Regnier 1987, 25.

2　Nair 1987, 122.

3　Barr 2000, 81.

4　Lee Kuan Yew 2000, 19.

5　Lee, Kuan Yew 2000, 82.

6　引自 Kwa 2002, 112。

7　Lee, Kuan Yew 2000, 82.

8　同上。

9　Kwa 2006, 123.

10　Toynbee 1970, 55.

11　Lee Kuan Yew 2000, 623.

12　Asiaone, May 23, 2010, 1.

13　Singapore International Chamber of Commerce, Bulletin 1969, 231.

14　Asiaone, May 23, 2010, 2.

15　Bonavia, 1967 年 2 月 23 日 , 327–328。

16　作者听到的对话。

17　Goh Keng Swee 1972, ix.

18　Schein 1996, 35.

19　Chew 1998, Preface.

20　Schein 1996, 35.

21 Ritchie 2001, 1.

22 Tamboer, Summer 1996.

23 Schein 1996, 41–42.

24 同上。

25 同上。

26 同上, 20–21。

27 Hughes and Poh 1969, 188.

28 Quah 1995, 391–414, 引自 Quah 1978, 9。

29 Wong Chun-han, 2012 年 1 月 18 日. 又见 The Economist, "Singapore and Lee Kuan Yew, 2011 年 5 月 19 日。

30 Schein 1996, 46.

31 Singh and Barrier 1996, 121.

32 新加坡是托福考试（TOEFL）成绩位居世界前三名的唯一亚洲国家。见 reddotrevoluge, 2011 年 9 月 7 日, "Singapore's Language Battle: American vs. 'the Queen's English,' " Hybrid News Limited 根据 ETS, Education Testing Service 2010 年 1 月至 12 月的数据整理。

33 Coxford Dictionary 是模仿牛津字典（Oxford Dictionary）的戏称。——译者

34 Schein 1996, 36.

35 Dusenbery 1997, 745.

36 Lee Kuan Yew 2000, 76.

37 与 Stephen Bosworth 的对话。

38 The Economist, 2015 年 3 月 29 日, 29.

39 Dobbs-Higginson 1995, 15.

40 Lee 2000, n.p.

41 与老师 Goh Yong Seng 的对话。

42 Lee 2000, 148.

43 Lee 2000, 76.

44 同上, 205。

45　Tan Wee Kiat n.d., 210.

46　Josey 1980, 167.

47　现在长发不再与反叛社会联系在一起，更为大众所接受。但在 1972 年，长发的英国流行歌手克里夫·理查德（Cliff Richard）就在樟宜机场被禁止入境。

48　Lee Kuan Yew, 收录于 Josey 2013, 54。

49　Yeoh 1996, 222.

50　同上，223。

51　查茨沃斯、布莱顿和伯恩茅斯均为英国地名。——译者

52　Peet 1985, 206.

53　Dale 1999, 232.

54　Blackburn 2010, 211–213.

55　Tan 2003, 413–414.

56　Goldsmith 2010, n.p.

57　Barr 2002, 34.

58　Ling and Shaw 2004, 80.

59　George 2000, 175.

60　Buruma 引自 Koolhaas and Mau 1995, 1089。

61　同上，1083。

62　见 Barr 1999, 152。

63　Barr 2000, 194.

64　当局或许要留意最近的一项研究，显示温度适中的环境比寒冷的环境更能提高效率。工人在华氏 77 度的环境中打字，要比在华氏 66 度的环境中来得更准确。New York Times 2011 年 9 月 29 日，Weekly Review, 5。

65　引自 Barr 1999, 159。

66　穆斯塔法·凯末尔·阿塔土克（1881—1938），土耳其共和国第一任总统、总理及国民议会议长。——译者

67　我要感谢许黛安教授，她就是那名病人。她也告诉我每当李资政及

其家人在外用餐时，店主或经理一般出于礼貌或尊敬都会为他免单。
为了给对方面子，李光耀不会坚持付账，并会有礼貌地致谢。隔天，
他会派人送一张支票来付账。坊间流传着许多关于李光耀谦虚的一
面的故事。

68　Lee Kuan Yew 2000, 581.

69　引自 in International Journal of Maritime History 11:1 (June 1999): 186n。

70　Sturmley 1962, 322.

71　同上 , 396。

72　同上 , 401。

73　Hope 1990, 301.

74　Huff 1997, 31.

75　UNCTAD 2015.

76　Skaarup 访谈。

77　Shields 1986, 117.

78　Todd 1991, 13.

79　International Maritime Hall of Fame.

80　与里斯顿的访谈，2004 年 4 月 28 日。

81　同上。

82　The Economist, 2001 年 6 月 2 日。

83　同上 , 引自 American Shipper。

84　与沃特·里斯顿的访谈。

85　Surowiecki, 2000 年 12 月 11 日 , 46。

86　Winsemius, Disc 10.

87　UNCTAD 1993, 92.

88　Trace 1977, 323.

89　同上 , 324。

90　Levinson 2006, 283.

91　Koning 2006, n.p.

92　Parkinson 1955, 35.

93 Bonavia 1967. 当时普遍认为新加坡从越战中获得不少利益，但这一观点缺乏证据。见 Cheng Guan Ang, Southeast Asia and the Vietnam War (London: Routledge, 2009), 67。事实上，越战的政治影响更大，因为整个亚洲的共产主义运动开始退潮。李光耀主张东盟蓬勃的新兴市场经济是在越战时期孕育的。Lee 2000, 467.

94 吴庆瑞演讲, 1967 年 1 月 30 日。

95 M. Chew 1998, 86.

96 M. Chew 1998, 89.

97 同上, 120. 又见 R. Lim 1993, 120。

98 M. Chew 1998, 110.

99 同上, 114。

100 同上, 11。

101 同上, 124。

102 同上, 174。

103 同上, 181。

104 Huff 1997, 321, 引自 Lloyd's List, 1990 年 2 月 5 日, 及 Financial Times, 1989 年 11 月 29 日。

105 M. Chew 1996, 213.

106 同上。

107 Quek Tee Dhye 口述历史。

108 Goh Chok Tong, 2012 年 10 月 15 日。吴作栋在 2002 年 6 月 28 日的一场晚宴演讲中表示："我对海事业有特殊的情感。我在 NOL 和新加坡港务集团（PSA）的董事部担任好几年的职务。那些年让我从局内人的视角，了解海事业对新加坡的经济发展所扮演的关键角色。的确，我们很难想象一个没有船只和海港的新加坡。"

109 这家著名公司的起源可追溯到 1848 年成立的太平洋邮船公司（Pacific Mail Steamship Company）。

110 Shiptechnology.com/features/featuremega-shippers-the-worlds-10-biggest-shipping-companies-4518689, 2016 年 4 月 29 日。

111 同上。

112 David Chin 访谈, 2011 年 3 月 17 日。

113 同上。

114 Schein 1996, 47.

115 Low 2008, 81.

116 Waller 2001, 191, 引自 Mary Lee, Asia Magazine, 1996, 29–30.

117 Chew 1996, 7.

118 Tamney 1996, 199.

第八章　来到当下

1　Winsemius, Disc 10.

2　The Economist 2015, 77.

3　Chua, Beng Huat, and Rajah Ananda, 收录于 Chua Beng Huat 2003, 114。

4　R. W. Apple, New York Times, 2006 年 10 月 1 日。

5　Glenys Sim, Straits Times, 2005 年 4 月 20 日。

6　澳门威尼斯人赌场（The Venetian Macao）的面积足以容下 90 架波音
　　747 客机。赌场采用威尼斯的主题，建有室内水道和户外人工湖，客
　　人可以乘坐贡多拉船，听着船夫歌唱。

7　Norimitsu Onishi, New York Times, 2010 年 6 月 7 日。

8　Chou 2008, 169.

9　Eric Yep, 收录于 Wall Street Journal, 2015 年 9 月 14 日。

10　The Economist, 2015 年 2 月 28 日。

11　The Economist, 2015 年 2 月 28 日。

12　Kwa 2009, 207.

13　根据 2014 年联合国环境署（United Nations Environment Programme）
　　公布的一份报告，新加坡是目前全球最大的沙石进口国，人均沙石
　　使用量也居世界首位。然而，本区域的供应国，如马来西亚（1997
　　年）、印度尼西亚（2007 年）、柬埔寨（2009 年）及越南（2009 年）

都相继实行沙石出口禁令。缅甸也面对叫停沙石出口的压力。*The Economist*, 2015 年 2 月 28 日。

14　Cleary and Kim 2000.

15　May Wong, March 15, 2007.

16　Schnoor 2009, 6441.

17　Caballero-Anthony and P. K. Hangzo 2012, 1.

18　May Wong 2007, 1.

19　Pao, 2014, 1.

20　Kassim 2011.

21　Liss 2011, 6–7.

22　Ishimaki 2005, 23.

23　S. L. C. Koh 2016, 2.

24　Ng Eng Hen, 2013 年 8 月 5 日。

25　Ishimaki 2005, 14, 援引 U.S. Energy Information Administration World Oil Transit Chokepoints, 2004 年 4 月。资料取自 http://www.eia.doe.gov/emeu/cabs/choke.html

26　其中一个例子是超过 230 000 载重吨的油轮。 Russli, 2012 年 2 月 10 日, 2。

27　Cathcart 2008, 248–55, 提供了建造运河所需移除的沙石量。

28　Thongsin 2002, 1a.

29　Paul, May 27, 2004.

30　同上。

31　Business Times, 2002 年 4 月 26 日。

32　Huff 1997, 305.

33　Macleod 1996, 440.

34　Sparke et al. 2004, 491.

35　Chew 1998, 252.

36　同上 , 260。

37　同上 , 引述胜科海事总裁陈蒙成（Tan Mong Sen，音译）的话。

38　Miksic 2004, 20, 取自马来手抄本《马来纪年》(*Sejarah Melayu*)。

39　Sa'at 1998, 21.

40　Kausikan, 2015 年 1 月 27 日。

41　Safdie, 2015 年 4 月 21 日。

42　同上。

43　同上。

44　"Dicing with Vice," The Economist, 2005 年 4 月 21 日。

45　Amrine 2013, 16.

46　Tamney 1996, 19.

47　引自 Josey 1980, 162。

48　讲华语运动于 1979 年由建国总理李光耀先生发起，目的是要改变新加坡华人因各自不同的籍贯而使用不同方言的问题，让所有新加坡华人共同说华语（普通话）。这个运动的发起与 1997 年逝世的邓小平无直接关联。——译者

49　Barr 2002, 31.

50　Dharmendra 2006, 8.

51　T. A. Koh 1989, 528.

52　同上。

53　Hill 2000, 183, 引自 Milne and Mauzy 1990, 24.

54　Huang and Hong 2007, 62n.

55　同上 , 64。

56　Vogel 2011, 291.

57　Chew and Kwa 2012, 17.

58　内阁资政的英文名称为 "Minister Mentor"，其中 "Mentor" 一词的发音与 "Tormentor"（折磨人）相近。——译者

59　基督教的三一论主张圣父（Father）、圣子（Son）、圣灵（Holy Ghost）为同一本体。"圣灵"（Holy Ghost）一词与"圣吴"（Holy Goh）谐音。——译者

60　Clammer 1985, 160.

61　同上，161。

62　Dow Jones Factiva Today, 3. 据李光耀在 2008 年的一次访谈中透露，每年有一千人离开新加坡。李光耀对德·伯世格雷夫（De Borchgrave）的提问的完整回答如下："在人数最多的一年，我们大约有一千人离开新加坡，人口流失率是 4%—5%。然而，我们有为谋求更好的生计而来到新加坡的华人和印度人作为补充。总体而言，我们的人口仍在增长中。但终有一天，在三四十年以后，中国的就业条件将比世界上的任何一个国家来得更好。"

63　Hooi, October 6, 2012. 然而，这方面的调查数据匮乏。2010 年的一份深入的研究报告显示有 20% 的新加坡人积极想要移民。Leong and Song，2011 年 3 月，15。

64　International Herald Tribune, 2002 年 2 月 1 日。

65　Singaporean Ministry of Trade and Industry, "Singapore in Brief," 2014.

66　Ng 2011, n.p.

67　Phillips and Yeung 2003, 710.

68　同上，引自 The Straits Times, 1989 年 10 月 13 日。

69　郭雯光与《海峡时报》的访问，引自 Yale Alumni Magazine, 2012 年 3/4 月刊。

70　Bellows 同上，2012 年 11/12 月刊。

71　Cyranoski 2008, 1144.

72　United States Patent and Trademark Office, "All Technologies (Utility Patents) Report."

73　Ooi 2008, 6.

74　Terence Lee 2006, 64.

75　Chew and Kwa 2012, 297.

76　Wee and Lee 2003, 53, 引自郭宝崑。

77　1976 年，新加坡政府援引内部安全法拘留郭宝崑。《郑和的后代》于 1995 年首演，与郭宝崑早年被拘留一事无关。——译者

78　Mahbubani 1998, 73.

79　Nee 2008, 无页数。

80　Olds and Thrift 2002, 206.

81　The Straits Times, 1996 年 3 月 8 日 , 引自 Low 1998, 274。

82　Maureen Dowd, The New York Times, 2011 年 7 月 20 日。

83　1987 年 5 月 14 日 , Barr 2000, 228.

84　Reyes 1994, 1.

85　Elder, 2010 年 7 月 26 日访谈。

86　Head, 2013 年 11 月 22 日。

87　The Economist, 2011 年 5 月 19 日。

88　The Straits Times, "Pioneers of Singapore," 1988.

第九章　全球枢纽?

1　O'Leary 2013, 12.

2　Fabbri, 2015 年 4 月 21 日。

3　Singapore Port Authority 2015.

4　Singapore Economic Development Board, 2015 年 10 月 2 日。

5　Kraar, 1997 年 8 月 4 日。

6　与杨荣文的访谈 , 2006 年 3 月 8 日。

7　Port of London Authority 2015。

8　Menon 2015.

9　McGrath 2002, 218.

10　AsiaOne, 2015 年 6 月 9 日。

11　Chan, June 18, 2015; 又见 Fabbri, 2015 年 4 月 21 日 ; Holmes, 2015 年 5 月 13 日 ; Deme Group, 2015 年 4 月 23 日。

12　Wong 2001, 234.

13　Bloomberg, 2014 年 4 月 13 日 。

14　Gibson 2010, 39.

15　同上。

16　"Telectronic"是我自创的词语，意即通过像电报（telegraph）或电话（telephone）进行远程信息交流，但是信息是以电子（electronic）的形式传送。这个词最早出现于 Harvard Magazine 87, no. 4 (March–April 1985): 86。

17　Koolhaas and Mau 1995, 1089.

18　George 2000, 190.

19　Bartlett 1992, 726.

图书在版编目（CIP）数据

新加坡 /（美）约翰·佩里著;（新加坡）黄丽玲，

（新加坡）吕家铭译 . -- 北京：九州出版社 , 2021.10（2023.6 重印）

ISBN 978-7-5225-0442-1

Ⅰ.①新… Ⅱ.①约… ②黄… ③吕… Ⅲ.①新加坡

—历史 Ⅳ.① K339

中国版本图书馆 CIP 数据核字 (2021) 第 194817 号

SINGAPORE: Unlikely Power by John Curtis Perry
Copyright © Oxford University Press 2017
Simplified Chinese translation co-published in 2021
By arrangement with The Strothman Agency, LLC
through Bardon-Chinese Media Agency
ALL RIGHTS RESERVED

著作权合同登记号：图字 01-2020-6203

地图审图号：GS（2020）5016

新加坡

作　　者	[美]约翰·佩里　著　　[新加坡]黄丽玲　吕家铭　译	
责任编辑	周　春	
出版发行	九州出版社	
地　　址	北京市西城区阜外大街甲 35 号 (100037)	
发行电话	（010）68992190/3/5/6	
电子信箱	jiuzhou@jiuzhoupress.com	
网　　址	www.jiuzhoupress.com	
印　　刷	北京盛通印刷股份有限公司	
开　　本	889 毫米 ×1194 毫米　32 开	
印　　张	11.75	
字　　数	264 千字	
版　　次	2021 年 11 月第 1 版	
印　　次	2023 年 6 月第 5 次印刷	
书　　号	ISBN 978-7-5225-0442-1	
定　　价	80.00 元	